D0196751

POÉSIES COMPLÈTES

VILLON

Poésies complètes

ÉDITION PRÉSENTÉE, ÉTABLIE ET ANNOTÉE
PAR PIERRE MICHEL

Préfaces de Clément Marot et de Théophile Gautier

LE LIVRE DE POCHE

© Librairie Générale Française, 1972.

PRÉFACES

I

ÉLOGES ET RÉSERVES DE MAROT

« Clement Marot de Cahors
valet de chambre du Roy, aux Lecteurs.

«Entre tous les bons livres imprimez de la langue
Françoise ne s'en veoit ung si incorrect ne si lourde-
ment corrompu, que celuy de Villon; et m'esbahy (veu
que c'est le meilleur poete Parisien qui se trouve)
comment les imprimeurs de Paris, et les enfants de la
ville, n'en ont eu plus grand soing, je ne suys certes en
rien son voysin : mais pour l'amour de son gentil en-
tendement, et en recompense de ce que je puys avoir
aprins de luy en lisant ses œuvres, j'ai fait à icelles ce
que je vouldroys estre faict aux myennes, si elles estoient
tombées en semblable inconvenient. Tant y ay trouvé de
brouillerie en l'ordre dés coupletz et des vers, en mesure,
en langage, en la ryme, et en la raison, que je ne scay
duquel je doy plus avoir pitié, ou de l'œuvre ainsi oul-
trement gastée, ou de l'ignorance de ceulx qui l'impri-
mèrent...

... toutesfoys, partie avecques les vieulx imprimez,
partie avecques l'ayde des bons vieillards qui en

savaient par cueur, et partie par deviner avecques
jugement naturel, a esté reduict nostre Villon en
meilleure et plus entiere forme qu'on ne l'a vu de noz
aages, et ce sans avoir touché a l'antiquité de son
parler, à sa façon de rimer, à ses meslées et longues
parenthèses, à la quantité de ses syllabes, ne à ses
couppes, tant feminines que masculines : esquelles cho-
ses il n'a suffisamment observé les vrayes riegles de fran-
çoise poesie, et ne suys d'advis que en cela les jeunes
poetes l'ensuyvent, mais bien qu'ilz cueillent ses sen-
tences comme belles fleurs, qu'ilz contemplent l'esprit
qu'il avoit, que de luy apreignent a proprement d'es-
crire, et qu'ilz contrefacent sa veine, mesmement celle
dont il use en ses Ballades, qui est vrayement belle et
heroique, et ne fait doubte qu'il n'eust emporté le cha-
peau de laurier devant tous les poetes de son temps, s'il
eust été nourry en la cour des Roys, et des Princes, là
où les jugemens se amendent, et les langaiges se
polissent.

Quant à l'industrie des lays qu'il feit en ses testa-
ments pour suffisamment la cognoistre et entendre, il
fauldroit avoir esté de son temps à Paris, et avoir cogneu
les lieux, les choses et les hommes dont il parle : la mé-
moire desquelz tant plus se passera, tant moins se con-
gnoistra icelle industrie de ses lays dictz. Pour ceste
cause qui vouldra faire une œuvre de longue durée ne
preigne son soubgest sur telles choses basses et parti-
culieres. Le reste des œuvres de nostre Villon (hors cela)
est de tel artifice, tant plain de bonne doctrine, et telle-
ment painct de mille belles couleurs, que le temps, qui
tout efface, jusques icy ne l'a sceu effacer. Et moins
encor l'effacera ores et d'icy en avant, que les bonnes
escriptures françoyses sont et seront myeulx congneues
et recueillies que jamais.... Finablement, j'ay changé
l'ordre du livres et m'a semblé plus raisonnable de le
faire commencer par le petit testament, d'autant qu'il
fut faict cinq ans avant l'autre.

Touchant le jargon, je le laisse à corriger et exposer aux successeurs de Villon en l'art de la pinse et du croq.

Et si quelqu'un d'aventure veult dire que tout ne soit racoustré ainsi qu'il appartient, je luy respons des maintenant, que s'il estoit autant navré en sa personne, comme j'ay trouvé Villon blessé en ses œuvres, il n'y a si expert chirurgien qui le sceust penser sans apparence de cicatrice : et me suffira que le labeur qu'en ce j'ay employé, soit agréable au Roy mon souverain, qui est cause et motif de ceste emprise, et de l'exécution d'icelle, pour l'avoir vu voulentiers escouter, et par très bon jugement estimer plusieurs passages des œuvres qui s'ensuyvent. »

(*Prologue* de l'édition 1533.)

II

L'ENTHOUSIASME D'UN ROMANTIQUE,
THÉOPHILE GAUTIER

« ... Villon sait sa potence à fond, et le pendu dans tous ses aspects, profils et perspectives, lui est singulièrement singulier. Colin de Cayeux et René de Montigny, ses camarades, avaient eu la maladresse de se laisser mourir longitudinalement, et lui-même ne pouvait s'attendre à trépasser en travers. Il me semble le voir tourner autour du gibet comme autour du centre où doit aboutir sa vie, et contempler piteusement ses bons amis faisant l'i grec et tirant la langue, le tout pour s'être allés *ébattre* à Rueil. Remarquez le mot. Quel euphémisme! *ébattre*. Que diable faisaient donc ces gens-là quand ils travaillaient sérieusement, puisqu'on les cravatait de chanvre seulement pour s'être amusés? ...

> *Gardez-vous tous de ce mau hâle*
> *Qui noircit les gens quand ils sont morts,*

dit-il après une homélie admirable, qu'il adresse à tous les débauchés. Faites attention, je vous prie, à cette expression : le mauvais hâle qui noircit les gens quand ils sont morts. Comme cela est profondément observé, et comme l'auteur possède le sujet dont il parle !

Villon qui est mort de faim les trois quarts de sa vie, ne parle de toute victuaille quelconque qu'avec un attendrissement et un respect singulier.

> *Et pain ne voient qu'aux fenêtres.*

Ce trait ne peut avoir été trouvé que par un homme qui a jeûné plusieurs fois. Aussi tous les détails culinaires, et ils sont nombreux, sont-ils traités et caressés avec amour. Les nomenclatures gastronomiques abondent de tous côtés...

Une chose plaisante, c'est la rancune qu'il conserve à Thibaud d'Aussigny, non pour l'avoir tenu en prison et l'avoir voulu faire pendre, mais pour lui faire boire de l'eau froide et manger du pain sec.

Après la bouteille et la marmite, une des idées qui préoccupent le plus Villon, c'est l'idée de la mort. Il ne tarit pas sur ce sujet, et ses réflexions sont toujours hautes et philosophiques, rendues avec une énergie et une précision surprenantes. Quelque dure qu'elle ait été pour lui, il tient à la vie, et s'écrie avec Mécène : Qu'importe, pourvu que je vive !... »

(Les Grotesques.)

INTRODUCTION GÉNÉRALE

L'ÉNIGMATIQUE VILLON

« Est-il possible qu'Homère ait voulu dire tout ce qu'on lui fait dire? »

(Montaigne, *Essais,* II, xii.)

Tous les critiques d'aujourd'hui s'accordent à reconnaître qu'il y a un « mystère Villon » comme il y a un « mystère Homère » et un « mystère Shakespeare ». Mais l'unanimité ne va pas au-delà de ce constat. Ni sur l'identité de l'auteur du *Lais*, du *Testament* et des *Ballades,* ni sur les péripéties exactes de sa vie, ni sur les liens entre l'homme et l'œuvre, moins encore sur la (ou les) signification authentique des poèmes, il n'y a le moindre accord. A la limite, certains en viennent à douter de l'existence même de Villon, et à l'enrôler dans la cohorte des mythes littéraires. Cependant la légende du « bon folastre » survit, et s'enrichit même au gré des recherches érudites. Maître Villon acquiert de nouvelles dimensions et apparaît tantôt comme un ascendant de Maître Pathelin ou un prototype de Panurge, et tantôt comme un clerc de la basoche partisan de la cour de Bourgogne, se déchaînant contre les gens de justice de la cour de France. Étudiant farceur, truand, meurtrier à l'occasion, polémiste et contestataire politique, il endosse tous les costumes et joue tous les rôles, véritable Arlequin modelé par le metteur en scène. L'œuvre elle-même, élément objectif qui pourrait départager les interprétations, devient malléable et subjective : les uns y voient une confession pathétique, d'autres une satire goguenarde, d'autres encore une acrobatique stratification de jeux verbaux, à la manière des *Grands Rhétoriqueurs,* un chef-d'œuvre de poésie ésotérique ou bien le modèle d'une poésie « engagée », anticipatrice et revendicatrice.

Le plus incroyable, c'est que ces hypothèses contradictoires reposent sur des fondements solides, et parfois même sur des documents irréfutables, mais peut-être sollicités. Pour en juger, le plus sûr est d'examiner d'abord les portraits traditionnels de Villon, dessinés pour la plupart d'après les confidences supposées de ses poèmes.

Dès le xve siècle les œuvres de Villon ont connu un grand succès, comme en témoigne la mention du poète dans le *Testament* (LXXV) :

> *Si me souvient bien, Dieu mercis,*
> *Que je feis a mon partement*
> *Certains laiz, l'an cinquante six,*
> *Qu'aucuns, sans mon consentement,*
> *Voulurent nommer Testament;*
> *Leur plaisir fut et non le mien...*

Le public s'empare du poème, en modifie le titre, et adopte si complètement l'auteur qu'il en fait le maître de tous les gueux. Ce n'est pas hasard, si Pierre Levet, le premier éditeur connu de Villon est aussi celui de *La Farce de Maître Pathelin* et des *Cent nouvelles nouvelles*, chefs-d'œuvre de la veine satirique du Moyen Age. De 1489 à 1533, date de l'édition de Clément Marot, on ne compte pas moins de 29 éditions complètes, chiffre considérable pour l'époque. Par ailleurs, les ballades trouvent place dans les anthologies poétiques comme *Le Jardin de Plaisance*. Aussi personne ne mettant en doute la ressemblance de l'homme avec le personnage poétique, la légende de Villon s'accrédite de plus en plus : « Comme Villon n'avait fait que parler de lui-même, il n'était pas difficile de lui prêter la physionomie qu'il avait adoptée. On le tint donc pour un fou émérite, un grand farceur, un buveur légendaire, pour le pauvre par excellence, le roi et le type des escrocs, ce que confirme cette belle rime de *billon* et de *Villon*. Sa légende se répand, s'amplifie chaque jour : on lui prête alors, pour les rajeunir, des finesses qui remontaient jusqu'aux fabliaux... » (Pierre Champion, *François Villon...,* 1933.)

Le « rajeunissement » le plus typique de ces grosses farces prenant Villon comme premier rôle est le recueil des *Repues franches,* qui, de 1500 à 1532, ne cesse d'être réimprimé sous des titres légèrement différents, mais évoquant toujours Villon. Les « sujets » de maître Françoys veulent-ils festoyer sans bourse délier? Villon dupe un naïf marchand de poissons en reprenant un tour déjà conté dans *Les Trois Aveugles de Compiègne.* Préfèrent-ils les tripes? Un de ses compères montre son derrière à la marchande. Feignant d'être scandalisé, Villon le fouette avec une poignée de tripes. Dégoûtée, la marchande lui abandonne les tripes. Villon n'est pas plus embarrassé pour fournir la bande en pain et en vin...

Le légendaire vaurien s'amende-t-il sur ses vieux jours? Toujours est-il que Rabelais le présente dans des rôles différents. Le chapitre XVI du *Pantagruel, Des meurs et condictions de Panurge* pourrait avoir Villon pour héros. Lorsque le Chinonais, imitant le *Menippus seu Necyomantia* de Lucien montre Épistémon visitant les Enfers et assistant à la revanche des petits sur les grands, il évoque Villon à côté de Pathelin et de Jean Lemaire de Belges :

« Je veiz maistre Françoys Villon, qui demanda à Xercès : « Combien la denrée de moustarde? — Un denier », dit Xercès. A quoi dict ledict Villon : « Tes fièvres quartaines, villain! La blanchée n'en vault qu'un pinard, et tu nous surfaictz icy les vivres? » Adonc pissa dans son bacquet, comme font les moustardiers à Paris... » (*Pantagruel,* chap. xxx).

N'empêche qu'au *Quart Livre* (chap. xiii), le grossier farceur apparaît d'abord sous les traits d'un animateur de patronage : retiré à Saint-Maixent, *« soubs la faveur d'un homme de bien, abbé dudict lieu »,* il entreprend de faire jouer la Passion, *« pour donner passetemps au peuple ».*

Pour costumer un vieux paysan en Dieu le Père, il veut emprunter une chape et une étole au cordelier Tappecoue. Devant le refus de celui-ci, le naturel vindicatif de Villon reprend le dessus : au cours d'une quête du cordelier dans la campagne, Villon déchaîne contre lui les diables du *Mystère*. Effrayée, la jument du cordelier désarçonne et met en pièces son cavalier. Et maître Françoys de féliciter messieurs les diables...

Les critiques d'aujourd'hui n'ajoutent aucune foi à cette histoire, vraisemblablement transposition d'un différend entre les bénédictins et les cordeliers de Saint-Maixent. Il n'est pas prouvé que Villon ait séjourné à Saint-Maixent, et par conséquent, qu'il ait été protégé par l'abbé. Ici, une fois de plus, la légende l'a emporté sur l'histoire. Il semble que Rabelais se soit inspiré d'un *colloque* d'Erasme et de la septième *Repue franche,* ainsi que de l'interprétation traditionnelle des huitains CIII-CIV du *Testament*.

Villon reparaît encore à la fin du *Quart Livre,* après l'épisode de la tempête, sur une scène élargie. Le personnage change de dimensions et de caractère, tout en conservant sa verdeur. Dans le *Pantagruel,* il était englobé dans la foule des morts facétieux; au chapitre XIII du *Quart Livre,* dans un décor provincial, rendu vraisemblable par des détails vrais, il participe à la satire des gens d'Église. Maintenant, devenu en quelque sorte le bouffon familier du roi d'Angleterre, il venge le roi de France de l'affront fait par son ennemi : en effet, le roi d'Angleterre avait fait peindre les armes de France dans un retrait près de sa chaise percée. Et Villon de le féliciter de cette trouvaille, qui lui évite de recourir aux clystères : *« Car seulement les voyant, vous avez telle vezarde et paeur si horrificque que soubdain vous fiantez comme dixhuyct bonases de Paeonie. »* Voilà le roi d'Angleterre tout aussi embrenné de peur que Panurge dans la tempête. Pour authentifier la réplique vengeresse de Villon, Rabelais cite le *Quatrain* fameux :

> *Ne suys-je badault de Paris ?*
> *De Paris, dis-je, auprès Pontoise,*
> *Et d'une chorde d'une toise*
> *Sçaura mon coul que mon cul poise.*

Bien plus, le poète lui-même commente ses vers : « *Badault, diz-je, mal advisé, mal entendu, mal entendant,* etc. »

Tant de précisions ont fait croire longtemps à la réalité de l'histoire. Or elle renferme des anachronismes qui démontrent son caractère imaginaire. Dès le XIIIᵉ siècle, l'anecdote faisait déjà partie des bons mots et exemples extraordinaires dont les recueils réjouissaient les veillées, et dans lesquels ni Rabelais ni Montaigne n'ont dédaigné de puiser. Il faut en faire son deuil : le « bon folastre » ne peut se costumer en héros national. Il ne reste de l'histoire que les effets scatologiques d'une mémorable venette.

Un autre signe de la présence de Villon à la fin du XVᵉ siècle est la prolifération des *Testaments* satiriques. Le Moyen Age se plaît à évoquer la condition humaine sous ses aspects contradictoires, opposant Dieu et le Diable, la Vie et la Mort, le Roi et le Gueux, le Riche et le Pauvre, le haut et le bas de la Fortune, le rire aux larmes qu'illustre le vers célèbre de la *Ballade du concours de Blois* :

> « *Je ris en pleurs et attens sans espoir...* »

Ce dualisme, que Chateaubriand et Hugo considéreront comme inhérent au chrétien, apparaît dans les *Congés*, qu'il s'agisse du pathétique adieu de Jean Bodel, le poète lépreux, ou de l'au-revoir familier et narquois d'Adam le Bossu. Il se déploie sans contrainte dans les *Lais* ou *Testaments* facétieux, dont Jean de Meung au XIIIᵉ siècle et Eustache Deschamps au XIVᵉ ont laissé des modèles, vraisemblablement connus de Villon. Deschamps, feignant d'être à l'article de la mort, dis-

tribue des biens imaginaires à des légataires souvent
fictifs ou sans relations directes avec le poète. Aux
Ordres Mendiants, il lègue son écrin, « où il n'a rien »;
au roi de France, « le Louvre et le Palays », etc. Cha-
que héritier reçoit du vent, ou bien ce qu'il possède
déjà.

Les *Testaments* de Villon présentent de nombreuses
analogies avec ce *Testament par esbatement,* le génie en
plus. A leur tour, ils donnent lieu à des imitations et des
pastiches, dont les auteurs sont plus sensibles aux
calembours et obscénités qu'aux accents émouvants,
comme en témoignent *Le Grant Testament de Taste Vin
roy des pions* (1489), le *Testament de Pathelin,* le *Testament
Fin Ruby de Turquie maigre marchant* (1509?), le *Testament
de Jenin de Lesche qui s'en va au mont Saint-Michel* (1514?),
le *Testament et épitaphe de maistre François Levrault* (fin du
XVIe s.), etc. Le pseudo-Ragot se référant à son modèle
se vante même d'avoir « excédé maistre François! ».

Mais cette exploitation d'un auteur légendaire et d'un
genre à succès ne risque-t-elle pas de défigurer le véri-
table Villon en imposant seulement ses traits les plus
grossiers?

Un siècle après la naissance du poète, sur l'invitation
de François Ier, grand admirateur de Villon, Clément
Marot entreprend de présenter une édition authentique
de ses œuvres (1533) en corrigeant les erreurs et lacunes
des précédentes publications. Après avoir donné un
exemple caractéristique de sa méthode, il soulève le
problème, toujours en suspens, des intentions du
poète et de l'identification des légataires, préférant la
veine « vraiment belle et héroïque » des *Ballades* à
l' « industrie » des *Lais*, ou, pour employer la termi-
nologie de Baudelaire, l'éternité à la « modernité ». Il
regrette aussi que Villon n'ait pu, comme lui, « polir
son langage » à la cour des rois et des princes. Mais,
rompu dès sa jeunesse aux jeux poétiques, éditeur du
Roman de la Rose, traducteur de Virgile, introducteur

en France du sonnet italien, et bientôt chantre des *Psaumes* bibliques, Clément Marot a exploré toutes les voies passées et présentes de la poésie. Sa vie même présente des analogies avec celle de Villon : comme ce dernier, il a connu l' « Enfer » du Châtelet, subi des interrogatoires et la rigueur de la Justice. Sans doute ne risquait-il pas d'être « étranglé et pendu », mais en éprouvant lui-même la condition précaire de prisonnier, il se sentait certainement le « frère humain » de Villon. Comment n'aurait-il pas entrevu la complexité de son œuvre, admiré la maîtrise de son écriture et partagé plusieurs de ses craintes?

Ni Ronsard, ni ses amis de la Pléiade n'ont suivi Marot dans cette voie. Il faut attendre Boileau pour trouver une mention élogieuse de Villon :

Villon sut le premier, dans ces siècles grossiers,
Débrouiller l'art confus de nos vieux romanciers...

                 (Art poétique.)

Pris à la lettre, ce jugement suscite de multiples réserves, mais, en gros, il correspond assez exactement à l'opinion générale des lecteurs. En dehors des érudits, qui connaît aujourd'hui les devanciers de Villon? Celui-ci apparaît comme le *premier* des poètes modernes, Georges Brassens étant son descendant en ligne directe, sinon le dernier.

Cependant aux XVIIe et XVIIIe siècles, la caution de Boileau ne compta guère plus que l'édition de Marot. L'époque romantique elle-même, si enthousiaste pour le Moyen Age, semble effarouchée par le poète truand, à l'exception de Théophile Gautier. C'est seulement à la fin du XIXe siècle que Rimbaud et Banville pastichent les *Ballades*. Avec les « poètes maudits », l'habitué des bouges et des filles, l'homme en marge de la société et de la morale, l'artiste trouvant le diamant dans la fange renaissent en même temps. Verlaine comme Villon est né sous le signe de Saturne : « Rien de plus facile, note

Paul Valéry... que de rapprocher les noms de François Villon et de Paul Verlaine... l'un et l'autre admirables poètes; l'un et l'autre, mauvais garçons... » *(Variétés.)* Pour une fois, ce genre de parallèle, d'ordinaire factice, lui semble justifié : « Le double cas Verlaine-Villon... offre un caractère rare et remarquable. Une part très importante de leurs œuvres respectives se réfère à leur biographie..., » *(Ibid.)* On sait combien Paul Valéry se méfie de l'intrusion apparente de l'homme dans l'artiste; dans l'œuvre de Villon, il doit reconnaître sinon une confession, du moins une confidence, ce qui trouble quelque peu ses conceptions de la création poétique.

Phénomène curieux, si Villon embarrasse souvent ses émules, il passionne les érudits; la science se montre moins pudibonde que la Muse.

L'édition des *Œuvres de Maistre François Villon* par l'abbé Prompsault en 1832 stimule les critiques et les historiens de la littérature. Le classique Nisard épaule le romantique Gautier. L'édition critique du *Lais* par Vitu, son exhumation du manuscrit de Stockholm, les recherches de Longnon dans les archives nationales, son *Étude biographique sur François Villon* (1877), ses éditions revues et complétées par L. Foulet renouvellent le portrait de l'homme et la portée de l'œuvre. La curiosité de Marcel Schwob pour la vie et le langage des « classes dangereuses », la science de Gaston Paris, l'ample et scrupuleuse synthèse de Pierre Champion *(François Villon, sa vie et son temps,* 1913) apportent des éléments, incontestables, de réalité : les légataires de Villon ont existé, les mauvais lieux, les enseignes cités dans les poèmes étaient ceux du Quartier latin. Les *Testaments* sont un tableau figuratif de Paris sous Louis XI. Mais cet enrichissement extraordinaire ne simplifie pas, bien au contraire, les questions posées par l'homme et l'artiste. Partant des données historiques, les critiques aboutissent à des interprétations contradictoires. Les savantes exégèses d'Italo Siciliano remettent en cause les explications traditionnelles, notamment celle du dualisme de Villon; Thuasne, loin de voir en ce dernier un poète spontané, découvre des attaches et des analogies avec les poètes antérieurs; le poète Tzara détecte d'innombrables anagrammes qui révèlent les intentions secrètes de l'amant bafoué par Catherine de Vaucelles... Plus récemment encore les travaux de P. Le Gentil, de David Kuhn, de J. Dufournet et de P. Guiraud, les éditions de Dimier, Mortier, Guiette, Mary, Passeron, etc., attestent de la vitalité de l'œuvre et de son actualité : la philologie et la linguistique se concertent avec la critique historique. Argument décisif, le cinéma, la chanson et le disque apportent leur concours, combien puissant pour la jeunesse, à ce poète contemporain de la *guerre de Cent Ans*! Peut-être notre époque violente et contradictoire est-elle plus proche de Villon que les siècles d'équilibre et d'ordre? Il ne s'agit pas de trouver Villon, mais de le chercher.

P. MICHEL.

VILLON ET SON TEMPS

I. LES ÉVÉNEMENTS HISTORIQUES	II. LES PÉRIPÉTIES BIOGRAPHIQUES	III. LES ÉVÉNEMENTS LITTÉRAIRES
		1406 Eustache Deschamps, *Testament par esbatement*.
		1424 Alain Chartier, *La Belle Dame sans merci*.
		1430 Mort de Christine de Pisan.
1431 Jeanne d'Arc brûlée à Rouen.	1431 Naissance à Paris de François de Montcorbier, dit Villon. Maître Guillaume de Villon, chanoine de Saint - Benoît - le - Bétourné s'installe à l'hôtel de la Porte Rouge au cloître Saint-Benoît.	
		1433 Alain Chartier meurt.
1436 Fin de l'occupation anglaise de Paris. Entrée de Charles VII. 1438 Famine. 1440 Retour en France de Charles d'Orléans, prisonnier en Angleterre depuis Azincourt (1415). Révolte des Féodaux (La Praguerie) contre Charles VII. 1444 Grève de l'Université de Paris.		
	1449 François de Montcorbier, reçu bachelier à la faculté des Arts de Paris.	
1451 Agitation au Quartier Latin. 1452 Émeutes et manifestations (enlèvement du « Pet-au-Diable »).	1451-1452 Participe vraisemblablement aux diverses péripéties de l'affaire du « Pet-au-Diable ». Reçu licencié, puis maître ès-arts (4 mai-26 août 1452).	1452 Représentation à Paris du *Mystère de la Passion*, d'Arnould Gréban.

I. LES ÉVÉNEMENTS HISTORIQUES	II. LES PÉRIPÉTIES BIOGRAPHIQUES	III. LES ÉVÉNEMENTS LITTÉRAIRES
1452 Thibault d'Aussigny, évêque d'Orléans. Réforme de l'Université de Paris sous la direction du cardinal d'Estouteville. 1453 Fin de la guerre de Cent Ans.		
	1455 Tue le prêtre Chermoye (ou Sermoise), est lui-même blessé et quitte Paris.	
1456 Jeanne d'Arc réhabilitée. Le Dauphin (futur Louis XI) se réfugie à la cour de Bourgogne.	1456 (Janvier). Obtient deux lettres de rémission pour ce meurtre. Aux environs de Noël, cambriole le trésor du collège de Navarre, avec Colin de Cayeux, Dom Nicolas, Petit Jean et Guy Tabarie; il s'éloigne à nouveau de Paris.	1456 *Le Petit Jehan de Saintré* d'Antoine de la Sale. — Villon compose le *Lais*, divers poèmes (*Ballade du concours de Blois*, etc.), insérés plus tard dans *Le Testament*.
1461 Mort de Charles VII. Ligue *du Bien Public* contre Louis XI, bataille de Montlhéry, traités de Conflans et de Saint-Maur.	1457-1461 Vie errante en province, séjours vraisemblables à Bourg-la-Reine, Angers (?), Bourges, à la cour de Charles d'Orléans, à Blois. Peut-être emprisonné à Orléans, certainement à Meung-sur-Loire, en 1561, sur ordre de l'évêque d'Orléans. Libéré à l'occasion du passage de Louis XI.	1461 Compose l'*Épître à ses amis*, la majeure partie du *Testament*, le *Débat du cœur et du corps*, peut-être la *Ballade de la Fortune*. *Farce de Pathelin* (1461 ou 1469?).
	1462 Rentré à Paris, il est incarcéré au Châtelet pour vol. Sur le point d'être élargi, rebondissement de l'affaire du collège de Navarre. Libéré le 7 novembre.	1462? *Les Cent nouvelles nouvelles.*

I. LES ÉVÉNEMENTS HISTORIQUES	II. LES PÉRIPÉTIES BIOGRAPHIQUES	III. LES ÉVÉNEMENTS LITTÉRAIRES
	1463 Poursuivi pour la rixe avec les clercs de Maître Ferrebouc, condamné à mort par le prévôt, puis sur appel au Parlement (janvier 1563) la peine est commuée en interdiction de séjour pour 10 ans. Il quitte Paris et disparaît emportant sa légende de mauvais garçon.	1463 Villon compose le *Quatrain*, la *Ballade des pendus*, la *Requête au Parlement* et la *Ballade de l'appel*.
1465 Mort de Charles d'Orléans à Amboise.		
1468 Entrevue de Péronne entre Louis XI et Charles le Téméraire.	1468 Mort de Maître Guillaume de Villon.	

NOTRE TEXTE

Nous avons généralement suivi l'édition Longnon-Foulet (Paris, 1969) pour les poèmes en langue courante; aux sigles habituels concernant les variantes, nous avons ajouté CM, désignant l'édition Clément Marot (1533). En effet, nous avons tenu le plus grand compte des leçons et notes de cette première édition critique. La traduction et le commentaire d'A. Lanly (éd. Champion), les travaux de P. Guiraud (éd. Gallimard) et J. Dufournet (éd. Ducros, Saint-Médard-en-Jalles; éd. S.E.D.E.S., Paris), le *Villon* de P. Le Gentil (éd. Hatier) nous ont été d'un grand secours.

Pour les ballades en jargon, nous avons suivi les éditions Ziwès et A. de Bercy (éd. Waltz et Puget, Paris), P. Guiraud (*Le Jargon de Villon*, Gallimard, Paris) et A. Lanly (*op. cit.*, tome III).

Pour la connaissance générale de l'époque et de l'environnement, le *François Villon, sa vie et son temps* de Pierre Champion (éd. Champion) demeure une source indispensable.

LE LAIS

LE LAIS, PLAINTE D'UN « AMANT MARTYR »
OU
ALIBI DU POÈTE-CAMBRIOLEUR?

UNE NUIT DE NOËL FORT OCCUPÉE

Le *Lais* est considéré comme le premier des grands poè-
mes de Villon, bien que sa date soit incertaine, en dépit
des précisions apportées par l'auteur au début et à la fin
de l'œuvre. Fut-il réellement écrit la nuit de Noël 1456,
dans l'émouvant décor d'une chambre solitaire, dont le
silence ne fut troublé que par l'angélus de la cloche de la
Sorbonne, il est permis d'en douter. Ce serait faire beau-
coup d'honneur à l'invention poétique de Villon et à ses
dons d'ubiquité, que de l'imaginer faisant ripaille dans
une taverne, composant un poème de quarante huitains
et cambriolant le collège de Navarre au cours d'une
même nuit. Aussi certains commentateurs, comme Mme
Grace Frank (*Modern Language Notes,* 1932) retardent-ils la
naissance du poème jusqu'en avril 1457. La plupart
cependant admettent avec L. Foulet (*Romania,* 1944-1945)
que le *Lais* fut écrit aux alentours de Noël 1456, au moins
partiellement.

Mais pourquoi ce luxe de détails chronologiques? Est-
ce seulement pour respecter la fiction du testament, que
le testateur date obligatoirement? Si l'on envisage la
question au niveau non plus du langage en clair proposé
aux profanes, mais d'un message codé destiné à des com-
plices, il ne s'agit plus alors d'un jeu gratuit, mais d'un

avertissement. A tout le moins, le *Lais* apparaît comme un alibi capable de dérouter d'éventuels enquêteurs. Cette incertitude et cette ambiguïté n'est pas le moindre charme du poème.

POURQUOI « LE LAIS »?

Le titre même donne lieu à discussion. Le premier éditeur, Pierre Levet, et plus tard Clément Marot préfèrent le *Petit Testament,* bien que Marot reconnaisse que le poème fut « *ainsi intitulé sans le consentement de l'auteur, comme il dit au second livre* ». La raison de ce choix est évidente : les liens contre le *Lais* et le *Testament* sont mis en lumière, le premier étant une ébauche du second. Il demeure toutefois que Villon a qualifié son poème de *Lais* :

> *Je m'en vois en pays loingtain*
> *Si establis ce present laiz*

(*Le Lais,* 64.)

Dans le *Testament* (huitain LXXV), il revient à la charge et proteste contre le changement de titre :

> *Si me souvient bien, Dieu mercis*
> *Que je fuis a mon partement*
> *Certains laiz, l'an cinquante six,*
> *Qu'aucuns, sans mon consentement,*
> *Voulurent nommer Testament...*

Or P. Le Gentil (*Villon,* p. 33) remarque avec pertinence que *lais* et *testament* ne sont pas des termes rigoureusement synonymes : le *lais* s'apparente aux *congés* composés par Jean Bodel, Baude Bastoul ou Adam le Bossu déplorant un départ, une séparation, alors que le *testament* annonce une mort prochaine, feinte ou réelle. Dans le *Lais,* Villon est sur le point de se séparer d'une maîtresse inhumaine et de quitter Paris pour Angers, alors que le *Testament* est supposé avoir été dicté par le poète aux affres de la mort, dans la « *dure prison de Mehun* », en 1461, cinq ans après. Il y a donc une différence d'époque, de situation et de sentiments.

DE L' « AMANT MARTYR » AU TESTATEUR FACTIEUX

Après deux huitains brossant le décor hivernal, où *les loups se vivent de vent,* le poète endosse la défroque de l'*amant martyr,* empruntée sans doute à *La Belle Dame sans merci* d'Alain Chartier. Il se libère enfin de la *très amoureuse prison* et trouve son salut par la fuite à Angers, *pays loingtain* (III-VIII). Vient ensuite l'énumération des legs (IX-XXXIV), puis l'*entr'oubli* du poète à demi-inconscient, avec l'allégorie des facultés (XXXV-XXXIX) et une strophe de conclusion renvoyant au huitain initial.

DU RÉEL À L'IRRÉEL

En fait, cette composition limpide masque des obscurités difficiles à dissiper et couvre des interprétations complémentaires, quoique diverses. Que les éléments de réalité abondent dans les références aux lieux et aux personnages, on ne saurait le mettre en doute depuis les efficaces et minutieuses investigations d'Auguste Longnon, de Marcel Schwob et de Pierre Champion (*cf. :* P. Champion, *François Villon, sa vie et son temps*). Le *Lais* est une évocation de Paris sous Louis XI, aussi pittoresque, mais plus précise que la fresque de Notre-Dame de Paris. Villon nous entraîne dans les rues étroites du Quartier latin et de la Cité, égayées par les enseignes des cabarets et des boutiques. La plupart de ses légataires ont été identifiés avec certitude : ce sont surtout des gens de finances, de justice et d'Église, avec quelques mauvais garçons, compagnons du poète.

Mais de la réalité historique nourrissant le *Lais* et le *Testament,* peut-on déduire les liens qui unissaient le testateur et ses légataires? Dans quelle mesure ces deux poèmes

sont-ils une autobiographie, ou au contraire, une fiction ?
Pierre Guiraud *(Le Testament de Villon)* conteste cette extra-
polation : « *Littérairement, ce sont des relations de Villon :
sa mère, son père adoptif, ses maîtresses, ses amis, son avocat,
son procureur, etc. D'où on a conclu que tels ils étaient histo-
riquement ; mais cette conclusion est illusoire, car rien dans les
faits connus n'atteste une relation historique entre Villon et aucun
des quelque quatre-vingts légataires littéraires* (du *Testament*) »
(p. 14).

Bornons-nous à quelques cas typiques tirés du *Lais*.

LA BELLE DAME SANS MERCI

Qui est cette dame, *félonne et dure,* qui lui a préféré un
autre amant, et à qui le poète lègue, métaphoriquement,
son *cuer enchassié* ? Est-ce Catherine de Vaucelles, nommée
dans le *Testament* (v. 661) ? G. Paris l'écarte, parce qu'elle
est rangée parmi les femmes vénales. Au contraire,
A. Longnon n'a aucun doute sur son identité : « Villon
l'appelle une fois : « M'amour, ma chère Rose. » Mais il
semble que « Rose » ne soit ici autre chose que le nom
d'une fleur dont la maîtresse du poète avait sans doute la
fraîcheur : en effet, il ne paraît pas que « Rose » ait été
employé comme nom de baptême au xve siècle, en France
du moins, et, d'autre part, Villon donne franchement le
nom de « Katherine de Vaulselles » à la dame de ses pen-
sées... » *(Étude biographique sur François Villon.)* Selon
L. Foulet et I. Siciliano, il s'agirait d'une même femme,
soit Rose, soit Marthe dans les divers poèmes. P. Cham-
pion estime, lui, que Villon aurait eu deux maîtresses
cruelles, Catherine de Vaucelles et Marthe, point de vue
partagé par J. Dufournet.

Mais ce conflit d'hypothèses ne repose sur aucune
donnée historique. P. Champion reconnaît *(op. cit.,* tome
II, p. 302) qu'il n'a pu identifier Catherine de Vaucelles,
celle-ci n'ayant aucun rapport avec Pierre de Vaucel, cha-
noine de Saint-Benoît-le-Bétourné. L'existence d'une
famille de Vaucelles, non loin de Saint-Benoît pendant la

jeunesse de Villon, n'a pas donné une piste sérieuse. Se présente alors un souvenir littéraire, pour le moins curieux. Dans *Le Jeu de la Feuillée,* Maître Adam explique comment il fut dupé par les illusions de l'Amour :

> *Mais Desirs les me fist gouster*
> *A le grant saveur de Vaucheles.*

Vauchelles est le nom d'un village près d'Arras, mais désigne aussi les désirables vallées du tendre corps féminin. Chez Villon comme chez Adam le Bossu, il ne s'agirait que d'un jeu de mots, ce qui ne prouve pas que la maîtresse de Villon ait été pure fiction, et que sa seule réalité fût onomastique.

HOMMAGE OU CARICATURE ?

Le premier légataire est *maître Guillaume Villon* (v. 69-72) sur lequel les documents biographiques abondent. Guillaume de Villon était chapelain de Saint-Benoît-le-Bétourné. A. Longnon le traite de père adoptif du poète. Dans le *Testament* (v. 849 *sq.*) il reparaîtra avec des qualificatifs affectueux :

> *Item, et a mon plus que pere,*
> *Maistre Guillaume de Villon,*
> *Qui esté m'a plus doulx que mere...*

A. Longnon et P. Champion, en explorant les Archives nationales ont pu reconstituer les rapports mouvementés entre les religieux de Saint-Benoît et le chapitre de Notre-Dame, et partant, plusieurs épisodes de la vie du chapelain : Celui-ci apparaît comme un plaideur invétéré, toujours prêt à engager un procès, si bien qu'il ne dépare pas la collection des Chicaneaux malmenés par l'auteur du *Lais*. D'où le commentaire de Pierre Guiraud sur les vers 69-72 : « En clair cela signifie : « Je laisse ma réputation de poète *(mon bruit)* à Maître Guillaume Villon, réputation qui fait retentir *(bruit)* mes tentes et mon pavillon en l'honneur de son nom. C'est parce que

Françoys a emprunté le pseudonyme littéraire de « Villon » que le bruit de sa réputation honore le nom du chanoine. » Mais ce sens en clair est doublé par un sens codé que la science linguistique de Pierre Guiraud a déchiffré : « En code, *bruit* signifie : « querelle », « contestation » (moyen français) d'une part, et de l'autre représente le verbe « se quereller » (ancien français). On traduira donc : « Je laisse (je lâche) ma querelle contre Maître Guillaume Villon, qui, pour faire honneur à son nom querelle mes *tentes* et *mon pavillon*... » En conclusion, Pierre Guiraud soutient qu'il est faux de voir dans le legs un témoignage d'affection, alors qu'il est un règlement de compte entre amateurs de chicanes : « Le poète querelle Maître Guillaume, qui querelle les querelles de Françoys. »

Sans aller aussi loin, P. Le Gentil s'étonne que le bienfaiteur du poète figure en tête de personnages caricaturés et bafoués. Serait-ce pour mieux mystifier le lecteur et faire croire aux sérieux des autres portraits ? A. Lanly considère les plaisanteries du poète comme une simple *espièglerie,* comme celle d'Adam le Bossu lorsqu'il raille l'avarice de son père dans *Le Jeu de la Feuillée.* Comment choisir entre ces ingénieuses exégèses ? Et qui sait ? peut-être chacune d'elles renferme-t-elle une parcelle de vérité.

AMBIGUÏTÉ PERSISTANTE

Il est avéré que Villon se moque des chansons courtoises, et il est vraisemblable qu'il se moque de lui-même par la même occasion, mais jusqu'à quel point ? L'amertume ne se mêle-t-elle pas à la fantaisie ironique ? « *Je ris en pleurs* », la célèbre antithèse de la *Ballade du concours de Blois,* ne peut-elle servir d'épigraphe au *Lais ?* Si la parodie des genres sérieux se développait sur tout le poème, il suffirait d'en prendre le contre-pied pour saisir les intentions du poète, mais l'ambiguïté du *Lais* écarte cette solution simpliste, et c'est le lieu de nous souvenir de la remarque de Montaigne sur le mensonge :

« Si, comme la vérité, le mensonge n'avait qu'un visage, nous serions en meilleurs termes. Car nous prendrions pour certain l'opposé de ce que dirait le menteur. Mais le revers de la vérité a cent mille figures et un champ indéfini » (Essais, I, IX). Clément Marot ne se faisait aucune illusion sur la possibilité de découvrir toutes les clefs des legs : *« Quant à l'industrie des lais qu'il fit en ses testaments pour suffisamment la connaître et entendre, il faudrait avoir été de son temps à Paris, et avoir connu les lieux, les choses et les hommes dont il parle : la mémoire desquels tant plus se passera, tant moins se connaîtra icelle industrie »* (*Préface* de l'édition de Villon, 1533). Et pourtant Marot écrivait moins d'un siècle après la naissance du *Lais*, et il avait recueilli les témoignages de *bons vieillards* contemporains de Villon !

Mais la vérité poétique n'est-elle pas différente de la vérité du fait ? Si l'œuvre de Villon a survécu à tant de siècles et à tant de changements de toute sorte, n'est-ce pas parce que le poète ne s'est pas contenté de faire des croquis de personnages éphémères, mais qu'il a évoqué des aspects éternels de la condition humaine ?

L'étude systématique et généralisée des artifices poétiques, par exemple des anagrammes, est presque aussi décevante que la recherche de l'authenticité à tout prix. D'heureuses trouvailles ont pu éclairer des allusions voilées, mais même sans leur appoint, le *Lais* demeurerait un monument de la poésie française. D'où Villon a-t-il tiré les joyaux de son trésor ? Selon Thuasne, il aurait puisé chez ses devanciers, Adam le Bossu, Rutebeuf, Eustache Deschamps, dont le *Testament par esbatement* offre tant de ressemblance avec le *Lais* et le *Testament*. A rebours, Italo Siciliano estime que Villon n'eut pas de modèle particulier, mais qu'il exprima mieux que quiconque les thèmes contrastés chers à l'âme médiévale du siècle de saint Louis à celui de Louis XI. Le lecteur étant prévenu, à lui de se faire une opinion au contact de l'œuvre.

P. M.

1. Villon souligne son titre d'étudiant (*cf.* : T., v. 1886), qui lui confère des avantages juridiques et aurait pu lui faire accorder des bénéfices ecclésiastiques.

2. *Posément.* Cf. la formule liminaire des testaments : « sain de corps et d'esprit ».

3. Locution encore familière aujourd'hui. Explication de Marot : « travaillant volontiers, comme les chevaux qui franchement tirent au collier ».

4. *Soumettre ses actes à la réflexion.*

5. Spécialiste de l'art militaire (fin du IVe s. après J.-C.). Son *Livre de Chevalerie*, traduit par Jean de Meung, était fort répandu. Par cette référence à un auteur ancien, Villon veut donner un air sérieux à sa parodie.

6. Moralité banale : *« réfléchissons avant d'agir »*, mais peut-être aussi allusion voilée aux conséquences possibles du cambriolage du collège de Navarre.

7. D'après le *Journal d'un bourgeois de Paris* (cité par I. Siciliano, *op. cit.*, p. 8) les loups pénétraient dans Paris, et *« en la darraine sepmaine de septembre estranglerent et mangerent XIII personnes... entre Montmartre et la porte Saint Antoine »*.

8. Métaphore courante dans la poésie courtoise du Moyen Age, puis chez les pétrarquisants et les précieux : Villon parodie les sentiments et le style de l'amant rebuté.

9. *Avait coutume.*

10 *Celle consentant à ma perte.* Note de Marot : *A ma défaite, à ma mort.*

11. *Sans qu'elle en retirât quelque avantage.*

12. *Je m'afflige.*

13. *Les dieux de l'Amour.* Chez les Romains, Vénus était la déesse de l'Amour.

14. *Et du mal d'amour soulagement.*

I

L'an quatre cens cinquante six,
Je, Françoys Villon, escollier[1],
Considerant, de sens rassis[2],
Le frain aux dens, franc au collier[3],
Qu'on doit ses œuvres conseillier[4],
Comme Vegece le raconte,
Sage Rommain, grant conseillier[5],
Ou autrement on se mesconte[6]...

II

En ce temps que j'ay dit devant,
Sur le Noel, morte saison,
Que les loups se vivent de vent[7]
Et qu'on se tient en sa maison,
pour le frimas, pres du tison,
Me vint ung vouloir de brisier
La tres amoureuse prison[8]
Qui souloit[9] mon cuer debrisier.

III

Je le feis en telle façon,
Voyant celle devant mes yeulx
Consentant a ma desfaçon[10],
Sans ce que ja luy en fust mieulx[11];
Dont je me dueil[12] et plains aux cieulx,
En requerant d'elle venjance
A tous les dieux venerieux[13],
Et du grief d'amours allejance[14].

4

8

12

16

20

24

Titre. A : « Le Lais Françoys Villon »; B : Le Testament de maistre François Villon »; C : « Le Petit Testament Villon »; I : « Le Petit Testament maistre François Villon ». — V. 8, CM : il se mescompte. — V. 23, B : dieux bienheureux; C : dieux victorieux.

1. *« Ces aimables mines »*, selon la traduction Mario Roques (*Mélanges Hoeffner*).

2. Terme de la langue amoureuse; *cf. : Jeu de la Feuillée* (Introduction au *Lais*).

3. *Transperçant.*

4. Le cheval à *pieds blancs* (balzan) passait pour être vicieux. Locution usuelle à l'époque de Villon; *cf. : Lettre* de Louis XI au duc d'Alençon : « Mon parrain, ne me faillez pas au besoin, ne faites pas comme le cheval au pied blanc » (cité par Champion).

5. *Complans : terrain à planter* (A. Burger) avec une équivoque obscène, introduite par *planter*. De même *frapper* (v. 32) signifie au sens propre : *forger une monnaie à un autre coin*, et au sens figuré : *rechercher une autre maîtresse*. Les deux derniers vers du huitain IV par leur équivoque obscène rompent l'atmosphère de poésie courtoise et révèlent l'intention parodique.

6. *Sans que j'aie commis la moindre faute à son égard.*

7. *Que je ne dure pas plus longtemps.*

8. Le thème de la fuite, seul remède contre l'amour, est développé dans le huitain suivant.

9. *Rompre* a pour sujet la dame félonne. *Vivante soudure*, métaphore autrement expressive que *vivante liaison.*

10. *Regrets qui inspirent la pitié.*

11. La parodie de l'amour courtois peut masquer une allusion au cambriolage du collège de Navarre. Selon les révélations de Guy Tabarie, complice de Villon, ce dernier se serait réfugié à Angers *chez un sien oncle qui estoit religieux* pour préparer un coup contre un autre religieux réputé riche. A. Burger suppose une autre explication à ce voyage : Villon aurait menti à Tabarie; il n'aurait participé au cambriolage que pour se procurer un viatique pour aller à la cour d'Angers. En somme, il aurait été un faux « dur ». De toute façon, le départ pour Angers, avec ses multiples significations, est une mystification.

12. *Ne me veut accorder sa faveur ni m'en donner une partie.*

13. *Somme toute.*

14. La multiplication des antithèses *(meurs/membres sains; amant martyr-amoureux sains)* accentue par la surcharge le caractère parodique. Cette parodie exclut-elle toute sincérité? J. Dufournet ne le croit pas.

IV

Et se j'ay prins en ma faveur
Ces doulx regars et beaux semblans[1]
De tres decevante saveur[2]
Me trespersans[3] jusques aux flans,   28
Bien ilz ont vers moy les piez blans[4]
Et me faillent au grant besoing.
Planter me fault autres complans
Et frapper en ung autre coing[5].   32

V

Le regart de celle m'a prins
Qui m'a esté felonne et dure :
Sans ce qu'en riens aye mesprins[6],
Veult et ordonne que j'endure   36
La mort, et que plus je ne dure[7];
Si n'y voy secours que fouïr[8].
Rompre veult la vive souldure[9],
Sans mes piteux regretz oïr[10]!   40

VI

Pour obvier a ces dangiers
Mon mieux est, ce croy, de partir
Adieu! Je m'en vois a Angiers[11],
Puisqu'el ne me veult impartir   44
Sa grace, ne la me departir[12],
Par elle meurs, les membres sains;
Au fort[13], je suis amant martir
Du nombre des amoureux sains[14].   48

V. 25 *sq.* : Les huitains IV-IX manquent dans le ms. C et dans les éd. Levet et Marot. — V. 42 : avec Burger et Lanly nous préférons la leçon de B (*partir*) à celle de A (*fouïr*). De même pour les vers 43-45.

1. La crainte de la police est pour beaucoup dans cet éloignement, sans compter la présence d'un rival heureux.

2. *Être en quenouille :* être l'amant. On peut rapprocher cette image du mythe d'Hercule filant aux pieds d'Omphale. L'anagramme du v. 199 du *Testament* désigne Ythier Marchant, légataire du huitain XI, comme ce rival. Quant à la maîtresse infidèle (*cf. : Introduction*) il s'agirait de Catherine de Vaucelles, personnage non identifié. S'il en est bien ainsi, l'aventure amoureuse de Villon serait réelle, quoique tournée en dérision.

3. *Un hareng saur de Boulogne :* au Moyen Age, les harengs saurs étaient fort goûtés, parce qu'il excitent à boire (d'où le v. 54). Les joyeux compères du *Jeu de la Feuillée* dégustent un *harenc de Gernemue* (Yarmouth), arrosé de vin d'Auxerre. Mais ici encore les vers sont équivoques. I. Siciliano sourit de l'interprétation tragique de Thuasne, imaginant le poète trompé, assoiffé de vengeance, « plus altéré de soif, d' « umeur » qu'un hareng saur ». Le commentateur italien précise en note : « Je donnerais volontiers à *umeur* un sens érotique. » C'est encore un exemple de l'humour amer de Villon.

4. Imploration usuelle dans la Bible et les offices catholiques. Elle paraît sincère ici.

5. Parodie des *congés* de chevaliers partant à la croisade ou pour de lointaines expéditions, avec un effet comique : Angers n'est pas si loin de Paris, mais le retour, pour les raisons exposées plus haut, en demeure incertain.

6. Autre effet comique par la progression de la métaphore : Villon n'est pas un homme d'acier, ni même d'étain. L'impression pathétique de l'adieu est effacée par le jeu de mots.

7. Encore un changement de ton : ce beau vers exprime toute la précarité de la condition humaine et la hantise de la mort. Les vers 61-62 ébauchent déjà le thème de la *Ballade des pendus*.

8. *Il n'y a plus de ressource* (traduction Mortier).

9. Sens généralement adopté : une succession de legs. Par contre, P. Guiraud rattache *lais* à *lacier*, forme lorraine de lacer, « prendre au piège ». D'où l'interprétation : « Le *lais* constitue un piège et une tromperie opposée à des trompeurs. »

10. Invocations traditionnelles en tête d'un testament. A noter l'hommage à la Vierge Marie, dont le culte est si répandu, surtout à partir de saint Bernard.

11. Sur Guillaume de Villon, *cf. Introduction*. Villon continue à jouer le rôle du chevalier ayant *tente* et *pavillon*. La locution, très fréquente, signifie : *Tous mes biens*.

VII

Combien que le départ me soit
Dur, si faut-il que je l'eslongne[1] :
Comme mon povre sens conçoit,
Autre que moy est en quelongne[2],   52
Dont oncques soret de Boulongne[3]
Ne fut plus altéré d'umeur.
C'est pour moy piteuse besongne :
Dieu en vueille oïr ma clameur[4] !   56

VIII

Et puis que departir me fault,
Et du retour ne suis certain[5]
(Je ne suis homme sans desfault
Ne qu'autre d'acier ne d'estain[6],   60
Vivre aux humains est incertain[7]
Et après mort n'y a relaiz[8],
Je m'en vois en pays loingtain),
Si establis ce present laiz[9].   64

IX

Premierement, ou nom du Pere,
Du Filz et du Saint Esperit,
Et de sa glorieuse Mere[10]
Par qui grace riens ne perit,   68
Je laisse, de par Dieu, mon bruit
A maistre Guillaume Villon,
Qui en l'onneur de son nom bruit,
Mes tentes et mon pavillon[11].   72

V. 51, B : Comme mon paouvre sens tant dur. — V. 53,
A : Qui plus billon et or songne. — V. 54, A : Plus jeune
et mieulx garny d'umeur.

1. Formule latine *(De même)*, utilisée dans les ventes et les donations.

2. *Mis en châsse* (comme une relique). Molinet *(Roman de la Rose moralisé)* raconte l'histoire de la dame de Facel conservant dans une châsse le cœur de son ami mort en exil.

3. *Trépassé.*

4. *Procuré.*

5. Ythier, personnage riche et influent. En 1460, il essaie de rapprocher Jean de Calabre, fils du roi René d'Anjou, et Charles de Guyenne, frère de Louis XI. En 1463, maître de la Chambre aux deniers du duc de Guyenne, il intrigue en faveur du duc de Bourgogne. Louis XI s'efforce vainement de l'acheter. Après la mort de son protecteur (en 1472) et l'échec de la *Ligue du bien public*, Ythier se réfugie à la cour de Bourgogne. Il passe pour avoir inspiré à son clerc, Hardy, une tentative d'empoisonnement contre Louis XI. Hardy est exécuté en 1474, et Ythier meurt en prison. Ythier réapparaît dans le *Testament* au v. 199, sous la forme d'un anagramme dépisté par L. Foulet, et au v. 970. L'acharnement de Villon contre lui rend plausible l'hypothèse de J. Dufournet voyant dans Ythier le rival heureux du poète.

6. *Branc* (épée) signifie aussi sexe viril. Par ailleurs, le rapprochement avec *bran* ou *bren* (excrément) et celui de *acier* avec *chier* multiplie les équivoques obscènes et scatologiques. La prétendue obligation de Villon envers Ythier et le legs imaginaire sont antiphrastiques. Au sens propre, l'épée *d'acier tranchant* est une menace déguisée. A tout le moins, Villon em... Ythier.

7. Receveur des aides pour là guerre à Paris, de 1449 à 1452, promu secrétaire du roi en 1454; il est clerc civil de la prévôté en 1463. Il réapparaît au v. 990 du *Testament*. On ignore pourquoi Villon l'associe à Ythier dans ce legs obscène et s'il avait une raison personnelle de le détester. Pour éclairer ce passage, se reporter aux huitains xciv-xcx du T.

8. « Pierre de Saint-Amant, receveur des finances à Paris en 1431, secrétaire du roi et clerc du Trésor dès 1447, était un homme considérable, très influent, fort riche. La fonction de clerc du Trésor paraît des plus importantes » (P. Champion, II, p. 173). Saint-Amant réapparaît dans le T., huitain xcvii. *Le Cheval Blanc, la Mule, l'Ane rayé* (zèbre) sont des enseignes *(cf.* L, v. 123 et T., v. 1776). Elles ont un sens symbolique : *le Cheval Blanc :* l'impuissance du vieux Saint-Amant; *la Mule :* la stérilité de sa femme; *l'Ane,* la lubricité.

9-10. Voir page suivante.

X

Item[1], a celle que j'ai dit,
Qui si durement m'a chassié
Que je suis de joye interdit
Et de tout plaisir dechassié,   76
Je laisse mon cuer enchassié[2],
Palle, piteux, mort et transy[3] :
Elle m'a ce mal pourchassié[4],
Mais Dieu luy en face mercy!   80

XI

Item, a maistre Ythier Marchant[5],
Auquel je me sens tres tenu,
Laisse mon branc d'acier tranchant[6],
Ou a maistre Jehan le Cornu[7],   84
Qui est en gaige detenu
Pour ung escot huit solz montant;
Si vueil, selon le contenu,
Qu'on leur livre, en le rachetant.   88

XII

Item, je laisse a Saint Amant[8]
Le Cheval Blanc, avec *la Mulle,*
Et a Blarru mon dyamant[9]
Et *l'Asne Roye* qui recule.   92
Et le decret qui articulle
Omnis ultriusque sexus,
Contre la Carmeliste bulle[10]
Laisse aux curez, pour mettre sus.   96

V. 86, B : cinq sols; I : six sols; C : sept; CM : six sols.
— V. 90, F : *Le bel Cheval Blanc.*

9. *Blarru,* orfèvre sur le Pont-au-Change, cité devant l'officialité de Paris au sujet d'un anneau orné d'un diamant, élu Prince des Orfèvres en 1461.

10. Allusion au conflit entre clergé séculier et clergé régulier. Alors que le concile de Latran (1213) enjoignait aux fidèles de se confesser aux curés, une bulle du pape Nicolas V *(La Carmélite Bulle),* en 1449 accorde le droit de confesser aux Ordres mendiants. La protestation des évêques et de l'Université obtient l'annulation de cette bulle par Calixte III. Le legs de Villon est donc d'actualité, mais illusoire, puisque la bulle est annulée.

1. Le pauvre petit clerc *(clergeot)* Robert Vallée est le seul légataire déjà cité, de la génération de Villon, puisqu'il est bachelier ès arts en 1448 et licencié en 1449. Appartenant à une lignée de financiers et de parlementaires, il pouvait exciter l'envie plutôt que la pitié.

2. Pourquoi Villon a-t-il laissé ses *braies* (sorte de caleçon) en gage dans la taverne de *Trumilières,* située près des Halles? Sans doute pour jouer sur le sens de *trumelières,* jambières renforcées de plaques métalliques. Quant à Jeanneton de Millières, son nom figure sur le registre des causes criminelles du Châtelet (1455). Ce devait être une maîtresse femme, puisque Villon lui fait porter la culotte (v. 103).

3. *De bonne naissance,* mais idiot, puisqu'il a besoin du secours du Saint Esprit.

4. *Bien qu'il soit dépourvu d'intelligence.*

5. *Il m'est venu à l'idée en y réfléchissant* (« Lexique » Burger). La comparaison avec une armoire insiste sur la bêtise de Vallée et ajoute une équivoque obscène, armoire symbolisant le sexe féminin.

6. Personnification du mot abstrait *mal penser. L'Ars memorativa,* ouvrage scolaire du temps. Marot propose un texte différent : *Puysqu'il n'a riens, qu'en une armoyre — On recouvre chez Maupensé — Qu'on lui baille l'art de mémoire.*

7. *Pourvoir à sa vie.* La fiction du chevalier léguant armes et vêtements continue. Le haubert est une cotte de mailles, démodée à l'époque de Villon. Note de Marot : « *Haubert ryme contre* « *part* », montrant que Villon estoit de Paris et qu'il prononçait Haubert et Robart. »

8. *Poupart* signifie à la fois bébé et phallus. D'où le double sens : « Achetez une boutique d'écrivain public près de Saint-Jacques-de-la-Boucherie » et « *donnez une maîtresse* ».

XIII

Et a maistre Robert Valee[1],
Povre clerjot en Parlement,
Qui n'entent ne mont ne vallee,
J'ordonne principalement   100
Qu'on luy baille legierement
Mes brayes, estans aux *Trumillieres,*
Pour coeffer plüs honnestement
S'amye Jehanne de Millieres[2].   104

XIV

Pour ce qu'il est de lieu honneste[3],
Fault qu'il soit mieulx recompensé,
Car Saint Esperit l'admoneste,
Obstant ce qu'il est insensé[4];   108
Pour ce, je me suis pourpensé[5],
Puis qu'il n'a sens ne qu'une aulmoire,
A recouvrer sur Maupensé[6],
Qu'on lui baille l'Art de Memoire.   112

XV

Item, pour assigner la vie[7]
Du dessusdit maistre Robert,
(Pour Dieu, n'y ayez point d'envie!)
Mes parens, vendez mon haubert,   116
Et que l'argent, ou la plus part,
Soit emploié, dedans ces Pasques,
A acheter a ce poupart[8]
Une fenestre emprès Saint Jaques.   120

V. 107, A : Car charité m'y admoneste. — V. 116, F :
tabert (manteau).

1. Jacques Cardon n'avait pas besoin de la *hucque* (cape avec capuchon) de Villon, étant certainement mieux pourvu que lui, puisqu'il était drapier.

2. Était-ce vraiment un ami du poète? Ou s'agit-il d'une antiphrase? Le père de ce Cardon était *examinateur* (enquêteur) au Châtelet et lieutenant du prévôt, propriétaire de *l'Ane rayé* (*cf.* v. 92), rue Michel-le-Comte; ses trois frères aînés étaient d'Église; lui-même et son frère Jacotin étaient drapiers, place Maubert. Cardon réapparaît au v. 1779 du *Testament*.

3. Ce legs étrange peut signifier une chose qui n'existe pas (*cf.* Burger), ou bien que Cardon était aussi vorace qu'un porc (que l'on nourrissait de glands) ou se rattache au proverbe : « attendre le gland qui tombe » (être aux aguets d'un profit) selon Cotgrave et Thuasne. Cardon aurait été aussi cupide que glouton.

4. Dans *La Farce de Maître Pathelin* (vers 1464?) l'avocat, pour mieux duper le drapier, l'invite à manger une oie grasse.

5. L'expression fera fortune chez Rabelais. Une *oie* et un *chapon* bien gras, quel régal!

6. Le muid de Paris contenant 268 litres, la soif de Cardon est pantagruélique! Mais ce vin n'est que piquette, traitée au plâtre (ou à la craie) pour l'éclaircir et lui ôter de l'acidité. Le dernier vers du huitain dément ce qui précède : les procès couperont l'appétit de Cardon.

7. Régnier de Montigny était un noble ayant mal tourné. Son père, panetier du roi, fort attaché à la couronne, subit les représailles des Bourguignons. Né en 1429, Régnier fut plusieurs fois emprisonné pour avoir rossé le guet, en particulier devant l'huis de la « grosse Margot ». Clerc comme Villon, affilié aux Coquillards, il fut pendu en 1457. (*Cf.* P. Champion, II, p. 71-74, et P. Guiraud, *Le Testament Villon*.) Pourquoi ce legs de trois chiens? Peut-être parce que Régnier, devenu un voyou, est déchu de ses privilèges nobiliaires.

8. Membre de cette très nombreuse et opulente famille. D'après Villon (T., v. 1071), c'était un des douze sergents du prévôt. Villon l'accuse de cupidité et lui lègue *cent francs* fictifs.

9. Cette réserve est-elle une allusion au vol imminent du collège de Navarre? Dans ce cas, s'adressant à un subordonné du prévôt, ces 4 derniers vers ne manqueraient pas d'humour.

10. Lanly traduit : « On ne doit pas trop prendre aux siens – Ni faire des demandes excessives à son ami. » Mais qui sont les *siens*? Les complices, ou plus généralement les proches?

XVI

Item, laisse et donne en pur don
Mes gans et ma hucque de soye[1]
A mon amy Jacques Cardon[2],
Le glan aussi d'une saulsoye[3],   124
Et tous les jours une grasse oye[4]
Et ung chappon de haulte gresse[5],
Dix muys de vin blanc comme croye[6],
Et deux procès, que trop n'engresse.   128

XVII

Item, je laisse a ce noble homme[7],
Regnier de Montigny, trois chiens;
Aussi a Jehan Raguier[8] la somme
De cent frans, prins sur tous mes biens.   132
Mais quoy? Je n'y comprens en riens[9]
Ce que je pourray acquerir :
On ne doit trop prendre des siens,
Ne son amy trop surquerir[10].   136

V. 121, C : De rechef je laisse en pur don. — V. 126, B :
Ou d'un chappon que trop ne gresse. — V. 127, F : Deux
muys. — V. 129, CI : Au jeune homme. — V. 136, C :
Ne trop ses amys.

1. Son père avait été trésorier d'Isabeau de Bavière et était apparenté aux Raguier. Selon P. Champion (II, p. 299), le seigneur de Grigny fut « un tyranneau de village..., un procédurier et un impie ». Après une vie aventureuse, il eut des démêlés avec le tabellion Jean Le Picart (1468). Accusé d'avoir volé les calices de l'église du village, il fut emprisonné quatorze mois à la Conciergerie. Il mourut en 1504. Villon l'attaque encore dans le *Testament* (v. 1346 et 1941), en compagnie de Jacques Raguier.

2. Village entre Chaillot et Paris, où le duc de Bretagne possédait un château en ruine. Le bénéfice de la garde de ces vestiges ne devait pas être gros!

3. Pourquoi six chiens de plus qu'à Montigny? Ses prétentions à la noblesse étaient-elles plus grandes ou mieux fondées?

4. *Bicêtre :* le château du duc de Berri avait succédé au manoir de Jean de Winchester (d'où son nom) et n'était pas en meilleur état que celui de Nigon.

5. *Enfant trouvé,* ou substitué (Burger), ou bâtard (Thuasne).

6. Peut-être ce personnage douteux est-il celui dont Villon prit le nom pour se faire soigner par le barbier Fouquet après la rixe avec Sermoise?

7. Villon lui souhaite des coups d'*étrivières (escourjon)* et la torture des *ceps,* qui immobilisaient les pieds et les mains en les serrant entre deux pièces de bois. Marot traduit, par extension : *manière de prison.*

8. Fils de Lubin Raguier, premier queux de bouche de Charles VII en 1452. Il prend sa retraite en 1455, et, coïncidence curieuse, achète le domaine de Régnier de Montigny.

9. Abreuvoir de la rive de la Seine. A cet ivrogne, Villon lègue de l'eau de rivière!

10. Le *figuier* désigne sans doute la taverne du *Gros Figuier.*

11. Un bon morceau de nourriture... ou de ribaude, comme le confirme le v. 152.

12. Taverne de la Cité. Il sera question de son propriétaire, Robin Turgis, qui réapparaît aux vers 774, 1017, 1054 dans le *Testament.*

13. La *plante* des pieds. Villon, comme Rutebeuf, raille les moines pour leur amour du confort.

14. Les *jacobins* avaient un couvent rue Saint-Jacques, d'où leur nom. Leur froc descendait jusqu'aux pieds. Marot propose un sens très différent : *Emmailloté dung jacopin : toujours empesché d'un flegme, ne pouvant cracher.*

15. Sens libre : *faire l'amour.*

XVIII

Item, au seigneur de Grigny[1]
Laisse la garde de Nijon[2],
Et six chiens plus qu'a Montigny[3],
Vicestre[4], chastel et donjon :   140
Et a ce malostru chanjon[5],
Mouton[6], qui le tient en procès,
Laisse trois coups d'ung escourjon,
Et couchier, paix et aise, es ceps[7].   144

XIX

Et a maistre Jaques Raguier[8]
Laisse l'Abruvouër Popin[9],
Pesches, poires, sucre, figuier[10],
Tousjours le chois d'ung bon loppin[11],   148
Le trou de *la Pomme de Pin*[12],
Clos et couvert, au feu la plante[13],
Emmailloté en jacoppin[14];
Et qui voudra planter, si plante[15].   152

V. 142, CM : Moutonnier qu'il tient en procès. — V. 144,
F : Pais chaise en beaulx ceps. — V. 147. Le texte est
douteux : C et I donnent, ainsi que Marot : *Perches,
poussins au blanc mangier — Toujours le chois d'un bon lop-
pin*; A : *Paiches, poires, sucre, figuier*; F : *Perches, poires,
geas figuier*.

1. Examinateur au Châtelet, chargé en 1457 d'instruire l'affaire du collège de Navarre. Il réapparaît avec Basanier au huitain CXXXVIII du *Testament*. D'après P. Champion, il était riche, mais « n'aimait pas payer ses dettes », il était aussi fort procédurier.

2. Notaire au Châtelet en 1457 et greffier criminel.

3. Ce seigneur, grand justicier, dont Villon tait ici le nom est Robert d'Estouteville, prévôt de Paris. Au v. 1369 du *Testament*, il est qualifié de *Seigneur qui sert saint Cristofle*. Villon lui consacre une ballade (v. 1378-1405) et le traite avec respect, sans qu'on puisse en déduire qu'il était en relation avec lui. Note de Marot : *Le gré du seigneur :* la *faveur du lieutenant criminel ou de Tristan Lhermite* — *Troubles, forfaiz : larrecins cachés.*

4. Procureur de la communauté de Saint-Benoît-le-Bétourné près du Châtelet.

5. Ces bonnets sans cornette pendante et ces chausses à semelles (Marot traduit : *brodequins*) n'étaient utilisés qu'à la belle saison, d'où le comique du v. 168.

6. Garçon boucher de la Grande Boucherie de Paris, dont le patron s'appelait Hausecul. Brutal, il fut emprisonné en 1447 et 1448 pour coups et blessures; en 1459, il plaide contre la femme de son patron. Ce huitain, l'un des plus pittoresques du *Lais*, évoque tout un coin de Paris : « De l'autre côté de la rue Saint-Denis s'ouvrait la rue *Troussevache*, où pendait l'enseigne de « celluy qui trousse la vache »... Dans la même rue, on voyait aussi la maison à l'enseigne du *Mouton*... C'est un bon legs à faire à un boucher... que celui de ces deux enseignes » (P. Champion, I, p. 272). La rue *Troussevache* est devenue la rue *La Reynie*.

7. *Franc et tendre,* les qualités que vante le boucher. Mais le *mouton franc* est un bélier, dont la chair est ferme. D'où le calembour.

8. *Un martinet pour émoucher.* Mais *émoucher* signifiait aussi *frapper.*

9. Encore des enseignes. *Trousse au col : qui la charge sur son cou.* Peut-être allusion à l'enlèvement du *Pet-au-Diable* et aux troubles consécutifs (1451-1453). Le *villain* pourrait être un compagnon de Villon (ou lui-même), selon A. Lanly.

10. *Qu'on le pende et étrangle avec un licol.*

1. L'ordre était assuré à Paris par le *guet royal* (20 sergents à cheval et 40 à pied), renforcé par le *guet des métiers* (60 commerçants-maîtres). Leur chef, le *chevalier du guet* organisait des rondes nocturnes. En 1455, c'était l'écuyer Jean de Harlay, dont le prédécesseur, Philippe de la Tour contestait les titres, en lui déniant le rang de chevalier. Le legs du *Heaume,* casque distinctif du chevalier fait allusion à ce conflit, mais c'est aussi l'enseigne d'une taverne de la rue Saint-Jacques.

2. Les sergents à pied qui épient tout (*cf.* la locution : *aux aguets*).

3. Les *étaux* des boutiques, comme le précise Marot.

4. « Lexique » Burger : *objet volé.* Mais la leçon *rubis* joue sur le rapprochement de l'enseigne *La Lanterne* et des rubis qui passaient pour éclairer dans l'obscurité. Marot suggère un autre sens : *Rubis de taverne qu'il avait au visage.*

5. Les calembours continuent : les sergents ont bien besoin d'une lanterne pour y voir clair! Mais *lanterne* signifiait aussi au figuré : chimère, sexe de la femme, débauché. La *Pierre au Lait* était une boutique, près de l'église Saint-Jacques-de-la-Boucherie.

6. Selon les uns, salle du Châtelet ornée de sculptures, plus confortable que les cachots. Marot (qui avait été lui-même emprisonné au Châtelet) dit seulement : *une des chambres du Châtelet.* Villon joue sur *lis* et *lits* : le prisonnier n'avait certainement pas droit à trois *lits,* mais bien plutôt à être marqué des *fleurs de lis.*

7. *Perrenet* (diminutif de *Pierre) marchant,* sergent de la douzaine du roi, est présenté ici comme un débauché. Le *Testament* lui consacrera le huitain CVIII en précisant les jeux de mots sur le nom et le prénom (*cf.* : J. Dufournet, *Recherches...* chap. VIII). C'est un marchand d'amour, un souteneur.

8. *Gluis de paille,* et par extension, bottes de paille; *cf.* la *rue du Fouarre* près du *Petit Pont.*

9. Jean le Loup, voiturier par eau et pêcheur, chargé du nettoyage des fossés de la ville, condamné en 1456, sergent au Châtelet par la suite; réapparaît dans le T., v. 1110-1111. Cholet (*cf.* : T., huitain CIX) serait un tonnelier, devenu sergent à verge au Châtelet, puis destitué et emprisonné en 1465.

10. *Monteau long.* Villon se moque des cordeliers, douillets et goinfres. Les *pois au lard* étaient alors un plat de choix.

XX

Item, a maistre Jehan Mautaint[1]
Et maistre Pierre Basanier[2],
Le gré du seigneur qui attaint[3]
Troubles, forfaiz, sans espargnier;   156
Et a mon procureur Fournier[4],
Bonnetz cours, chausses semelees,
Taillees sur mon cordouannier,
Pour porter durant ces gelees[5].   160

XXI

Item, a Jehan Trouvé, bouchier[6],
Laisse *le Mouton* franc et tendre[7],
Et ung tacon pour esmouchier[8]
Le Beuf Couronné qu'on veult vendre,   164
Et *la Vache* : qui pourra prendre
Le vilain qui la trousse au col[9],
S'il ne la rent, qu'on le puist pendre
Et estrangler d'ung bon licol[10] !   168

V. 165, C : La vache qu'on ne peult prendre. — V. 166,
F : Ung larron. — V. 167, A : S'il ne la veult. — V. 168,
CF : Et assommer.

XXII

Item, au Chevalier du Guet[1],
Le Héaulme luy establis;
Et aux pietons qui vont d'aguet[2]
Tastonnant par ces establis[3],   172
Je leur laisse deux beaux riblis[4],
La Lanterne a la Pierre au Let[5].
Voire, mais j'auray *les Troys Lis*[6],
S'ilz me mainent en Chastellet.   176

XXIII

Item, a Perrenet Marchant[7],
Qu'on dit le Bastart de la Barre,
Pour ce qu'il est tres bon marchant,
Luy laisse trois gluyons de fuerre[8]   180
Pour estendre dessus la terre
A faire l'amoureux mestier,
Ou il luy fauldra sa vie querre,
Car il ne scet autre mestier.   184

XXIV

Item, au Loup et a Cholet[9]
Je laisse a la fois ung canart
Prins sur les murs, comme on souloit,
Envers les fossez, sur le tart,   188
Et a chascun ung grant tabart[10]
De cordelier jusques aux piez,
Busche, charbon et poix au lart,
Et mes houseaulx sans avantpiez.   192

V. 173, C : un beau riblis; B, I : deux rubis; CM : deux
beaulx rubis. — V. 175, CM : Pourvu que j'aurray les
trois lictz. — V. 176, C : Item je laisse à Perrenet; F :
Item à mon amy Pernet. — V. 186, A : ung bon canart.

1. Ces *petits enfants tout nus* font un contraste avec le cordelier, bien vêtu, bien chauffé et bien nourri. Ils ont ému le bon Théophile Gautier, et pourraient encore passer pour une anticipation des petits *Effarés* de Rimbaud, s'ils n'avaient été identifiés (*cf.* : huitain xxvi et T., vers 1274-1305) avec Colin Laurens, riche épicier, spéculateur sur le sel, et prêteur, Gérard Gossouyn, notaire au Châtelet, spéculateur sur le sel, lui aussi, et usurier, et Jean Marceau, prêteur à gages, d'abord installé à Rouen, puis à Paris, engagé dans plusieurs procès, notamment en 1460 contre le prévôt de Paris, Robert d'Estouteville.

2. *Mal pourvus.* Tout le passage est antiphrastique et ironique.

3. Il était assez riche et connu pour faire partie de la délégation des échevins présentant à Louis XI l'hommage de Paris (*cf.* : P. Champion, II, p. 354). Gossouyn avait commencé sa carrière de financier en Normandie. En 1456, il perd un procès pour usure. Jean Marceau était tout aussi riche que ses deux compères, par ses biens propres et ceux de sa famille.

4. Ce legs se rattache au v. 199, mais les usuriers n'avaient aucun besoin d'une portion (*faisceau*) des biens imaginaires du poète, ni de l'aumône de 4 *blancs*, petites pièces d'argent de peu de valeur.

5. Villon parodie un vieillard promettant sa fortune à ses enfants.

6. Lettre officielle de l'Université constatant le droit d'un gradué d'une des quatre facultés de solliciter un bénéfice ecclésiastique. Reçu maître ès arts en 1452, Villon avait reçu cette nomination en vertu de la Pragmatique Sanction. Il pouvait résigner ce droit en faveur d'un autre clerc.

7. Terme juridique : *renonciation*.

8. *Préserver d'adversité.*

9. Acte juridique établissant les conditions de la *résignation*. A. Burger pense que Villon sera déchu de son titre de clerc par l'évêque d'Orléans, Thibaut d'Aussigny, en 1461.

10. Même procédé que dans le huitain xxv, mais quels sont ces *clercs* aussi nus que des petits enfants? A dessein, pour corser l'effet comique, Villon ne donnera leur nom qu'au huitain xxvii.

XXV

De rechief, je laisse, en pitié,
A trois petis enfans tous nus[1]
Nommez en ce present traictié,
Povres orphelins impourveus[2],   196
Tous deschaussiez, tous desvestus
Et desnuez comme le ver;
J'ordonne qu'ilz soient pourveus,
Au moins pour passer cest yver :   200

XXVI

Premierement, Colin Laurens[3],
Girart Gossouyn et Jehan Marceau,
Despourveus de biens, de parens,
Qui n'ont vaillant l'ance d'ung seau,   204
Chascun de mes biens ung fesseau[4],
Ou quatre blans, s'ilz l'ayment mieulx.
Ilz mengeront maint bon morceau,
Les enfans, quant je seray vieulx[5] !   208

XXVII

Item, ma nominacion,
Que j'ay de l'Université[6],
Laisse par resignacion[7]
Pour seclurre d'aversité[8]   212
Povres clers de ceste cité
Soubz cest *intendit*[9] contenus;
Charité m'y a incité,
Et Nature, les voiant nus[10] :   216

V. 193, CM : Item, je laisse en pitié. — V. 196, CM :
Afin qu'ilz en soient mieux congnuz. — V. 203, C : Des-
prins de biens. — V. 207, BF : les bons morceaulx. —
V. 212, A : esclurre; B : esclandre; F : secourir; I : for-
clore.

1. Thibault de Vitry, d'une « puissante famille de parlementaires et de finance... alliée aux Jouvenel et aux Raguier » (P. Champion, I, 160). Commissaire du roi en 1435-1436 aux États de langue d'oil, chanoine de Notre-Dame en 1445, il mourra en 1464. Guillaume Cotin, licencié en droit et droit canon, chargé au Parlement de juger les affaires ecclésiastiques, président de la Chambre des enquêtes (1441), il participe à la réforme de l'Université sous Charles VII (1452). Les deux chanoines, loin d'être de *paisibles enfants* avaient l'humeur querelleuse (*estry*). Villon fait sans doute allusion au procès mettant aux prises la communauté de Saint-Benoît et les chanoines de Notre-Dame en 1456 (*cf.* : Schwob, Champion, Lanly).

2. *Lutrin.* A leur âge, les chanoines ne devaient plus être *bien chantans* !

3. Cette redevance sur la *maison Guillot* est illusoire. M. Schwob et P. Champion ont identifié celle-ci avec l'hôtel dit de *La Longue Allée,* rue Saint-Jacques, donné à bail perpétuel (1423) au boucher Gauldry. Ce dernier avait loué aux religieux de Saint-Benoît les étals de la rue Saint-Jacques, mais ne payait pas, d'où un procès (1456). Pas d'avantage, il ne payait le cens (redevance foncière) aux chanoines de Notre-Dame. D'où le calembour sur *cens* et *sans* recevoir, au v. 222.

4. Locution usuelle : pour *couronner le tout.* Elle est ici humoristique, puisque les chanoines ne sont pas évêques.

5. Enseigne de cabaret, dont le rapprochement avec la crosse épiscopale ne manque pas d'insolence. Elle se trouvait rue Saint-Antoine. Le *billard* était un « bâton recourbé qui servait à presser les boules sous des arceaux » (*cf.* notre croquet). Avec ici une intention obscène (*cf.* : Champion, Foulet, Thuasne et Dufournet).

6. *Aux prisonniers dans le malheur.* — La *trappe vollière* (ou cage à oiseaux) est la prison.

7. Les prisonniers n'avaient pas de miroir *beau et convenable* pour se faire une beauté et séduire la geôlière, selon la chanson. Marot : *Mon mirouer, qu'ilz se mirent en luy.*

8. Les dons aux hôpitaux étaient traditionnels. Villon leur offre des châssis tendus non de toile ou de papier huilé, mais d'araignées.

9. *Les clochards couchés sous les étals,* que Villon s'amuse à réveiller d'un « pochon sur l'œil » (Thuasne), pauvres hères grelottant de froid, de faim et trempés *(enfondus).*

XXVIII

C'est maistre Guillaume Cotin
Et maistre Thibault de Victry[1],
Deux povres clers, parlans latin,
Paisibles enfans, sans estry,   220
Humbles, bien chantans au lectry[2];
Je leur laisse sans recevoir
Sur la maison Guillot Gueuldry[3],
En attendant de mieulx avoir.   224

XXIX

Item, et j'adjoings a la crosse[4]
Celle de la rue Saint Anthoine[5],
Ou ung billart de quoy on crosse,
Et tous les jours plain pot de Saine;   228
Aux pijons qui sont en l'essoine[6],
Enserrez soubz trappe volliere,
Mon mirouër bel et ydoine[7]
Et la grace de la geolliere.   232

XXX

Item, je laisse aux hospitaux
Mes chassiz tissus d'arigniee[8],
Et aux gisans soubz les estaux[9],
Chascun sur l'œil une grongniee,   236
Trembler a chiere renfrongniee,
Megres, velus et morfondus,
Chausses courtes, robe rongniee,
Gelez, murdris et enfondus.   240

V. 220, CM : sans escry (sans bruit). — V. 221, C : létrin.
— V. 222 : ABCFI donnent *sans,* corrigé en *cens* par
Jacob (1850) et Longnon-Foulet; CM : je leur laisse
(sans recevoir). — V. 225, B : Item et je ordonne; CM :
Item plus je adjointz a la crosse. — V. 235, CM : sur.

1. *Sans réserve ni empêchement,* formule juridique dont le sérieux contraste avec la futilité du legs.

2. *Tels que, quand je les abandonne complètement.* L'ironie des legs consiste ici à donner au barbier, au savetier et au fripier ce qu'ils ont déjà en abondance; elle est soulignée par l'adverbe *charitablement.*

3. Les *Ordres mendiants* comprenaient les dominicains (ou jacobins), les franciscains (ou cordeliers), les carmes (ou carmélites) et les augustins. Villon ne manque aucune occasion de les railler.

4. Les *Filles-Dieu,* ordre hospitalier, fondé par saint Louis comme celui des béguines, association de dames ou de jeunes filles vivant en petites communautés, sans prononcer de vœux perpétuels. Dès le règne de saint Louis, Rutebeuf reprochait à ces ordres nouveaux de manquer de piété et de mœurs : *Léger est l'ordre des Béguines — Je vous dirai de quelle manière — L'on en sort bien pour mari prendre (Ordres de Paris,* traduction Clédat). Le *Dit des Béguines* est encore plus net : *Ses vœux, sa profession — N'est pas toute sa vie — Cet an pleure et cet an prie — Et cet an prendra baron* (traduction Picot). Villon leur reproche surtout d'avoir *l'âme en la cuisine,* selon le mot de Rabelais.

5. *Flans, chapons et grasses gélines* contrastant avec les présages (les quinze Signes) annonçant le Jugement, thème favori des sermons des cordeliers.

6. *Prendre du pain des deux mains,* mais en argot, *pain* signifie *argent,* de la « braise ».

7. *Peu nous en chaut.* L'animosité de Villon s'explique par le conflit entre les curés et les Ordres mendiants (*cf.* : huitain XII, note 10).

8. Enseigne d'une taverne, rue Saint-Jacques.

9. Fils de notaire, valet de chambre et épicier de la reine. Il réapparaît au v. 1354-1355 du *Testament,* où il est gratifié d'une taverne. Pourquoi reçoit-il ici une *béquille* (potence), et de *Saint-Maur?* Peut-être est-ce une allusion aux ex-voto offerts au pèlerinage de Saint-Maur par les infirmes. Mais la béquille servira de pilon pour le mortier à moutarde (avec une équivoque obscène).

10. *Qui fut contre moi l'instigateur de graves poursuites.* J. Dufournet (*Romania,* 1964) voit une référence à l'affaire Sermoise et au rôle qu'y joua Jean le Merdé.

11. *Que saint Antoine le brûle!* Le mal des ardents, mal très répandu au Moyen Age : ergotisme, érysipèle ou zona.

XXXI

Item, je laisse a mon barbier
Les rongneures de mes cheveulx,
Plainement et sans destourbier[1],
Au savetier mes souliers vieulx,   244
Et au freppier mes habitz tieulx[2]
Que, quant du tout je les delaisse,
Pour moins qu'ilz ne cousterent neufz
Charitablement je leur laisse.   248

XXXII

Item, je laisse aux Mendians[3],
Aux Filles Dieu et aux Beguines[4],
Savoureux morceaulx et frians,
Flaons[5], chappons et grasses gelines,   252
Et puis preschier les Quinze Signes,
Et abatre pain a deux mains[6].
Carmes chevauchent noz voisines,
Mais cela, ce n'est que du mains[7].   256

XXXIII

·Item, laisse *le Mortier d'Or*[8]
A Jehan, l'espicier, de la Garde[9],
Une potence de Saint Mor,
Pour faire ung broyer a moustarde.   260
A celluy qui fist l'avant garde
Pour faire sur moy griefz exploiz[10],
De par moy saint Anthoine l'arde[11]!
Je ne luy feray autre laiz.   264

V. 252, A : Faucons; B : Flacons; C : Chappons flaons;
CM : Chappons, pigeons, grasses gelines.

1. Riche marchand drapier, installé rue des Lombards, était apparenté à Nicolas de Louviers, receveur des aides et conseiller à la Cour des comptes.

2. *Gouvieux*, village du Valois, près de Chantilly, situé sur le bord d'un étang traversé par une chaussée. Celle-ci donnait droit à un péage perçu par un concierge. Mais la guerre ayant ruiné le commerce, à demi détruit Gouvieux, le revenu du péage devint infime. Une enquête des Eaux et Forêts constata en 1453 que le domaine et l'étang étaient en fort piteux état (*cf.* : P. Champion, II, p. 323-325). Le bénéfice du concierge de Gouvieux était donc dérisoire.

3. *Pour lui faire mieux comprendre ce qu'est donner.*

4. Le vers 1078 (T.) précise qu'il s'agit du *Prince des Sots*. Ce souverain de Carnaval organisait des fêtes burlesques où se déchaînait la satire la plus débridée des autorités civiles et religieuses, avec l'autorisation de celles-ci. Le Prince des Sots distribue ici des écus de carton ou des jetons de comptabilité, comme le roi faisait jeter des écus dans la foule à l'occasion de sa bienvenue dans une ville. En 1451, le Prince des Sots était un notable, Guillaume Gueroust.

5. *De bonne humeur.*

6. *Dicter*, aux xve et xvie s. signifie *composer*; *descripvant* : *recopiant* ou *rédigeant*.

7. La cloche de la Sorbonne sonnait à neuf heures l'angélus du soir et le couvre-feu.

8. *Borne.*

9. La cloche de la Sorbonne déclenche une sorte d'inconscience où les diverses facultés, personnifiées, se libèrent de leurs liens. Après les legs burlesques, sorte de revue satirique dans le goût des soties, le thème autobiographique et le ton sérieux reparaissent sous la forme de la philosophie scholastique. Est-ce une « espièglerie d'écolier » (Foulet, *Romania*, 1939) ou un plaidoyer voilé pour le cambriolage commis en état de demi-inconscience ou de dédoublement de la personnalité (A. Burger, *Romania*, 1958)? La psychanalyse pourrait peut-être le déterminer aujourd'hui.

10. *Dame Mémoire,* en bonne ménagère, ne laisse pas s'égarer les *espèces collatérales*, facultés intellectuelles soumises à son pouvoir. L'image de *l'armoire* était courante au Moyen Age.

11. *L'opinative, fausse ou vraie,* est la faculté de « former un jugement d'existence » (« Lexique » Burger).

XXXIV

Item, je laisse a Merebeuf[1]
Et a Nicolas de Louvieux,
A chascun l'escaille d'ung œuf,
Plaine de frans et d'escus vieulx.   268
Quant au concierge de Gouvieulx[2],
Pierre de Rousseville, ordonne,
Pour le donner entendre mieulx[3],
Escus telz que le Prince donne[4].   272

XXXV

Finablement, en escripvant,
Ce soir, seulet, estant en bonne[5],
Dictant ce laiz[6] et descripvant,
J'oïs la cloche de Serbonne,   276
Qui tousjours a neuf heures sonne
Le Salut que l'Ange predit[7] ;
Si suspendis et y mis bonne[8]
Pour prier comme le cuer dit.   280

XXXVI

Ce faisant, je m'entroublié[9],
Non pas par force de vin boire,
Mon esperit comme lié ;
Lors je sentis dame Memoire[10]   284
Reprendre et mettre en son aumoire
Ses especes collatéralles,
Oppinative[11] faulce et voire,
Et autres intellectualles.   288

V. 266, I : Louviers. — V. 271, A : Pour donner en atten-
dant mieult ; CM : Pierre Ronseuille j'ordonne. — Pour
leur donner entremy eulx. — Escustelz que prince les
donne. — V. 275, A : ce laiz et escripvant ; CFI : ces laiz.
— V. 279, AC : bourne. — V. 283, A : l'entendement.

1. « Faculté de former les jugements de valeur » (A. Burger). La *prospective* est la faculté de prévoir.

2. *L'assimilative* est la « faculté d'identifier les concepts », et la *formative* la faculté de « former les concepts » (*ibid.*).

3. Au sens médical : crise de folie mensuelle. On pensait que la lune influençait le cycle des maladies mentales. Villon avait eu un « coup de lune » la nuit de Noël 1456.

4. La référence à Aristote a un double but : comme celle de Végèce au v. 6, elle donne une impression de sérieux; Villon se présente comme un étudiant ayant bien assimilé les doctrines du philosophe ancien. D'autre part, l'autorité d'Aristote justifie *l'entroubli* et établit l'irresponsabilité de Villon.

5. « Le siège des facultés des sens » (Burger). La distinction entre les facultés de l'intellect et celles du corps est nettement marquée.

6. *Mit en mouvement l'imagination.* Celle-ci est en relation avec les états du corps et domine souvent la raison (*cf.* : Montaigne, *Essais*, I, xxi, *De la force de l'imagination*).

7. *La souveraine partie* (la raison) *est comme amortie* (paralysée). Villon agit donc comme un corps sans âme, un somnambule ou un automate.

8. *La solidarité des sens.*

9. *Après que la raison me fut revenue.*

10. *Je pensai terminer.*

11. Le décor hivernal du début réapparaît, mais plus intime.

12. Autre sens de *finer : se procurer.* Marot l'emploie dans l'*Épître au Roy :*

> *Et vous laissa Monsieur dormir son soûl,*
> *Qui au réveil n'eût su finer d'un sou.*

13. Littéralement, les mains « garnies de moufles », et par extension : *emmitouflé.* La situation du poète s'est aggravée, puisque le tison (v. 13) s'est éteint. L'alliance des facultés personnifiées et de la nuit glacée produit un effet émouvant, soulignant la solitude morale du poète. Et comment croire qu'un étudiant studieux et bien *renommé* ait pu se métamorphoser en cambrioleur?

XXXVII

Et mesmement l'estimative[1],
Par quoy prospective nous vient,
Similative[2], formative,
Desquelles souvent il advient 292
Que, par leur trouble, homme devient
Fol et lunatique par mois[3] :
Je l'ay leu, se bien m'en souvient,
En Aristote[4] aucunes fois 296

XXXVIII

Dont le sensitif[5] s'esveilla
Et esvertua Fantaisie[6],
Qui tous organes resveilla,
Et tint la souvraïne partie[7] 300
En suspens et comme amortie
Par oppression d'oubliance
Qui en moy s'estoit espartie
Pour monstrer des sens l'aliance[8]. 304

XXXIX

Puisque mon sens fut a repos[9]
Et l'entendement demeslé,
Je cuidé finer[10] mon propos;
Mais mon ancre trouvé gelé 308
Et mon cierge trouvé soufflé[11];
De feu je n'eusse peu finer[12];
Si m'endormis, tout emmouflé[13],
Et ne peus autrement finer. 312

V. 298, F : Et esmeut toute. — V. 299, A : Et tous les dormans resveilla; F : qui les organes tout troubla. — V. 301, B : En souppirant comme. — V. 303, F : Qui de moy s'estoit deppartie. — V. 305, F : Lorsque mon sang fut. — V. 306, F : Et mon sentiment desmellé. — V. 311, F : tout boursoufflé.

1. Le pastiche des formules testamentaires reparaît. Le poème se termine comme il a commencé, le cercle est fermé.

2. A. Lanly note très justement que ce sont les propres termes des lettres de rémission (1456) acquittant Villon du meurtre de Sermoise : « *Attendu que... en autre cas, il a esté et est home de bonne vie, renommée et honneste conversation.* » Villon n'était donc pas encore considéré comme un enfant perdu. Il ne semble pas qu'il y ait une reprise du v. 68 du legs à Guillaume Villon : « *Mon bruit.* » Ou bien, si l'on se fonde sur le rappel de la formule, d'ailleurs inversée, de : « *Mes tentes et mon pavillon* » (v. 72) pour voir un effet de répétition, il y aurait un glissement de sens : le *bruit* est la renommée littéraire ; la *renommée* (v. 314) est la réputation morale. Il s'agit moins d'un remords que d'un adroit plaidoyer, où le poète rassemble par avance les diverses circonstances atténuantes pour le vol du collège de Navarre, l'irresponsabilité d'un instant de folie et les antécédents irréprochables.

3. Le poète famélique ne mange figue ni datte, fruits exotiques coûteux, mais n'oublie pas le facile jeu de mots sur *date* et *datte*. Villon laisse le lecteur sur l'impression d'une pauvreté totale. Est-ce simplement un thème poétique, bien souvent traité avant lui, par Colin Muset et Rutebeuf en particulier, ou la poignante réalité ou une subtile ruse pour masquer la part du magot qu'il avait reçue après le cambriolage ? Nous préférons une invention poétique à trop d'habileté, mais l'ambiguïté demeure.

XL

Fait au temps de ladite date[1]
Par le bien renommé Villon[2],
Qui ne menjue figue ne date[3]
Sec et noir comme escouvillon,   316
Il n'a tente ne pavillon
Qu'il n'ait laissié a ses amis,
Et n'a mais qu'ung peu de billon
Qui sera tantost a fin mis.   320

V. 320, B : Qui tantost sera affin mis. L'édition de Clément Marot ajoute : *Fin du petit Testament de Françoys Villon, de Paris.*

LE TESTAMENT

DU « BON FOLLASTRE » AU « POVRE VILLON »

La période qui va du *Lais* au *Testament*, c'est-à-dire, approximativement de 1456 à la fin de 1461 est fertile en événements de tout genre pour Villon (*cf. Biographie*). Pour un Parisien de naissance, quitter le Quartier latin pour s'en aller dans les provinces à l'aventure, ce n'est pas une petite affaire! Le maître ès arts, qui pouvait envisager un bénéfice ecclésiastique de tout repos devient un hors-la-loi, ou du moins un poète errant semblable aux trouvères et aux jongleurs de jadis, un clerc goliard suspect aux autorités religieuses et civiles. Le meurtre de Sermoise (remis sans doute, mais non oublié), la participation au cambriolage du collège de Navarre dénoncée par Guy Tabarie, voilà des antécédents qui pèsent lourd! Et cependant l'inspiration n'est pas morte : le concours poétique organisé par Charles d'Orléans suscite la ballade *Je meurs de seuf auprès de la fontaine* où s'expriment toutes les contradictions de l'amour courtois. La naissance de Marie d'Orléans (décembre 1457) ou l'entrée de la princesse (juillet 1460) est le prétexte d'un remerciement en vers. Mais les deux poètes ne semblent pas avoir sympathisé, et le duc n'empêche pas l'évêque d'Orléans, Thibault d'Aussigny, d'emprisonner Villon dans la *dure prison de Mehun* (T., v. 83). Le regret de la liberté, les souffrances physiques et morales, la rancune contre cet évêque, à qui il ne devait ni foi ni hommage (T., v. 11) prendront leur revanche dans le *Testament*. Au rebours, que soient loués Notre-Dame, et *Loÿs, le bon roi de France* (T., v. 56), qui, à son passage

à Meung, l'a tiré de cet affreux cachot. Mais sans argent
ni métier que faire de la liberté, sinon préparer de mau-
vais coups ou chercher un protecteur? Au plus fort de
ses maux, Dieu le réconforte en lui montrant « *une bonne
ville* », Moulins dont le suzerain, le duc de Bourbon, a
l'Espérance pour devise. Villon pourtant ne s'y attarde
pas : l'attrait de Paris, malgré tous ses dangers et le
lourd passé qu'il va y retrouver, l'emporte. De nouveau,
la prison l'attend : en novembre 1462, il est détenu au
Châtelet pour vol. Sur le point d'être élargi, la Faculté
de théologie l'ayant identifié comme un des crocheteurs
du trésor du collège de Navarre, lui impose de restituer,
en trois ans, sa part de butin. Qu'importe la promesse,
puisqu'il recouvre la liberté, la compagnie des *fillettes* et
des *enfants perdus,* l'atmosphère lourde et enivrante des
tavernes et des *bordeaux.* Mais pourquoi se trouver mêlé
à une bagarre stupide avec les clercs de Maître Ferre-
bouc? Le prévôt de Paris ne badine pas avec ce récidi-
viste incorrigible : Villon est condamné à être *pendu et
étranglé.* A-t-il conservé des amis influents dans le monde
de la basoche? Toujours est-il que la condamnation à
mort est commuée en dix années d'interdiction de
séjour. La perspective de la potence lui inspire la pathé-
tique *Ballade des pendus* et l'énigmatique *Quatrain.* La joie
de revenir à la vie éclate dans la *Ballade de l'appel* et
dans la *Requête à la cour de Parlement.* Villon est sauvé,
mais nul ne sait ce qu'il deviendra.

De cette analyse des faits, il découle qu'une partie du
Testament est autobiographique. Joie, détresse, colère,
remords sont nés de la vie même du poète. Aussi les
questions posées dans le *Lais* sur l'identité des lieux et
des personnes, et sur leurs rapports avec Villon réappa-
raissent-elles avec une acuité accrue, puisqu'il s'agit
cette fois d'une vaste composition de plus de deux mille
vers. La plupart des légataires du *Lais* sont à nouveau
comblés des dons imaginaires ou cruels du testateur. Les
traits sont plus marqués, l'ironie plus véhémente. Mais

comment expliquer l'absence de certains? Pourquoi les
allusions, voilées ou transparentes, au cambriolage de
Navarre ont-elles disparu? Pourquoi l'acharnement
contre d'autres légataires? Autant de mystères à élucider.

D'autre part, comment expliquer la composition dis-
parate du *Testament*? Peut-on supposer raisonnablement
que la succession des pièces reproduit leur chronologie
véritable? Il est plus vraisemblable qu'une intention
psychologique ou esthétique a prévalu dans l'agence-
ment des huitains et des ballades. Ne dirait-on pas
parfois que certains huitains servent surtout à intro-
duire les ballades, comme dans les opéras modernes
les dialogues préparent les grands airs?

La date de l'invention serait, dans ce cas, secondaire,
du moins pour le lecteur placé devant l'ultime combi-
naison. Le problème serait donc analogue à celui de la
composition des *Contemplations* pour Victor Hugo.

Mais l'association de thèmes variés, parfois même
contradictoires, de formes et de rythmes divers ne
serait-elle pas un suprême effet de l'art? La disparate
n'est-elle qu'une apparence illusoire masquant le dessein
du poète? Où nous croyons voir le désordre, d'autres
découvrent un ordre souverain, tel Jean-Marc Bernard :

« ... Le Grand Testament *nous apparaît bien, proportions
gardées, semblable à quelque cathédrale littéraire ; l'ensemble
tout d'abord retient les regards et l'esprit par ses justes pro-
portions, son élégance, la solidité de ses assises et de sa mus-
culature ; ensuite, seulement, on s'amuse à détailler, sous les
porches, la multitude des statues, et, accrochées aux flancs des
tours, les gargouilles grimaçantes. Tous ces hors-d'œuvre que
sont les legs disparaissent dans la noblesse de la composition
d'où émane le double parfum de la vie et de la mort. Comme
les flèches d'une cathédrale jaillies du sol, ce poème, avec ses
deux méditations, s'échappe brusquement du cœur torturé de
François Villon...* » (*François Villon,* éd. Larousse.)

Dans cette perspective, le plan d'ensemble s'éclaire :
le poème débute par des cris de haine contre le tortion-

naire, puis par un examen de conscience. Ensuite, il s'élargit par une méditation sur l'humaine condition, la fuite du temps, l'inexorable anéantissement des *dames* et des *seigneurs* du temps jadis. Après les legs commandés par le genre adopté, les réflexions morales soulignent l'inutilité des efforts pour échapper au destin : « *La Mort ouvre et ferme l'ouvrage.* » (*Ibid.*)

Le savant critique Italo Siciliano contemple, lui aussi, l'œuvre de Villon comme une cathédrale, mais à cette comparaison se limite l'accord des deux commentateurs. « *Dans l'âme de Villon,* écrit Siciliano (*Romania,* 1939) *était ensevelie, telle cette fabuleuse cité d'Is, une cathédrale qui montrait ses flèches et faisait entendre ses voix graves ou désespérées dans la tempête. Quand Villon a trente ans, la cathédrale est montée lentement à la surface. Elle n'est découverte qu'en partie, mais rien ne pourrait désormais arrêter sa montée. Elle sera en effet entièrement découverte, en pleine lumière... avec ses pratiques de piété et ses voix de pitié, lourdes d'inénarrables misères et de grands espoirs.* »

Mais comme une image, si belle soit-elle, n'est pas une preuve, il convient d'analyser les principaux arguments d'Italo Siciliano[1].

Reprenant et regroupant les remarques de G. Paris, de Petit de Julleville, d'A. Longnon et de L. Foulet, et s'opposant aux conclusions de J.-M. Bernard et de L. Thuasne, il justifie les différences de sentiments et de tons par le décousu de la composition. Entre le *Lais* et le *Testament,* l'humour de Villon s'est diversifié; tantôt il a composé des ballades « *sérieuses* », comme la *Prière à la Vierge,* tantôt des ballades « *beaucoup moins sérieuses comme la Ballade des Folles Amours, des Dames de Paris, de la Grosse Margot* ». Plusieurs de ces ballades seraient

1. Consulter les chapitres passionnants d'Italo Siciliano (*François Villon et les thèmes poétiques du Moyen Age,* chap. II et III, Paris, éd. Nizet) ou, a défaut, l'analyse et la pertinente discussion de J. Dufournet (*Recherches sur « Le Testament »,* tome I, chap. II, Paris, éd. Sédes).

manifestement antérieures aux huitains environnants, par exemple celles consacrées à Robert d'Estouteville et à Jean Cotart. Villon aurait donc agencé la mosaïque du *Testament* pour en faire l'histoire de son âme, sans respecter la chronologie. La partie la plus ancienne du poème serait celle qui va du v. 729 à la fin, et qui reflète l'allégresse moqueuse du « bon folâtre »; alors que la partie la plus récente (les 728 premiers vers) exprime la détresse du poète vieilli, déchu et abandonné de tous, pour qui les souvenirs de jeunesse sont d'autant plus amers que celle-ci a abouti à l'échec et à la déchéance. En conclusion, Villon n'est pas le poète des vastes compositions, mais des pièces courtes, aux traits mordants et nerveux, dont le double sens, l'emploi du sous-entendu, de l'antiphrase, du calembour — et de l'anagramme — découvrent d'inquiétantes et d'obscures profondeurs. La célèbre antithèse, *je ris en pleurs* ne traduit pas la dualité de son être; elle est simplement une formule littéraire conforme à la tradition et ne constitue pas la clef du génie poétique du «*povre Villon* ».

Quelle que soit l'attitude adoptée à l'égard de la coexistence ou de l'alternative du rire et des pleurs, le caractère autobiographique du *Testament* est considéré comme incontestable. Il en va de même de la moisson d'anagrammes recueillie par le poète Tristan Tzara. L'anagramme du v. 199, « *Qui est ramply sur les chantiers* », désignant Itier Marchant a mis l'ingénieux Tzara sur la piste de nombreuses autres, plus ou moins signifiantes. La généralisation du procédé permettrait d'identifier Villon à *Vaillant,* poète inconnu du cercle de Charles d'Orléans, la *Ballade à Jacques Cœur,* signée Vaillant contenant l'anagramme de *François Villon,* le pseudonyme de Vaillant s'expliquant peut-être par la devise du financier : *A cœur vaillant, rien impossible.* Ainsi non seulement Villon s'enrichirait de l'œuvre de Vaillant, mais de nombreuses obscurités du *Lais* et du *Testament* seraient dissipées. *L'Embûche Vaillant* enfermant l'ana-

gramme de *Catherine Vaucelle*, *Villon* confirmerait l'hypo-
thèse de la rivalité amoureuse de Villon et de Sermoise.
En même temps que les poèmes verraient les sens
cachés se multiplier, leurs liens avec la vie du poète se
préciseraient. Mais seul un virtuose des jeux verbaux
comme Tzara pouvait pratiquer ce déchiffrement poé-
tique. Il est curieux que Marot, aussi exercé que Villon
dans les acrobaties des *Grands Rhétoriqueurs,* n'ait pas
songé à percer le mystère du *Lais* et du *Testament* par
ce biais. Aussi la réserve de P. Le Gentil (*Villon,* chap. III,
éd. Hatier) se justifie-t-elle.

Pierre Guiraud, lui, ne s'embarrasse pas de nuances :
il prend comme hypothèse de base que le *Testament*
n'est en aucune façon une autobiographie[1] : « *Il n'y a
aucune base historique dans le postulat fondamental de la
critique moderne qui voit des amis du poète dans les légataires
et fait du « Testament » une autobiographie* » (p. 14). Mais
comment justifier ce refus? P. Guiraud prend comme
tremplin le décryptage des ballades en jargon (*Le jargon
de Villon ou le gai savoir de la Coquille,* éd. Gallimard)
pour étendre son décodage au *Testament.* Selon lui, les
légataires n'auraient pas été choisis en fonction de leurs
relations avec le poète, mais « *en raison de leurs démêlés
avec la justice et de la forme de leur nom. Le* Testament *est
une farce judiciaire* » (p. 51). Ainsi les documents explorés
par Longnon, Schwob et Champion, entre autres, ne
sont pas récusés, mais orientés par le détour de la lin-
guistique. Il est indéniable que l'apport de la critique
historique souligne le tempérament procédurier des
légataires, qu'ils soient gens d'Église ou de Finances.
Mais leur nom détermine-t-il toujours le choix de
Villon? Pourquoi, par exemple, s'en est-il pris à deux
membres d'une branche secondaire des Raguier et non
pas aux représentants les plus connus de cette grande
famille? Nous n'en savons rien. D'autre part, si l'on

---

1. *Le Testament de Villon,* éd. Gallimard.

peut supposer, avec vraisemblance, que l'auteur du *Testament* était lui-même basochien ou très au fait du microcosme de la basoche, n'est-il pas excessif de lui attribuer une science linguistique et structuraliste, que les érudits d'aujourd'hui pourraient lui envier? Pierre Guiraud s'accorde dix ou quinze ans pour triompher.

En attendant, la majorité des commentateurs, sans nier l'originalité ou le bien-fondé partiel de ces interprétations insolites, se veulent plus nuancés et plus souples. La complexité du *Testament* est si grande, qu'aucune tentative exclusive et systématique n'est capable d'en rendre compte. Tel est l'avis de J. Dufournet et de P. Le Gentil, qui, en définitive, préfèrent le sens en clair au sens codé, parce qu'il est universel et intemporel.

P. M.

1. Indication approximative : Le poète a environ 30 ans (*Aage* = année); note de Marot : « Il fait l'eage troisillabe comme *peage*; si fait le *Romant de la Rose...* »

2. *Après avoir subi toutes les humiliations :* L. Thuasne et J. Dufournet rapprochent ce vers du rondeau de Charles d'Orléans : *Qui a toutes ses hontes beues — Il ne lui chaut que l'en lui die.* Allusion possible à Villon.

3. D'après P. Champion (*op. cit*, II, 113-119) l'évêque d'Orléans était un administrateur rigoureux, un prélat pieux (il fonda l'église et le couvent des Cordeliers de Meung) et patriote (il accorde 100 jours de pardon aux fidèles assistant à la procession commémorant la libération d'Orléans par Jeanne d'Arc). Villon le considère comme le principal auteur de tous ses malheurs (*Recherches sur le Testament,* I, chap. IV). Au cours de la procession, l'évêque bénissait la foule. — *Seignant les rues : Faisant le signe de la croix par les rues* (note explicative de Marot).

4. *Je le renie pour être mien :* d'après A. Burger *(Studi in onore di Italo Siciliano, 1966)* Villon se révolte contre ce qu'il considère comme un abus de pouvoir. J. Dufournet rapproche l'*Épître à ses amis,* les autres attaques du *Testament* et la *Ballade de mercy* de ce passage. Ce premier huitain par sa violence dénote le changement de ton avec celui du *Lais.*

5. La fiction du suzerain et du vassal continue : Villon n'a aucune terre sous la dépendance de Thibaud, sauf une *friche* (d'ailleurs imaginaire, elle aussi). — Jeu de mots sur *serf* et *cerf,* souligné par *biche.*

6. *Il m'a repu :* le dur régime de Meung est évoqué dans l'*Épître à ses amis : Jeuner lui fault dimanches et mardis — Dont les dens a plus longues que ratteaux. — Après pain sec, non pas après gasteaux — En ses boyaulx verse eaue a gros bouillon...*

7. Selon A. Burger *(La Dure Prison de Meung,* in *Studi in onore),* Villon aurait fait partie d'une troupe de clercs goliards, étudiants errants, ou d'acteurs, ce qui l'aurait fait dégrader de son titre de clerc par l'évêque. J. Dufournet suppose que la haine de Villon contre Thibaud provient de l'incompréhension de celui-ci (*op. cit.,* I. p. 163). — *Large ou estroit :* Qu'il soit généreux ou serré.

8. *Maudire* était passible d'une action en justice (*cf. :* T., v. 1234).

9. Mais il n'a pas été miséricordieux, donc le poète ne le sera pas davantage.

I

En l'an de mon trentiesme aage[1],
Que toutes mes hontes j'eus beues[2],
Ne du tout fol, ne du tout sage,
Non obstant maintes peines eues,   4
Lesquelles j'ay toutes receues
Soubz la main Thibault d'Aussigny[3]...
S'evesque il est, seignant les rues,
Qu'il soit le mien je le regny[4].   8

II

Mon seigneur n'est ne mon evesque,
Soubz luy ne tiens, s'il n'est en friche[5];
Foy ne luy doy n'hommage avecque,
Je ne suis son serf ne sa biche.   12
Peu[6] m'a d'une petite miche
Et de froide eaue tout ung esté[7];
Large ou estroit, moult me fut chiche :
Tel luy soit Dieu qu'il m'a esté!   16

III

Et s'aucun me vouloit reprendre
Et dire que je le mauldis[8],
Non fais, se bien le scet comprendre;
En riens de luy je ne mesdis.   20
Vecy tout le mal que j'en dis :
S'il m'a esté misericors[9],
Jhesus, le roy de Paradis,
Tel luy soit a l'ame et au corps!   24

Titre. C : « Le Testament Villon », modifié en « Le Grant Testament Villon »; F : « Le Testament second de maistre François Villon »; I : « Cy Commence le grant codicille et testament maistre François Villon »; CM : « Le grant — *Cy commence le grant testament de François Villon.* — V. 2; A : j'ay beues.

1. *Que le Dieu éternel lui rende la pareille.*

2. *Je m'en remets à Dieu.*

3. « Recourir à son patronage était une manière de suggérer... qu'il convenait de se fier à la prière en faveur de l'évêque autant qu'à un serment d'ivrogne », selon M. Frappier *(Studi in onore)*. En effet, l'oraison funèbre du bon *Cotart* (v. 1238-1265) le place sous la protection de Noé, Loth et autres personnages bibliques célèbres pour leur ivrognerie. A. Lanly conclut que tout se ramène à un bon mot, calqué sur la formule : *Par Dieu!* — Cotart ou Cotard, chapelain de Notre-Dame en 1443, prit part à de nombreux procès. Il mourut en 1461.

4. Jeu de mots sur : de *bon cuer* et *par cuer*; Villon avoue qu'il ne prie pas vraiment *(cf.* manger *par cœur)*, étant *paresseux (fetart)* pour lire. La même idée est reprise au v. 37. Pourquoi cette prière illusoire est-elle *de Picart?* D'après Champion, on nommait parfois « Picards » les hérétiques vaudois qui rejetaient l'usage de la prière *(op. cit.,* II, p. 115). Selon MM. Frappier, Dufournet et Lanly, ce serait une allusion aux poursuites engagées à Arras (1459-1461), qui par leurs excès suscitèrent un désaveu de l'évêque et de la justice royale. Une *prière de Picard* serait donc : *aucune prière,* ou bien une *prière sans conviction.*

5. *Qu'il aille l'apprendre* — *S'il m'en croit, avant qu'il soit trop tard.* Il y avait eu aussi des persécutions injustifiées à Douai et à Lille, puis un revirement. Villon donne peut-être un avertissement à son propre persécuteur.

6. Vers très controversé. Explication Longnon-Foulet : « Il est évident que ce cruel évêque ne demande pas à chacun de prier pour lui : s'il me le demande à moi, il est bien juste que je l'exauce. » — A. Burger (« Lexique ») : « Villon fera pour l'évêque la cruelle prière que l'on sait, à condition que celui-ci garde le secret. » — A. Henry *(Romania,* 1967) : « Par ma foi de chrétien, vu que je vais le lui dire à l'oreille, il ne sera pas déçu. »

7. *Il ne faillera pas à son attente* — *Dans mon psautier, je prends, quand je suis à même de le faire* — *Il n'est de cuir de bœuf ni de Cordoue.* Psautier imaginaire : Villon n'en a pas d'aussi luxueux.

8. C'est le verset huitième dans les éditions modernes. Le sens est sans équivoque : *« Que ses jours soient peu nombreux, et qu'un autre reçoive son évêché! »* L'usage satirique de ce verset était fréquent dans les milieux ecclésiastiques.

IV

Et s'esté m'a dur et cruel
Trop plus que cy ne le raconte,
Je vueil que le Dieu eternel
Luy soit donc semblable a ce compte[1]...   28
Et l'Église nous dit et compte
Que prions pour noz ennemis!
Je vous diray : « J'ay tort et honte,
Quoi qu'il m'ait fait, a Dieu remis[2]! »   32

V

Si prieray pour luy de bon cuer,
Pour l'ame du bon feu Cotart[3].
Mais quoy? ce sera donc par cuer[4]
Car de lire je suis fetart.   36
Priere en feray de Picart;
S'il ne la scet, voise l'aprendre[5],
S'il m'en croit, ains qu'il soit plus tart,
A Douai ou a l'Isle en Flandre!   40

VI

Combien, se oÿr veult qu'on prie[6]
Pour luy, foy que doy mon baptesme!
Obstant qu'a chascun ne le crye,
Il ne fauldra pas a son esme[7].   44
Ou Psaultier prens, quant suis a mesme,
Qui n'est de beuf ne cordouen,
Le verselet escript septiesme[8]
Du psëaulme *Deus laudem*.   48

V. 31, C : Je vous dis que. — V. 32, I, CM : Tous ses
faitz soient a Dieu remis. — V. 34 : Nous avons adopté
la version de CFI; CM : *Par l'ame du bon feu Cotard*. L'éd.
Longnon-Foulet donne : Et pour l'ame de feu Cotart. —
V. 41, A : Combien que s'il veut que l'on prie; CM :
Combien que s'il veut que le prie. — V. 43, A : Non
obstant qu'a touz ne; F : obstant que chascun...

1. *C'est pourquoi je prie le Fils béni de Dieu... que mon humble prière...*

2. *Que j'invoque dans toutes mes difficultés.*

3. *Trouve place près de lui.*

4. Locution féodale : Villon tient de Dieu son corps et son âme, comme un fief. Dieu est à la fois son Créateur et son Seigneur.

5. *Affranchi de vile puissance :* la puissance du diable ou celle de Thibault ?

6. Comme tous ses contemporains, Villon vénère la Vierge Marie (*cf. :* v. 67 du *Lais* et la *Ballade pour prier Notre-Dame*).

7. L'épithète étonne en parlant de Louis XI, mais elle était traditionnelle et signifiait *brave*. D'ailleurs, Villon était reconnaissant à Louis XI de l'avoir délivré de la *dure prison de Mehun*.

8. Subjonctif de souhait : *Auquel Dieu donne le bonheur...* Allusion au songe de Jacob et à la prédiction lui annonçant une nombreuse descendance. Il eut, en effet, douze enfants, d'où le v. 65. — Salomon, roi d'Israël, fils de David symbolise la grandeur et la sagesse.

9. *Vaillance :* Louis XI, comme Dauphin, s'était distingué contre les Anglais devant Dieppe (1443) et dans la campagne d'Allemagne (1444). — *Par mon âme! vraiment.*

10. *Si long et large qu'il soit :* le caractère transitoire du monde est un thème fréquent dans le *Testament*.

11. Le patriarche Mathusalem vécut 969 ans. Ces souvenirs de la Bible n'impliquent pas une connaissance particulière des Écritures : n'importe quel clerc connaissait les patriarches.

12. Moins heureux que Jacob, Louis XI n'eut qu'un fils, le futur Charles VIII, et de son second mariage.

13. *Voir,* comme *vivre* du v. 64 est un infinitif complément de *doint* (v. 57). La leçon *voire* (adverbe) signifierait *vraiment dignes de...*

14. Le légendaire Charlemagne, et non pas Charles VII.

15. *Saint Martial,* premier évêque de Limoges, dont le nom évoque Mars, dieu de la Guerre chez les Romains.

16. Louis XI, qui fut Dauphin (il avait reçu le Dauphiné) jusqu'à la mort de Charles VII, en 1461.

VII

Si prie au benoist fils de Dieu[1],
Qu'a tous mes besoings je reclame[2],
Que ma povre priere ait lieu[3]
Vers luy, de qui tiens corps et ame[4],
Qui m'a preservé de maint blasme
Et franchy de ville puissance[5].
Loué soit il, et Nostre Dame[6],
Et Loÿs, le bon roy de France[7]!

VIII

Auquel doint Dieu l'eur de Jacob[8]
Et de Salmon l'onneur et gloire,
(Quant de proesse[9], il en a trop,
De force aussi, par m'ame! voire),
En ce monde cy transsitoire,
Tant qu'il a de long et de lé[10],
Affin que de luy soit memoire,
Vivre autant que Mathusalé[11]!

IX

Et douze beaux enfans, tous masles[12],
Voire[13] de son chier sang royal,
Aussi preux que fut le grant Charles[14],
Conceus en ventre nupcial,
Bons comme fut sainct Marcial[15]!
Ainsi en preigne au feu Dauphin[16]!
Je ne luy souhaitte autre mal,
Et puis Paradis en la fin.

V. 51, I : Que ma povre ame. — V. 56, A : Et Charles.
— V. 58, A : Et de Salomon; CM : *De Salomon l'honneur
et gloire.* — V. 66, A : Vivre; CM : *Veoir de son tres cher
sang.* — V. 68, A : en ventre imperial. — V. 70, I : Ainsi
en prengne au bon daulphin.

1. *Parce que je me sens faible beaucoup plus de biens :* le ton grave de ce huitain contraste avec la désinvolture ironique du premier huitain du *Lais*. Il ne s'agit plus d'un jeu littéraire.

2. *Établi légalement* (« Lexique » Burger).

3. *Meung-sur-Loire,* ville de 3 000 habitants, à 18 km d'Orléans. Sur le régime pénitentiaire, on comparera les souvenirs de Villon avec ceux de Marot, un siècle plus tard, dans *L'Enfer*.

4. *Me rendit la vie.*

5. Marot dans le *Prologue* de son édition cite les éditions antérieures et les juge sévèrement : « Qui est celuy qui vouldroit nyer le sens n'en estre grandement corrompu?... Or voyez maintenant comment il a esté r'abillé et en jugez gratieusement :

> Or est vrai qu'apres plaintz et pleurs
> Et angoisseux gemissemens
> Apres tristesses et douleurs
> Labeurs et griefz cheminemens   92
> Travail mes lubres sentemens
> Aguysa (ronds comme pelote)
> Me monstrant plus que les commens
> Sur le sens moral d'Aristote...   96

Voylà comment il me semble que l'auteur l'entendit. »

La première difficulté vient de *Travail* (v. 93). Si c'est un nom, sujet de *aguisa* (CM, v. 94) et de *m'ouvrit* (éd. Longnon, v. 95), le sens est : *La souffrance aiguisa mes lubres sentiments et m'ouvrit* (ou bien : *me montrant*). Mais F et I donnent la forme verbale de *Travaille*. Le sens de *lubres* (v. 93) est obscur; selon l'éd. Longnon-Foulet : *glissant, instable*. La comparaison, *ronds comme pelote* est une antiphrase ironique (A. Lanly), un esteuf (ou pelote basque) est rond comme une boule. — *Sentemens* doit être compris au sens large d'*esprit*. La vie errante (*griefz cheminemens*) a plus appris à Villon que les *Commentaires* d'Aristote. Villon en a fini avec l'enseignement universitaire.

6 *Averroès* (XIIe s.), commentateur arabe d'Aristote, physicien, astrologue et médecin, très célèbre au Moyen Age et sous la Renaissance. Rabelais le citera souvent.

X

Pour ce que foible je me sens
Trop plus de biens que de santé[1],
Tant que je suis en mon plain sens,
Si peu que Dieu m'en a presté,   76
Car d'autre ne l'ay emprunté,
J'ay ce testament tres estable[2]
Faict, de derniere voulenté,
Seul pour tout et irrevocable.   80

XI

Escript l'ay l'an soixante et ung,
Que le bon roy me delivra
De la dure prison de Mehun[3],
Et que vie me recouvra[4],   84
Dont suis, tant que mon cuer vivra,
Tenu vers luy m'humilier,
Ce que feray jusques il mourra :
Bienfait ne se doit oublier.   88

XII

Or est vray qu'après plainz et pleurs[5]
Et angoisseux gemissemens,
Après tristesses et douleurs,
Labeurs et griefz cheminemens,   92
Travail mes lubres sentemens,
Esguisez comme une pelote.
M'ouvrit plus que tous les Commens
D'Averroÿs[6] sur Aristote.   96

V. 82, AC : Lorsque le roy; F. : L'an que le roy delivra.
— V. 85 : mon corps. — V. 87, FI : tant qu'il (nous avons
retenu la leçon de C). — V. 93, I : Traveille. — V. 94, I :
Aguisez rons comme pelote; CM : Le huitain XII est
précédé du sous-titre : *Icy commence Villon a entrer en
matière pleine d'érudition et de bon sçavoir.* Dans le *Pro-
logue,* Marot prend ce huitain comme exemple des
incorrections des éditions précédentes.

1. *Toutefois* (note de Marot) *au plus fort de mes maux...*

2. *Sans argent* (cf. : tirer à *pile ou face*). Équivoque possible entre la *croix* marquant la face de la pièce et les croix rencontrées aux carrefours des chemins (cf. : note 3).

3. Comparaison avec la rencontre du Christ ressuscité et de ses disciples dans l'affliction, sur le chemin d'Emmaüs (saint Luc, XXIV, 13-16). La *bonne ville*, selon G. Paris, serait Moulins, où le duc de Bourbon aurait recueilli Villon (cf. : *Requeste à Mons. de Bourbon*) :

> Beau sire Dieux! je m'esbais que c'est
> Que devant moy croix ne se comparoist,
> Sinon de bois ou pierre, que ne mente.

4. Une des trois vertus théologales : foi, *espérance*, charité. Villon joue sur la devise des Bourbons, qui était *espérance*. Tout pécheur peut *espérer* le salut, s'il ne persévère pas dans le mal (*Ezéchiel*, XXX, III, XI), thème développé dans le huitain suivant.

5. *Et que se convertisse aussi tout autre que le péché mord* (Thuasne).

6. Dieu est toujours capable de sauver le pécheur par sa grâce; peut-être souvenir de Jean de Meung (*Testament*, v. 2093-94), mais sentiment commun à tous les chrétiens.

7. Villon, comme plus tard Marot, était un grand lecteur du *Roman de la Rose*, dont la 1ʳᵉ partie expose la doctrine de l'amour courtois par des allégories (Guillaume de Lorris, XIIIᵉ s.), et la 2ᵉ, composée par Jean Clopinel, de Meung-sur-Loire (fin XIIIᵉ s., début XIVᵉ) en fait la satire. Villon confond ici le *Testament* de Jean de Meung et le *Roman*, mais l'effet moralisateur de l'âge est également un thème du *Roman*. Montaigne, au contraire, écartera tout repentir des folies de la jeunesse : « *Je hais cet accidentel repentir que l'âge apporte.. Je ne saurai jamais bon gré à l'impuissance, du bien qu'elle me fasse* » (*Essais*, III, 2, *Du repentir*). — Mais Villon se donne prématurément un rôle de vieillard, puisqu'il a environ 30 ans.

8. *Il dit vrai.*

9. *Ceux-là qui m'accablent tant, ne voudraient pas me voir atteindre la maturité* (qui me permettrait de réparer mes fautes).

XIII

Combien qu'au plus fort de mes maulx[1],
En cheminant sans croix ne pille[2],
Dieu, qui les pelerins d'Esmaus
Conforta, ce dit l'Evangille[3],   100
Me montra une bonne ville
Et pourveut du don d'esperance[4],
Combien que le pecheur soit ville,
Riens ne hayt que perseverance.   104

XIV

Je suis pecheur, je le sçay bien;
Pourtant ne veult pas Dieu ma mort,
Mais convertisse et vive en bien
Et tout autre que pechié mort[5].   108
Combien qu'en pechié soye mort,
Dieu vit, et sa misericorde,
Se conscience me remort,
Par sa grace pardon m'accorde[6].   112

XV

Et, comme le noble Rommant
De la Rose[7] dit et confesse
En son premier commencement
Qu'on doit jeune cuer en jeunesse,   116
Quant on le voit viel en viellesse,
Excuser, helas! il dit voir[8];
Ceulx donc qui me font telle presse
En meurté ne me vouldroient veoir[9].   120

V. 98, CI : En chevauchant. — V. 103, C : Combien que
pechiez si soit ville. — V. 110, C : Dieu voit; F : Dieu le
veult. — V. 111, CM : *Et si ma coulpe me remord.* — V. 117,
CM : *Tant qu'il soit meury par viellesse.* — V. 119, CM : *me
font telle oppresse.*

1. *Si par ma mort, le bien public en valait mieux en quelque chose.*

2. *Je me condamnerais à mort, Dieu m'en soit témoin !* (Littéralement : *Dieu m'assiste !*)

3. Note de Marot : [Que je] « *soie vif ou mort* ».

4. Maxime biblique (Jud., XVI, 18) prise à rebours, et amère vérité d'expérience.

5. Effet saisissant de contraste : du *povre* Villon, on passe à Alexandre le Grand (356-323 av. J.-C.). L'anecdote de *Diomède* ou *Dionides* figure chez Cicéron (*République*, III) et le rhéteur Caecilius Balbus. Elle est reproduite au xiie s. dans le *Policraticus*, de Jean de Salisbury et au xive, dans le *Liber Sarchorum*, de Jacques de Cessoles, ouvrage traduit en français par Jean du Vignal.

6. *Engrillonner : mettre les poucettes* (glossaire Longnon-Foulet) aux pouces et aux doigts *(dés).*

7. *Écumeurs de mer que nous voyons faire la course.* — *Cadès : capitaine* (Longnon-Foulet), mais plus vraisemblablement *juge*, de l'arabe *cadi.*

8. *L'apostropha*, avec un jeu de mots sur l'autre sens *d'arraisonner* : faire stopper un navire.

9. Vaisseau long et léger, destiné à la course.

10. Clément Marot organise le dialogue d'Alexandre et du pirate tout autrement :

> Pour quoi es tu larron de Mer?   138
> L'aultre, response luy donna,
> Pourquoy larron me faiz nommer?

> ALEXANDRE
> Pour ce qu'on te voyt escumer
> En une petiste fuste.

> DYOMEDES
> Si comme toy me peusse armer
> Comme toy Empereur je fusse.

Ce découpage rend l'échange des répliques plus vif, et appuie l'interprétation originale (mais peu suivie) de M. Wagner (*Mélanges Guiette*) au sujet du v. 157, où le sujet de *mesdit* (ou *mesprit* selon Marot) est ambigu. Qui fut corrigé, l'empereur ou le pirate?

XVI

Se, pour ma mort, le bien publique
D'aucune chose vaulsist mieulx[1],
A mourir comme ung homme inique
Je me jujasse, ainsi m'aist Dieux[2] !   124
Griefz ne faiz a jeunes n'a vieulx[3],
Soie sur piez ou soie en biere :
Les mons ne bougent de leurs lieux,
Pour ung povre, n'avant n'arriere[4].   128

XVII

Ou temps qu'Alixandre regna[5],
Ung homs nommé Diomedès
Devant luy on luy amena,
Engrillonné poulces[6] et des   132
Comme ung larron, car il fut des
Escumeurs que voions courir[7] ;
Si fut mis devant ce cadès,
Pour estre jugié a mourir.   136

XVIII

L'empereur si l'araisonna[8] :
« Pourquoi es tu larron en mer? »
L'autre responce luy donna :
« Pourquoi larron me faiz nommer?   140
Pour ce qu'on me voit escumer.
En une petiote fuste[9]?
Se comme toy me peusse armer,
Comme toy empereur je feusse[10].   144

V. 124, C : ainsi m'est Dieux. − V. 126, I : soient...
soient. − V. 135, A : cicades; I : les cades; CM : *Si fut
mys devant les cadetz.* − V. 138, I : larron de mer. −
V. 140, C : me faiz clamer.

1. *De ma fortune, contre laquelle je ne puis rien et qui me traite si cruellement, me vient toute ma conduite.* — La croyance dans le pouvoir de la Fortune (ou Destin) est générale chez les Anciens et subsiste au Moyen Age et sous la Renaissance. Les censeurs du *Sacré Collège* reprocheront à Montaigne d'employer ce terme dans les *Essais,* au lieu de Provi'ence. Ce sentiment de la fatalité est d'autant mieux accepté par Villon, qu'il joue en sa faveur.

2. *Eût considéré tout le propos de Diomedès — « Ta fortune je te changerai de mauvaise en bonne ».*

3. *Jamais depuis lors, il ne dit mal.* Note de l'éd. Longnon-Foulet : « On attendrait plutôt *mesfit.* » On peut pourtant comprendre : « ... il ne dit plus de mal à personne, comme il en avait dit à Alexandre, qu'il avait... traité de « voleur en grand... » La version de Marot, *ne mesprit* (ne montra du mépris) est plus satisfaisante, à condition de faire d'Alexandre le sujet de *mesprit* (hypothèse Wagner); le passage signifierait : « Depuis lors, Alexandre ne traita personne avec mépris, mais se comporta en vrai homme. » Il ne joue plus au demi-dieu et comprend la leçon d'égalité humaine donnée par le pirate.

4. *Le donne pour vrai :* Valère Maxime n'est pas la source de cette anecdote, mais l'erreur de Villon peut s'expliquer par le fait que Valère Maxime a traité *de l'humanité et de la clémence* dans son livre V des *Faits et Dits mémorables.* Il y a sans doute aussi une équivoque voulue, l'épithète de « Grand » étant commune à Alexandre et à Valère.

5. *Un autre Alexandre compatissant* — (mais il a rencontré un Thibault d'Aussigny!) *Qui m'eût fait entrer en un heureux destin.*

6. *Si alors on m'eût vu retomber dans le mal — Je me fusse jugé de ma propre voix — A être brûlé* [ars] *et mis en cendre :* Villon reprend le thème des vers 120-124, mais sa conversion est soumise à une condition, qui ne s'est pas réalisée; il n'est donc pas obligé de s'amender après sa libération de Meung.

7. *Commettre une faute :* le proverbe populaire (v. 167-168) corrobore celui des v. 150-152. Après l'anecdote antique, la sagesse des nations prend la défense de l'infortuné.

XIX

« Mais que veux-tu? De ma fortune,
Contre qui ne puis bonnement,
Qui si faulcement me fortune,
Me vient tout ce gouvernement[1].   148
Excuse moy aucunement
Et saiche qu'en grant povreté
(Ce mot se dit communement),
Ne gist pas grande loyauté. »   152

XX

Quant l'empereur ot remiré[2]
De Diomedès tout le dit :
« Ta fortune je te mueray
Mauvaise en bonne », si luy dit.   156
Si fist il. Onc puis ne mesdit[3]
A personne, mais fut vray homme;
Valere pour vray le baudit[4],
Qui fut nommé le Grant a Romme.   160

XXI

Se Dieu m'eust donné rencontrer
Ung autre piteux Alixandre[5]
Qui m'eust fait en bon eur entrer,
Et lors qui m'eust veu condescendre   164
A mal, estre ars et mis en cendre[6]
Jugié me feusse de ma voix.
Necessité fait gens mesprendre[7]
Et faim saillir le loup du bois.   168

V. 147, CM : *Qui si durement me infortune.* — V. 148, A :
Que c'est grant abaissement. — V. 149, A : Sachez que
véritablement; F : Seul ne suis pas en ce tourment. —
V. 151-152, CM : *(Ce mot dit on communement)* — Ne gist
pas trop grand loyauté. — V. 156-158, CM : *Mauvaise en
bonne (ce luy dit) — Se fist-il, oncq puys ne mesprit — Vers
personne, mais fust vray homme.*

1. Cette complainte de la jeunesse perdue, titre que plusieurs éditeurs donnent aux huitains XXII, XXIII, XXIV est l'une des pièces les plus émouvantes et les plus célèbres du *Testament* : peinture pathétique du pauvre poète, sentiment amer de la fuite du temps, solitude imméritée, tous ces thèmes s'associent pour exciter la compassion — *Je plains : je regrette* — *Ouquel : pendant lequel.*

2. *Gallé :* pris du plaisir, mené une vie de débauche. Ce verbe a laissé son participe présent substantivé *galant.*

3. *Qui m'a caché son départ.* Mais quel est l'antécédent de qui? M. Burger estime que c'est l'*entrée de vieillesse;* L. Foulet rattache *qui* au *temps de ma jeunesse,* ce qui est plus naturel. Le décalage entre l'antécédent et le relatif est fréquent dans le *Testament.*

4. Le temps de la jeunesse et la vieillesse sont personnifiés, d'où la locution usuelle retournée : *il ne s'en est pas allé à pied ni à cheval* (*cf.* les enseignes d'auberge : *Ici on loge à pied et à cheval*).

5. La forme dialoguée met en relief la surprise du poète vieilli. Note de Marot : Villon a écrit « *don pour donc par grande licence poétique* ». En fait, les deux prononciations existaient.

6. *Aucun :* c'est le dénuement total.

7. L'opposition entre le mouvement du temps qui s'enfuit et l'immobilité du poète, fixé dans sa détresse, a inspiré à Apollinaire sa pièce la plus connue, *Le Pont Mirabeau.*

8. *Triste, déchu, plus noir que mûre :* image fréquente au Moyen Age, mais qui peut s'appliquer réellement au physique de Villon (*cf. : Lais,* v. 316).

9. Jeu de mots sur *sens* — raison et *cens* — revenu. Le poète ne possède rien et sa pauvreté éloigne de lui non seulement ses amis, mais ses parents. Dans la société, l'argent (*chevance*) est tout : *Le moindre des miens, je dis vrai* — *va jusqu'à me renier.*

10. *Pourtant je ne crains pas qu'on m'accuse d'avoir dépensé* — *En étant friand et me pourléchant.*

11. *Sur ces accusations, je puis prendre revanche : celui qui n'a pas fauté, n'a pas à s'accuser.*

XXII

Je plains le temps de ma jeunesse[1],
(Ouquel j'ay plus qu'autre gallé[2]
Jusques a l'entree de viellesse),
Qui son partement m'a celé[3].   172
Il ne s'en est a pié allé[4]
N'a cheval : helas! comment don[5]?
Soudainement s'en est vollé
Et ne m'a laissié quelque[6] don.   176

XXIII

Allé s'en est, et je demeure[7],
Povre de sens et de savoir,
Triste, failly, plus noir que meure[8],
Qui n'ay ne cens, rente, n'avoir[9];   180
Des miens le mendre, je dis voir,
De me desavouer s'avance,
Oubliant naturel devoir
Par faulte d'ung peu de chevance.   184

XXIV

Si ne crains avoir despendu
Par friander ne par leschier[10];
Par trop amer n'ay riens vendu
Qu'amis me puissent reprouchier,   188
Au moins qui leur couste moult chier.
Je le dy et ne croy mesdire;
De ce je me puis revenchier[11] :
Qui n'a mesfait ne le doit dire.   192

V. 172, CM : *car son partement.* — V. 173, F : Elle s'en est
a prié allée. — V. 174, CI : Ne a cheval, las! — V. 179,
C : Triste, pally. — V. 181, C : Qui n'ay n'escus, rente
n'a. — V. 179, CM : *ne pas trop aymer riens vendu — Qu'amis
me accussent reprocher;* C : *Que nulz ne puisse.* — V. 189,
C : Au moins leur a esté moult cher. — V. 192, C : Qui
m'a mesfait.

1. Confidence importante. La parodie de *l'amant martyr* dans le *Lais* n'empêche pas que Villon ait eu des maîtresses, qu'il s'agisse de Catherine de Vaucelles, de Marthe, de Rose ou de tout autre « fillette ».

2. Rabelais dans le *Tiers Livre* (chap. xxxi) rappelle par la voix du médecin Rondibilis que selon l'antique proverbe, *« Vénus se morfond sans la compagnie de Cérès et de Bacchus »*, ce que le dernier vers du huitain exprime plus familièrement. Les proverbes concernant le pouvoir de la faim sont légion, *cf. : Ventre affamé n'a pas d'oreilles.* Comme il arrive souvent, *danse* signifie ici *luxure.*

3. Vers chargé de sous-entendus : « *En somme, qu'il s'en donne à cœur joie, celui qui est repu* » (traduction Thuasne). Mais s'agit-il d'une remarque générale, ou plutôt d'une allusion précise à un rival heureux? — A. Lanly traduit chantiers par *celliers,* les chantiers étant les madriers sur lesquels reposent les tonneaux. — L'intérêt du v. 199 a rebondi par la découverte d'une anagramme, heureuse trouvaille de L. Foulet. En décomposant les éléments du vers : RAM-Y-CHAN-TIERS, on trouve Itiers Marchant, légataire du huitain xi du *Lais.* (*cf. :* P. Le Gentil, *op. cit.,* p. 22), *ce qui confirme le caractère autobiographique du Testament, ses liens avec le Lais, et l'animosité durable contre Itiers, mieux argenté que le poète, et par suite, en mesure de faire ripaille avec la Belle Infidèle.*

4. Regret tout matériel des bénéfices qui lui ont passé devant le nez. Au huitain xxxii, Villon décrira avec envie la table plantureuse de ceux qui ont bien tourné. Mais *fuyait-il* vraiment l'école? Ses grades universitaires et le certificat de bonne vie et mœurs accordé par les lettres de rémission indiquent une déchéance plus tardive.

5. Villon avoue avoir jadis tenu compte seulement d'une partie des conseils de l'Ecclésiaste : *lætare ergo, juvenis in adolescentia tua* (XI, 9), en négligeant la suite, dont les épreuves ultérieures lui ont prouvé la justesse. Le sens du huitain est donc : « *La parole du Sage, qui dit... je la présentai trop favorablement à mon cœur.* » — *Bien en puis mais :* J'en suis bien avancé! (traduction Thuasne). — *Ne moins ne mais :* ni plus ni moins.

XXV

Bien est verté que j'ay amé
Et ameroie voulentiers[1];
Mais triste cuer, ventre affamé
Qui n'est rassasié au tiers   196
M'oste des amoureux sentiers[2].
Au fort, quelqu'ung s'en recompence,
Qui est ramply sur les chantiers[3]!
Car la dance vient de la pance.   200

XXVI

Hé! Dieu, se j'eusse estudié
Ou temps de ma jeunesse folle
Et a bonnes meurs dedié,
J'eusse maison et couche molle[4].   204
Mais quoi? je fuyoie l'escolle,
Comme fait le mauvais enfant.
En escripvant ceste parolle,
A peu que le cuer ne me fent.   208

XXVII

Le dit du Saige trop luy feiz
Favorable (bien en puis mais[5]!)
Qui dit : « Esjoÿs toy, mon filz,
En ton adolescence »; mais   212
Ailleurs sert bien d'ung autre mes,
Car « Jeunesse et adolescence »,
C'est son parler, ne moins ne mais,
« Ne sont qu'abus et ignorance ».   216

V. 193, C : Bien est vérité que je ayme; CM : Bien est
il vray que j'ay amé. — V. 200, C, I, CM : *Car de la pance
vient la dance.* — V. 209, A : du saige bien apris; I, CM :
du sage tres beaulx ditz. — V. 212, CM : *Et ton adolescence
metz — Ailleurs, sert bien d'ung autre mectz.*

1. *Rapidement* : le huitain est inspiré du *Livre de Job* (VII, 6) où s'exprime la détresse humaine : « *Mes jours sont plus rapides que la navette du tisserand ; ils s'évanouissent loin de toute espérance.* » Villon retient surtout l'image de la paille enflammée brûlant les fils qui dépassent. — *Touaille* : toile ; *filetz* : fils. — *Ardente paille* : *ardent* est pris au sens littéral : *enflammée* — *Ravit* : détruit. Marot admire particulièrement cette évocation ample et précise : « *Très belle comparaison* », note-t-il. Il est rare, en effet, que Villon développe une métaphore.

2. *Ainsi je ne crains plus qu'aucun mal ne m'assaille.* Commentaire de Marot : « *A la mort tous maulx sont saoulez d'assaillir l'homme.* »

3. Le thème : *Où sont (Ubi sunt?)* va être repris dans les *Ballades*, notamment dans la *Ballade des dames du temps jadis*. Italo Siciliano (*op. cit.*, p. 256) rappelle qu'il découle du thème plus général de la Mort, obsession du Moyen Age, sans cesse célébré par les théologiens et les poètes. Un *rhythmus de contemptu mundi* (le mépris du monde) énumère les puissants de la Bible réduits au néant par la mort :

> *Dic, ubi Salomon, olim tam nobilis*
> *Vel ubi Samson est, dux invincibilis*, etc.

Où est Ninive? se demandait Alain Chartier dans le *Quadrilogue, la grant cité qui duroit trois journées de chemin.* — *Qu'est devenu ou temps passé... Où est Nynive?* reprend Chastellain dans sa *Complainte de Fortune*. Le thème ne cesse de s'enrichir d'exemples nouveaux : « Au XVᵉ siècle, note Siciliano, on y introduisait les grands amoureux, les courtisans, les « gentilz fringants, les pâtres, les robes et les habillements », sans compter des litanies d'obscénités. Mais aucun écrivain n'a donné autant de force tragique au thème, que Villon par la concision des pièces et la simplicité des images.

4. Note de Marot : le *demourant*.

5. Le huitain XXX insiste sur la diversité des destins. Villon fait partie de ceux qui ne voient du pain qu'aux boutiques *(fenestres)*. Il s'en prend surtout aux moines qui sont à l'abri de la misère. L'ordre des célestins datait du XIIIᵉ s., celui des chartreux, fondé par saint Bruno à la Grande-Chartreuse en 1080, avait été introduit à Paris par saint Louis.

6. *Bottée, guêtrée comme pêcheurs d'huîtres.*

XXVIII

Mes jours s'en sont allez errant[1]
Comme, dit Job, d'une touaille
Font les filetz, quant tisserant
En son poing tient ardente paille :   220
Lors, s'il y a nul bout qui saille,
Soudainement il le ravit.
Si ne crains plus que rien m'assaille
Car a la mort tout s'assouvit[2].   224

XXIX

Ou sont les gracieux gallans[3]
Que je suivoye ou temps jadis,
Si bien chantans, si bien parlans,
Si plaisans en faiz et en dis?   228
Les aucuns sont morts et roidis,
D'eulx n'est il plus riens maintenant :
Repos aient en paradis,
Et Dieu saulve le remenant[4]!   232

XXX

Et les autres sont devenus,
Dieu mercy! grans seigneurs et maistres;
Les autres mendient tous nus
Et pain ne voient qu'aux fenestres[5];   236
Les autres sont entrez en cloistres
De Celestins et de Chartreux,
Botez, housez, com pescheurs d'oistres[6]
Voyez l'estat divers d'entre eux.   240

V. 220, CM : *Et des filetz quant tisserant — Tient en son poing ardente paille.* — V. 223, A : que rien me faille. — V. 224, I : Si bien parlans, si bien chantans.

1. *Que Dieu donne aux grands maîtres de bien faire :* souhait ironique, puisqu'ils ont la possibilité d'agir en toute sécurité morale et matérielle.

2. *Repos :* il n'y a donc rien à reprendre *(refaire)* chez eux.

3. *Tout coi* renforce se taire : *Il est bon de s'en taire complètement.*

4. *Avoir de quoi ;* locution encore familière de nos jours : *être riche,* et le contraire : *être pauvre.*

5. *Il ne manque rien du tout.*

6. La viande ou le poisson qui accompagne le pain. Villon, lui, n'a pas toujours du pain sec. Marot n'apprécie pas ce huitain : « *Icy Villon réitère artificiellement ce qu'il a dit au précédent couplet.* »

7. *Mis en perce :* comme cela, les vins n'ont pas le temps de tourner et de blanchir. Les conteurs et polémistes du XVIᵉ s. (Rabelais, Henri Estienne, Bonaventure Despériers) railleront la gourmandise des moines : *cf. :* Rabelais, *Quart Livre,* chap. XI, *Pourquoy les moines sont voluntiers en cuisine.* Pour tous les nantis, laïcs ou clercs, Gaster est le « *premier maître ès arts du monde* », et chacun adopte sa devise : « *Tout pour la tripe* ».

8. *Potages.*

9. Selon Thuasne, il s'agirait d'une recette du temps. L'énumération des plats varie selon les textes. La version de l'édition Levet (I) est plus facile à comprendre : les *perdrix* sont un mets de choix, surtout en toutes saisons!

10. Les maçons sur les toits et les échafaudages ne sont pas installés pour des festins! Leurs commis doivent leur monter leur repas frugal à grand-peine. A. Lanly suppose que Villon en a peut-être fait l'expérience pendant les années errantes.

11. *Chacun prend soin de se servir lui-même,* sans échanson comme les Grands.

12. *Digression.* Mais le famélique poète ne peut se retenir d'évoquer ces victuailles!

13. Villon ne se pose pas en justicier : ce n'est pas son affaire.

14. *Je leur fais amende honorable.*

15. Réponse de Ponce Pilate aux prêtres juifs : *Ce que j'ai écrit est écrit,* c'est-à-dire : *Je n'en démordrai pas.*

XXXI

Aux grans maistres Dieu doint bien faire[1],
Vivans en paix et en requoy[2];
En eulx il n'y a que refaire,
Si s'en fait bon taire tout quoy[3].   241
Mais aux povres qui n'ont de quoy[4],
Comme moy, Dieu doint patience!
Aux autres ne fault[5] qui ne quoy,
Car assez ont pain et pitance[6].   248

XXXII

Bons vins ont, souvent embrochiez[7],
Saulces, brouetz[8] et gros poissons,
Tartes, flans, oefz fritz et pochiez,
Perdus[9] et en toutes façons.   252
Pas ne ressemblent les maçons,
Que servir fault a si grant peine[10] :
Ilz ne veulent nuls eschançons,
De soy verser chascun se peine[11].   256

XXXIII

En cest incident[12] me suis mis
Qui de riens ne sert a mon fait;
Je ne suis juge, ne commis
Pour pugnir n'absoudre mesfait[13] :   260
De tous suis le plus imparfait,
Loué soit le doulx Jhesu Crist!
Que par moy leur soit satisfait[14]!
Ce que j'ay escript est escript[15].   264

V. 250, I, CM : *gras poissons.* — V. 251, F : Tartes, flans
et oeufz. — V. 251, I : Perdris et en toutes saisons. —
V. 256, CM : *Car de verser chascun se peine.* — V. 263, A :
lui soit.

1. *Monastère*, et par extension : *église*. Les v. 266-267 sont ambigus : faire la satire des gens d'Église expose à des poursuites; d'autre part, la description de la bonne vie menée par les moines irrite les pauvres. Au xvi⁰ s., on leur reprochera en outre leur inutilité. Gargantua (chap. xL) les comparant à des singes, animaux inutiles, déclare : « *Un moyne... ne laboure comme le paisant, ne garde le pays comme l'homme de guerre, ne guerist les malades comme medecin...* »

2. De même que la nécessité fait sortir le loup du bois (v. 168), la pauvreté est amère et ne ménage pas ses critiques; elle est toujours mécontente *(despiteuse)*. *Si elle n'ose dire du mal, du moins le pense-t-elle* (v. 272).

3. Les variantes autorisent à penser que *de* a la valeur de *des*; le vers ne fait donc pas double emploi avec le suivant.

4. *Extraction* : la confidence dément l'hypothèse d'une naissance noble. De Montcorbier est le nom du pays d'origine.

5. *Traque* : locution tirée de chasse. Villon et ses ascendants sont poursuivis par la pauvreté comme le gibier par la meute.

6. *Que Dieu reçoive leurs âmes dans son sein* : allusion aux tombeaux des rois et des grands ornés de gisants et rappelant leurs titres.

7. *Me lamentant*.

8. Les sages remontrances du cœur annoncent le *Débat du cuer et du corps de Villon*.

9. *Ne te tourmente pas tant et ne manifeste pas telle douleur*.

10. Jacques Cœur, considéré comme l'homme le plus riche du temps, avait organisé un réseau commercial qui couvrait la Méditerranée et le Proche-Orient. Argentier du roi Charles VII, il finança la guerre contre les Anglais, ce qui n'empêcha pas le roi de l'emprisonner et de confisquer ses biens. Jacques Cœur réussit à s'évader et se réfugia à Rome où le pape lui confia une expédition contre les Turcs. Il mourut à Chio en 1456.

11. *Sous grosse bure*. Variante du dicton : « Un chien vivant vaut mieux qu'un roi mort. » Diderot *(Neveu de Rameau)* fera dire au bohème : « *Pourrir sous du marbre, pourrir sous de la terre, c'est toujours pourrir.* »

XXXIV

Laissons le moustier[1] ou il est;
Parlons de chose plus plaisante :
Ceste matiere a tous ne plaist,
Ennuyeuse est et desplaisante.   268
Povreté, chagrine, dolente,
Tousjours, despiteuse et rebelle,
Dit quelque parolle cuisante[2];
S'elle n'ose, si la pense elle.   272

XXXV

Povre je suis de ma jeunesse[3],
De povre et de petite extrace[4];
Mon pere n'eust oncq grant richesse,
Ne son ayeul, nommé Orace;   276
Povreté tous nous suit et trace[5].
Sur les tombeaulx de mes ancestres,
Les ames desquelz Dieu embrasse[6]!
On n'y voit couronnes ne ceptres.   280

XXXVI

De povreté me garmentant[7],
Souventesfois me dit le cuer[8] :
« Homme, ne te doulouse tant[9]
Et ne demaine tel douleur,   284
Se tu n'as tant qu'eust Jaques Cuer[10] :
Mieulx vault vivre soubz gros bureau[11]
Povre, qu'avoir esté seigneur
Et pourrir soubz riche tombeau! »   288

V. 269, CM : *Pouvrette, chagrine, dolente.* — V. 272, C :
si le pense. — V. 273, CM : *Pouvre je suys des ma jeunesse.*
— V. 278, A : *de nos ancestres.* — V. 281, A, CM : *gue-
mentant;* C : *grementant.* — V. 283, A, F, CM : *tant que
Jacques Cueur.* — V. 288, CM : *riches tombeaux* (qui rime
avec *bureaux*).

1. Villon paraît mettre en doute l'anéantissement de la hiérarchie sociale, surtout si au v. 292 on admet le texte *congnoistras : Qu'avoir été seigneur !... Que dis-je ? — Seigneur, las ! Mais ne l'est-il plus ? Selon les paroles de David, tu ne sauras jamais où il repose.* Avec notre version, le sens est différent : *Il* [le seigneur] *ne connaîtra plus jamais le lieu où il était* [de son vivant]. A. Lanly adopte aussi ce texte.

2. Les *Psaumes* de David. — Souvenir du *psaume* 102, 16 : *... et non cognoscet amplius locum snm.*

3. Cette remarque désinvolte à l'égard des prêcheurs vise les dominicains, hostiles au dogme de l'Immaculée Conception auquel Villon était attaché (commentaire de Thuasne). Note de Marot : *Théologiens est de cinq sillabes mais ici quadrisillabe.* La référence de Villon aux *Psaumes* de David dut l'intéresser d'autant plus que, par la suite, il traduisit ceux-ci en vers français.

4. Mario Roques (*Études de littérature française*) explique le sens religieux de cette expression : ce sont les démons (bons ou mauvais) nés de l'union d'anges et de mortelles qui portent *le diadème d'une étoile ou d'un autre astre.* Villon, lui, est un simple homme; l'antithèse entre *l'ange* et *l'homme, l'ange* et la *bête* trouvera son expression condensée d'abord chez Montaigne, puis chez Pascal. Note de Marot : *Fault prononcer « dyadame », à l'antique ou à la parisienne.*

5. Marot : *soulz tombe.* Sur le thème de l'universalité de la mort, consulter I. Siciliano, *op. cit.,* p. 227; *cf. :* Jean de Meung, *Testament :* « Pense donc chacun qu'il mourra — Et que mort fouir ne pourra... » Les poètes chrétiens des siècles suivants célébrèrent ce thème.

6. Villon évoquera sa mère avec la même simplicité affectueuse dans la *Ballade pour prier Nostre-Dame : Femme je suis povrette et ancienne...* (v. 893).

7. Prêtres et laïcs. Les *collets retroussés,* découvrant la gorge, étaient portés par les dames à la mode, et jugés indécents par les prédicateurs. — Les *atours ou hennins* étaient les coiffures des dames nobles, les *bourrelets,* celles des bourgeoises.

8. La Mort n'a aucun souci du rang, du sexe, de l'élégance. La *Danse macabre* du cimetière des Innocents paraît avoir inspiré Villon.

XXXVII

Qu'avoir esté seigneur!... Que dis?
Seigneur, las! et ne l'est il mais[1]?
Selon les davitiques dis[2]
Son lieu ne congnoistra jamais.   292
Quant du surplus, je m'en desmetz :
Il n'appartient a moy, pecheur;
Aux theologiens le remetz,
Car c'est office de prescheur[3].   296

XXXVIII

Si ne suis, bien le considere,
Filz d'ange portant dyademe[4]
D'estoille ne d'autre sidere.
Mon pere est mort, Dieu en ait l'ame!   300
Quant est du corps, il gist soubz lame[5].
J'entens que ma mere mourra,
El le scet bien, la povre femme[6],
Et le filz pas ne demourra.   304

XXXIX

Je congnois que povres et riches,
Sages et folz, prestres et laiz[7],
Nobles, villains, larges et chiches,
Petiz et grans, et beaulx et laiz,   308
Dames a rebrassez colletz,
De quelconque condicion,
Portans atours et bourreletz,
Mort saisit sans excepcion[8].   312

V. 290, A, C, I : *Seigneur, lasse! ne l'est-il mais?* ; CM : Sei-
gneur, hélas! ne l'est-il mais. — V. 291, I : les antiques
dits; C : selon ce que David en dist; CM : *Selon les
authentiquez dictz.* — V. 292 : éd. Longnon-Foulet :
congnoistras; correction qui ne s'impose pas; A, C, I, CM
donnent *congnoistra.* — V. 307, CM : *larges et riches.* — Le
huitain XXXIX manque dans C.

1. Pàris, fils de Priam, enleva Hélène, femme de Ménélas, d'où la guerre de Troie, chantée dans l'*Iliade*. Les deux personnages symbolisent la beauté et l'amour.

2. A l'image de la jeunesse radieuse s'oppose la description de l'agonie, avec sans doute une allusion à la sueur de sang du Christ au mont des Oliviers.

3. *Qui voulùt être son répondant,* locution de la Chevalerie. A la souffrance physique s'ajoute la solitude morale.

4. La décomposition de la chair après la mort a souvent inspiré les peintres espagnols (Ribeira, Valdès Léal). Le réalisme morbide des quatre premiers vers a peut-être aussi influencé Gautier, grand admirateur de Villon dans son poème *Les Deux Cadavres (Espanà)*.

5. *Doux* — Il est difficile de ne pas croire à la sincérité de Villon dans l'évocation de la beauté féminine et de sa fragilité.

6. Allusion à l'Assomption de la Vierge, exempte de la décomposition universelle.

7. Le thème *de Ubi sunt?* indiqué au huitain XXIV, contraste par sa généralisation poétique avec les huitains réalistes. Thuasne en concluait l'antériorité, mais de telles oppositions de ton sont fréquentes dans la poésie médiévale. — *Flora,* nom symbolique de la courtisane antique que l'on retrouvera dans les *Essais* de Montaigne. — *Archipiades : Alcibiade,* pris pour une femme jusqu'au XVIe s. — *Thaïs,* autre beauté célèbre à Alexandrie. Les trois beautés rappellent les trois pays les plus fameux, Rome, la Grèce et l'Égypte.

8. *Écho,* nymphe victime de la jalousie de Junon a été chantée par Ovide *(Métamorphoses)* et le *Roman de la Rose*. Selon une autre légende, elle serait morte d'amour pour l'insensible Narcisse, se mirant dans l'eau, d'où l'évocation de la *rivière* et de l'*étang*.

9. *Les neiges de l'an passé :* ce refrain célèbre rappelle à lui seul la fuite inexorable du temps. La beauté, comme la grandeur et la gloire, fond comme neige au soleil.

XL

Et meure Paris ou Helaine[1],
Quiconques meurt, meurt a douleur
Telle qu'il pert vent et alaine ;
Son fiel se creve sur son cuer,   316
Puis sue, Dieu scet quelle sueur[2] !
Et n'est qui de ses maux l'alege :
Car enfant n'a, frere ne seur,
Qui lors voulsist estre son plege[3].   320

XLI

La mort le fait fremir, pallir,
Le nez courber, les vaines tendre,
Le col enfler, la chair mollir,
Joinctes et nerfs croistre et estendre[4].   324
Corps femenin, qui tant es tendre,
Poly, souef[5], si precieux,
Te fauldra il ces maux attendre ?
Oy, ou tout vif aller es cieulx[6].   328

BALLADE

Marot, B. des dames du temps jadis

Dictes moy ou, n'en quel pays,
Est Flora la belle Rommaine[7],
Archipiades, ne Thaïs,
Qui fut sa cousine germaine,   332
Écho parlant quant bruyt on maine
Dessus riviere ou sus estan[8],
Qui beaulté ot trop plus qu'humaine.
Mais ou sont les neiges d'antan[9] ?   336

V. 313, C : Et meurt ou Paris ou Helaine. — V. 315, C,
I, CM : Cellui qui perd. — V. 322, C : courbes. — V. 326,
CM : *gracieux*. — V. 331, A : Archipiade ; C : Arthipiade ;
I, CM : Archipiada.

1. Les amours d'Héloïse et d'Abélard symbolisent la passion fidèle et malheureuse, comme celle de Tristan et Yseut. *Sage* a-t-il son sens habituel ou bien celui de *savante?* Les deux sens peuvent s'expliquer. Née à Paris (1107), Héloïse fut instruite par son oncle, le chanoine Fulbert, qui lui donna Abélard comme professeur de philosophie. Une passion réciproque enflamma Abélard et Héloïse. Fulbert fit châtrer Abélard, Héloïse entra au couvent. Leur amour survivant à la séparation s'exprima dans une émouvante correspondance. Après leur mort, les restes des deux amants furent déposés dans un même caveau à l'abbaye du Paraclet, en Champagne.

2. Après sa mutilation, Abélard entra au couvent de Saint-Denis où il enseigna la théologie. Accusé d'hérésie, il mena une vie errante jusqu'au moment où Pierre le Vénérable le recueillit à l'abbaye de Cluny et le réconcilia avec le pape. — *Essoyne :* peine.

3. La légende du philosophe Buridan, amant de la reine, jeté dans la Seine et finalement sauvé, faisait partie des traditions de beuverie, où l'on vidait son pot à la santé de la reine Blanche (*cf.* Thuasne). Mais qui est la *reine Blanche?* Est-ce Blanche de Castille, mère de Castille? Chronologiquement, c'est impossible. Ce ne peut être non plus Blanche de Navarre, comtesse de Champagne, dont la légende est encore vivante dans cette province. Il s'agirait vraisemblablement de Marguerite de Bourgogne, femme de Louis le Hutin, déchue et condamnée à mort pour inconduite (1315). Ses orgies à la tour de Nesle sont restées célèbres. Le prénom de *Blanche* appelle la comparaison avec le *lis*, avec le rappel des fleurs symboliques des armes de France.

4. La mère de Charlemagne aurait eu un pied plus grand que l'autre. Le trouvère Adenet (XIIIe s.) lui consacre une chanson de geste. Les noms de Berthe, Biétrix et Alix figurent dans la chanson de geste lorraine, *Hervé de Metz*, mais avec une autre filiation. — *Harenburgis* était comtesse du Maine (T., 1226). En vrai poète, Villon est plus soucieux d'euphonie que d'exactitude historique.

5. Après les personnages du passé, l'héroïne contemporaine. Le supplice de Jeanne d'Arc sur le vieux marché de Rouen eut lieu l'année de la naissance de Villon. L'épithète la « bonne Lorraine » est venue jusqu'à nous.

6. *Ne cherchez pas une semaine.* — L'envoi au *Prince*, président d'une société de poètes est traditionnel.

Ou est la tres sage Helloïs[1],
Pour qui chastré fut et puis moyne
Pierre Esbaillart a Saint Denis[2]?
Pour son amour ot ceste essoyne.   340
Semblablement, ou est la royne
Qui commanda que Buridan[3]

Fust geté en ung sac en Saine?
Mais ou sont les neiges d'antan?   344

La royne Blanche comme lis
Qui chantoit a voix de seraine,
Berte au grant pié[4], Bietris, Alis,
Haremburgis qui tint le Maine,   348
Et Jehanne la bonne Lorraine
Qu'Englois brulerent a Rouan[5];
Ou sont ilz, ou, Vierge souvraine?
Mais ou sont les neiges d'antan?   352

Prince, n'enquerez de sepmaine[6]
Ou elles sont, ne de cest an,
Qu'a ce reffrain ne vous remaine :
Mais ou sont les neiges d'antan?   356

V. 339, C : Pour qui chastrés et puis; F : Par qui char-
treux fut; I : Pour qui fut chastré. — V. 347, A, C : au
plat pié. — V. 355, A, F : Car ce reffrain le vous
remayne.

1. Alphonse Borgia, pape sous le nom de Calixte III (T., 1458) avait fait réviser le procès de Jeanne d'Arc. A ce titre, il pouvait être sympathique à Villon. — *Papaliste* : papauté.

2. Alphonse Ier, roi d'Aragon et de Naples, protecteur des lettres et des arts (T., 1458).

3. Charles Ier de Bourbon (T., 1456), père du duc Jean II, à qui Villon dédia sa *Requeste*.

4. Arthur III, connétable de Richemont, compagnon de Jeanne d'Arc (T., 1458).

5. Charles VII, mort à la fin de juillet 1461. L'épithète *bon* est traditionnelle pour les rois de France.

6. Jacques II, roi d'Écosse (T., 1460) avait sur le visage une énorme tache de vin, rouge comme l'améthyste.

7. Jean III, dernier prince des Lusignan, roi de Chypre (T., 1458).

8. Sans doute Jean II (T., 1463); Villon feint d'oublier son nom, tant les dignités royales sont éphémères.

9. *Je renonce à en parler davantage :* la liste des souverains disparus est trop longue.

10. *Le monde n'est qu'illusion — Il n'est personne qui résiste à la mort ou trouve protection.*

11. Ladislas (francisé en *Lancelot*), roi de Hongrie et de Bohême *(Behaigne)*, mort en 1457. Son *tayon* est son grand-père, *« en langage picard, duquel Paris tenait plus qu'à présent »*, explique Marot.

12. Le connétable du Guesclin, qui sous le roi Charles V combattit victorieusement les Anglais. Il fut blessé mortellement au siège de Randon en 1380. Son nom était resté populaire.

13. Sans doute Béraud II (T., 1426). Les comtes d'Auvergne portaient le titre de *dauphin*.

14. Vraisemblablement Jean Ier, tombé à Azincourt (1415) après s'être couvert de gloire.

15. Le refrain range parmi les preux légendaires des personnages qui étaient (sauf du Guesclin et Jean Ier) les contemporains du poète. Cette ballade, faisant suite à celle des *Dames du temps jadis*, n'a pas son charme mystérieux. Gaston Paris la jugeait très sévèrement, l'estimant une simple réplique de la précédente, ce qui est excessif. L'évocation de Charlemagne, rendu célèbre par les *Chansons* de geste montre bien qu'à toute époque, personne, même le grand empereur, ne saurait échapper à la mort. Le refrain annonce la ballade suivante, pastiche approximatif du *vieux langage français* parlé du temps de Charlemagne.

AUTRE BALLADE

Marot : B. des seigneurs du temps jadis.

Qui plus, ou est le tiers Calixte[1],
Dernier decedé de ce nom,
Qui quatre ans tint le papaliste?
Alphonce le roy d'Arragon[2],   360
Le gracieux duc de Bourbon[3],
Et Artus le duc de Bretaigne[4],
Et Charles septiesme le bon[5]?
Mais ou est le preux Charlemaigne?   364

Semblablement, le roy Scotiste[6]
Qui demy face ot, ce dit on,
Vermeille comme une amatiste
Depuis le front jusqu'au menton?   368
Le roy de Chippre de renon[7],
Helas! et le bon roy d'Espaigne
Duquel je ne sçay pas le nom[8]?
Mais ou est le preux Charlemaigne?   372

D'en plus parler je me desiste[9];
Le monde n'est qu'abusion[10].
Il n'est qui contre mort resiste
Ne qui treuve provision.   376
Encor fais une question :
Lancelot le roy de Behaigne,
Ou est il? Ou est son tayon[11]?
Mais ou est le preux Charlemaigne?   380

Ou est Claquin le bon Breton[12]?
Ou le conte Daulphin d'Auvergne[13]
Et le bon feu duc d'Alençon[14]?
Mais ou est le preux Charlemaigne[15]?   384

V. 363, A : Le *roi de Bretagne* (sans doute par confusion
avec le légendaire Arthur).

1. Le *saint apôtre*, et par extension le *pape*. L'*aube* est la robe blanche encore en usage dans l'Église. L'*amict* est le linge bénit que l'officiant met sur ses épaules.

2. *Qui ne ceint que* [fors] *de saintes étoles :* jeu de mots sur *saint* et *saintes*. L'*étole*, ornement sacerdotal comparable à une écharpe, était employée dans les exorcismes pour chasser le démon.

3. *Avec lesquelles il prend le Malin par le cou — Ly mauffez :* Villon a fait une faute en conservant l's du cas sujet; il pensait sans doute donner un air ancien à son vers.

4. *Tout échauffé de mauvaises intentions :* les scènes d'exorcisme étaient fréquentes. Au XVIᵉ s. Ronsard en imaginera encore une dans sa *Réponse aux injures...* (v. 141-160).

5. *Ly sains apostolles... meurt aussi bien que cilz servans. — Les clercs servants* (ou convers) étaient occupés aux tâches matérielles; ils étaient à l'échelon le plus bas des Ordres.

6. *Soufflés* ou *emportés* (« Lexique » Burger). L'image est reprise par le célèbre refrain : *Autant en emporte le vent*.

7. *Et même s'il est l'empereur de Constantinople, au sceptre doré...* Peut-être allusion à Alphonse, comte d'Eu, enterré à Saint-Denis. L'empereur de Constantinople symbolise le pouvoir suprême en Orient, comme le roi de France en Occident.

8. *Qui pour le grand Dieu adoré bâtit églises...* Allusion à saint Louis, qui mérita le nom de bâtisseur d'églises. La récente exposition en apporte une preuve manifeste.

9. *Que ce soit le dauphin de Vienne ou de Grenoble... :* Louis XI, qui avait gouverné le Dauphiné jusqu'à la mort de Charles VII (1461). L'épithète *senez* (sage, sensé) lui convient bien.

10. *Le seigneur de Dijon, Salins et Dôle...* est Philippe le Bon, père de Charles le Téméraire.

11. Les *hérauts* annoncent les tournois; les *poursuivants d'armes* sont leurs suppléants. La cour de Bourgogne était fastueuse et organisait de fréquents tournois.

12. *S'en sont-ils mis sous le nez* [dans le gosier].

13. *S'ils en sont courroucés ou affligés...*

14. Ce refrain se trouve dans une *moralité* du collège de Navarre (1426), et il évoque la fameuse complainte de Rutebeuf : *Ce sont amis que vent emporte — Et il ventait devant ma porte — Sont emportés!*

AUTRE BALLADE

Marot : B. en vieil langage francoys.

Car, ou soit ly sains apostolles[1],
D'aubes vestus, d'amys coeffez,
Qui ne saint fors saintes estolles[2]
Dont par le col prent ly mauffez[3]   388
De mal talant tout eschauffez[4],
Aussi bien meurt que cilz servans[5],
De ceste vie cy bouffez[6] :
Autant en emporte ly vens.   392

Voire, ou soit de Constantinobles
L'emperieres au poing dorez[7],
Ou de France ly roy tres nobles
Sur tous autres roys decorez,   396
Qui pour ly grans Dieux aourez[8]
Bastist eglises et couvens,
S'en son temps il fut honnorez,
Autant en emporte ly vens.   400

Ou soit de Vienne et de Grenobles[9]
Ly Dauphin, ly preux, ly senez,
Ou de Dijon, Salins et Doles,
Ly sires et ly filz ainsnez[10],   404
Ou autant de leurs gens privez,
Heraulx, trompetes, poursuivans[11],
Ont ilz bien bouté soubz le nez[12]?
Autant en emporte ly vens.   408

Princes a mort sont destinez,
Et tous autres qui sont vivans;
S'ilz en sont courciez n'ataynez[13],
Autant en emporte ly vens[14].   412

V. 409, C : sont tous destinez. — V. 410, I : Et nous
autres.

1. Villon tire la conclusion de ces deux ballades et l'applique à son cas personnel. De la mort, il passe aux autres maux, la pauvreté et la vieillesse. Faut-il prendre à la lettre l'expression *povre mercerot*? A-t-il été un mercier ambulant au cours de sa vie errante? C'est possible, mais la locution était usuelle et synonyme de *pauvre hère* (*cf.* : Siciliano et Thuasne). Les variations littéraires sur le dicton *petit mercier, petit panier* sont fréquentes (*cf.* : les rondeaux de Charles d'Orléans). Est-il allé à Rennes? rien ne l'atteste. Il est plus naturel de songer à un jeu de mots, *Renes* étant appelé par *règnes* (v. 416).

2. *Ne mourrai-je pas? Oui s'il plaît à Dieu — Mais pourvu que j'aie reçu mes étrennes auparavant...* — *Étrennes*, au sens large : ma part de bonheur. En la rapprochant de *mercerot*, la locution peut signifier : *pourvu que j'aie vendu ma marchandise avant de mourir*. Et cette marchandise est la litanie des legs ironiques qui va reprendre. Encore faut-il que cette mort soit *honnête*, et non pas celle d'un pendu.

3. Image bien connue de l'épée de Damoclès suspendue au-dessus de la tête des grands.

4. *Le pauvre vieillard prend cette consolation.* La leçon de l'éd. Longnon-Foulet, *prens*, donne un sens personnel : *Moi, pauvre vieillard je prends cette consolation.*

5. *Qui eut la réputation, étant jeune, d'être un plaisant raillard.*

6. *Que l'on prendrait pour un fou et un mauvais drôle — Si, devenu vieux, il se mettait à faire des facéties.* Variation courante sur le dicton : « A chaque âge ses plaisirs. »

7. *Maintenant, il lui faut mendier par nécessité...*

8. *Il appelle de ses vœux la mort aujourd'hui comme hier* (« Lexique » Burger). — *Hier* compte pour deux syllabes ou il faut admettre un hiatus entre *regrete* et *huy*.

9. *Il se suiciderait* (*cf.* : 436).

10. *Il arrive même qu'il enfreigne la loi de Dieu :* Villon n'est pas un vieillard, mais il imagine le triste sort qui l'attend, et il plaint la condition commune de tous les vieillards, surtout si la pauvreté s'ajoute à l'âge.

XLII

Puis que papes, roys, filz de roys
Et conceus en ventres de roynes,
Sont ensevelis mors et frois,
En autruy mains passent leurs regnes,   416
Moy, povre mercerot de Renes[1],
Mourray je pas? Oy, se Dieu plaist[2];
Mais que j'aye fait mes estrenes,
Honneste mort ne me desplaist.   420

XLIII

Ce monde n'est perpetuel,
Quoy que pense riche pillart :
Tous sommes soubz mortel coutel[3].
Ce confort prent povre viellart[4],   424
Lequel d'estre plaisant raillart
Ot le bruit, lors que jeune estoit[5],
Qu'on tendroit a fol et paillart[6],
Se, viel, a railler se mettoit.   428

XLIV

Or luy convient il mendier[7],
Car a ce force le contraint.
Regrete huy sa mort et hier[8],
Tristesse son cuer si estraint;   432
Se, souvent, n'estoit Dieu qu'il craint.
Il feroit ung orrible fait[9];
Et advient qu'en ce Dieu enfraint[10]
Et que luy mesmes se desfait.   436

V. 424, I : Et confort prens; AF : Ce conseils prens. —
Nous avons adopté la leçon de C : *prent*. — V. 431, F :
Regretant sa mort huy et hier; I : Requier huy sa mort.

1. *Plaisant* a ici à la fois le sens de qui plaît, *charmant,* et de *badin.*

2. *Maintenant, il ne dit plus rien qui plaise.* La comparaison avec le vieux singe est courante au Moyen Age. Rabelais la reprendra : « Onques vieux singe ne fit belle moue » [grimace].

3. *Il est considéré comme un parfait idiot.*

4. Quoiqu'il fasse, le vieillard est rabroué. L'image du prunier donne lieu à des interprétations divergentes : *Cela n'est pas de son cru* (Burger); *Il ne sait pas ce qu'il dit, il radote* (Thuasne). A. Lanly traduit avec plus de vraisemblance : *son prunier ne produit plus rien.*

5. Du vieil homme, le poète passe naturellement aux vieilles femmes, qui seront personnalisées dans la *Ballade de la Belle Heaumière.* Les vieilles sont démunies en argent et en beauté.

6. Vers très controversé. L. Foulet (*Romania, 1913*), suivi par Lanly traduit : *Quand elles voient ces pucelettes emprunter leurs services* (d'entremetteuses); Thuasne pense à une antiphrase : elles prêtent leur corps publiquement. Dimier (ces *pucelettes-en planté* [abondance], elles [les vieilles] *a requoi*) y voit l'opposition de la jeunesse qui a tout à profusion, argent et amants, avec la vieillesse pauvre et mise au rancart.

7. Les vieilles protestent contre le destin qui les a fait naître trop tôt.

8. *Notre Seigneur se tait, tout silencieux — Car s'il voulait leur faire la leçon, il perdrait la partie :* les vieilles ont encore bon bec!

9. *La marchande de heaumes.* Personnage réel : elle était née vers 1375 et expulsée en 1394 de la maison à l'enseigne de *La Queue de Renart,* située dans le cloître Notre-Dame, où la logeait Nicolas d'Orgemont, maître de la Chambre des comptes, chanoine de Notre-Dame, emprisonné à Meung-sur-Loire (devançant ainsi Villon) et mort en 1416. Si la complainte a été composée (comme le croit Thuasne) en 1456, la Belle Heaumière aurait eu alors plus de 80 ans. La vieille courtisane était déjà un type littéraire dans le *Roman de la Rose.* Eustache Deschamps avait composé une ballade, *De la complainte d'une vieille sur le fait de sa jeunesse.* Dans le Paris du temps de Villon les filles galantes étaient souvent des jeunes vendeuses que l'on appelait du nom de leur commerce : *la belle bouchière, la belle herbière,* etc. (*cf.* vers 533 *sq.*).

10. *Traîtresse et cruelle.* V. 459 : *Qui me retient de me frapper.*

XLV

Car s'en jeunesse il fut plaisant[1],
Ores plus riens ne dit qui plaise[2] :
Tousjours viel cinge est desplaisant,
Moue ne fait qui ne desplaisc;   440
S'il se taist, affin qu'il complaise,
Il est tenu pour fol recreu[3];
S'il parle, on luy dit qu'il se taise
Et qu'en son prunier n'a pas creu[4].   444

XLVI

Aussi ces povres fameletes
Qui vielles sont et n'ont de quoy[5],
Quant ilz voient ces pucelletes
Emprunter elles, a requoy[6]   448
Ilz demandent a Dieu pourquoy
Si tost naquirent, n'a quel droit[7].
Nostre Seigneur se taist tout quoy[8],
Car au tancer il le perdroit.   452

LA VIEILLE EN REGRETTANT
LE TEMPS DE SA JEUNESSE

Marot : Les regrets de la belle Heaulmière.

XLVII

Advis m'est que j'oy regreter
La belle qui fut hëaulmiere[9],
Soy jeune fille soushaitter
Et parler en telle maniere :   456
« Ha! vieillesse felonne et fiere[10],
Pourquoi m'as si tost abatue?
Qui me tient, qui, que ne me fiere,
Et qu'a ce coup je ne me tue?   460

V 446, F : Qui sont povres. — V. 448, I : En admenez et
a. — V. 449, I : demandent Ha! Dieu. — V. 451, I : Tout
le monde s'en taist. — Huitain XLVII : Le titre est celui
de I. — V. 459, F : qui me tient que ne me creve.

1. *Tu m'as enlevé le pouvoir souverain.* La Belle Heaumière s'exprime comme une suzeraine. La *Vieille* du *Roman de la Rose*, elle aussi, évoquait sa beauté passée : *Partout courait la renommée – De ma grand beauté renommée.*

2. *Il n'y avait pas d'homme qui fût au monde.*

3. *Qui ne m'eût donné tout son bien.*

4. Sens controversé. Par *truandailles*, le « Lexique » Burger comprend *mendiantes, gueuses,* d'où le sens : *« Que je lui eusse abandonné les faveurs que refusent d'accorder même les gueuses. »* Mais en pensant au déclin de la Heaumière, on peut aussi interpréter : *« Ce dont les mendiants (ou gueux) eux-mêmes ne veulent plus. »*

5. *Ce qui n'était pas grande sagesse de ma part.* La Belle Heaumière s'est laissé séduire.

6. Éd. Longnon-Foulet : *« Avec qui que je m'en montrasse avare. »* Mais Burger traduit *faire finesse* par *duper.* A. Lanly interprète : *« Si à d'autres je faisais des coquetteries. »* Il y a une opposition voulue entre le *garçon rusé*, l'amant de cœur, et les clients de la Belle.

7. Battue, volée et contente : La *Vieille* du *Roman de la Rose* a le même sort : *Très tout donnai à un ribaud – Qui trop de honte me faisait – Mais li tant seulement amais...*

8. *Pourtant il ne me sut traîner par terre* (et par extension : brutaliser).

9. *Même s'il m'eût traînée sur les reins.*

10. Même thème dans le *Roman de la Rose* : *Ne jà tant m'eût malmenée – Ne battue, ne traînée – Ne mon vis* [visage] *blessé et noirci – Que de paix ne m'adnonestât – Et que lors ne me faûtât...*

11. *Entaché de mal...* Ces souvenirs de cajoleries après les coups remuent encore la vieille courtisane.

12. *J'en suis bien avancée.* Elle n'a gardé aucun profit de ses amours. Avec le *garçon rusé*, elle ne songeait ni à l'avenir ni à l'argent.

XLVIII

« Tollu m'as la haulte franchise[1]
Que beaulté m'avoit ordonné
Sur clers, marchans et gens d'Église :
Car lors il n'estoit homme né[2]   464
Qui tout le sien ne m'eust donné[3],
Quoy qu'il en fust des repentailles,
Mais que luy eusse habandonné
Ce que reffusent truandailles[4].   468

XLIX

« A maint homme l'ay reffusé,
Qui n'estoit a moy grant sagesse[5],
Pour l'amour d'ung garson rusé,
Auquel j'en feiz grande largesse.   472
A qui que je feisse finesse[6],
Par m'ame, je l'amoye bien !
Or ne me faisoit que rudesse,
Et ne m'amoit que pour le mien[7].   476

L

« Si ne me sceut tant détrayner[8],
Fouler aux piez, que ne l'aymasse,
Et m'eust il fait les rains trayner[9],
S'il m'eust dit que je le baisasse,   480
Que tous mes maulx je n'oubliasse[10].
Le glouton, de mal entechié[11],
M'embrassoit... J'en suis bien plus grasse[12] !
Que m'en reste il ? Honte et pechié.   484

V. 472, A : A qui j'en faisoie. — V. 473, I : Et a qui que
feisse (les v. 473-475 sont intervertis dans l'éd. Levet).

1. *Il y a maintenant trente ans qu'il est mort.*

2. *Et je reste vieille, chenue.* Littéralement *chenue* signifie *blanche de cheveux,* et par extension : *décrépite.*

3. *Ces sourcils bien arqués.* L'évocation de la beauté passée rappelle divers portraits littéraires des œuvres médiévales. Thuasne la compare à celui de *Dame Oyseuse,* de Guillaume de Lorris. Mais le canon de la beauté parfaite se trouvait déjà dans *Le Jeu de la Feuillée.* Maître Adam énumère les beautés qu'il découvrait dans sa femme quand il en était amoureux :

> *Elle avoit front bien compassé*   v. 91
> *Blanc, onni, large, fenestric*
> *Les sourchieux par sanlant avoit*
> *Enarcan, soutieus et ligniés*

> Elle avait le front bien mesuré,
> Blanc, lisse, large, découvert
> Les sourcils, à ce qu'il semblait, bien
> Arqués, fins et bien alignés.

Comme dans l'Antiquité, les cheveux sont blonds, les sourcils bien dessinés. Mais ce qui surprend aujourd'hui est l'écartement des yeux, p. ex. dans la statue dite *Sourire de Reims,* à la cathédrale.

4. *L'écartement des yeux.*

5. *Les oreilles serrées contre la tête* (et non pas écartées).

6. *Menton à fossette, clair visage et délicat.*

7. *Bien faites pour tenir d'amoureuses joutes.* La *lice* est l'emplacement destiné à la joute, et par extension, la joute elle-même.

8. Le sexe féminin que Jean de Meung appelle « la chambre de Vénus ». — Ce portrait montre d'une part la finesse spirituelle du visage, presque angélique, et d'autre part la robustesse du corps apte au déduit amoureux. La Belle Heaumière était une émule de la Grosse Margot; l'amour de Villon n'est pas éthéré.

LI

« Or est il mort, passé trente ans[1],
Et je remains vielle, chenue[2].
Quant je pense, lasse! au bon temps
Quelle fus, quelle devenue!   488
Quant me regarde toute nue,
Et je me voy si tres changiee,
Povre, seiche, megre, menue,
Je suis presque toute enragiee.   492

LII

« Qu'est devenu ce front poly,
Cheveulx blons, ces sourcils voultiz[3]
Grant entroeil[4], ce regart joly,
Dont prenoie les plus soubtilz;   496
Ce beau nez droit grant ne petiz,
Ces petites joinctes oreilles[5],
Menton fourchu, cler vis traictiz[6],
Et ces belles levres vermeilles?   500

LIII

« Ces gentes espaulles menues,
Ces bras longs et ces mains traictisses,
Petiz tetins, hanches charnues,
Eslevees, propres, faictisses[7]   504
A tenir amoureuses lisses;
Ces larges rains, ce sadinet[8]
Assis sur grosses fermes cuisses,
Dedens son petit jardinet?   508

V. 488, CF1 : les vers 488-489 sont intervertis; C : Quelle
suis, quelle devenue. — V. 494, I : Ses cheveulx blons,
ses cheveulx voultiz. — V. 497, I : nez ne grant ne petiz.

1. A la beauté parfaite du passé succède la laideur du corps flétri par les ans : sourcils tombés *(chus)*, yeux éteints et sans expression, nez courbé, oreilles couvertes de poils : le visage pâli, mort et sans teint, menton froncé, lèvres rugueuses de peaux (au lieu d'être lisses et vermeilles) : ce visage marqué par l'âge et la débauche est hideux, et la Belle Heaumière en a pleinement conscience : les marchands n'ont plus à craindre ses œillades !

2. Cette remarque fataliste relance la description réaliste. Le huitain LV fait le pendant du huitain LIII, tableau de la beauté voluptueuse.

3. *Rétrécies.* Les rhumatismes ont déformé les membres; les *petits tétins* sont devenus des mamelles ratatinées *(retraites)*; les hanches sont comme les tétins; les cuisses *grosses et fermes* ne méritent plus que le diminutif *cuissettes. Sadinet :* le sexe féminin.

4. *Tavelées comme des saucisses,* ou plutôt *mouchetées* comme le plumage de la grive. Tout le tableau est d'une admirable vérité, sans aucun artifice littéraire.

5. La scène s'élargit : c'est maintenant toute une troupe de vieilles sorcières, qui forme le chœur affreux dont la Belle Heaumière est le porte-parole. — *A croupetons :* assises sur les talons.

6. On peut comprendre des pelotes basques, des balles ou plutôt des pelotes de laine.

7. La partie ligneuse du chanvre, inutilisable pour le tissage, est employée comme combustible, à défaut de bois. Les *pauvres vieilles sottes* n'ont pas même le feu dans l'âtre, bien allumé, dont se chauffera Hélène de Surgères. Il n'est rien de plus émouvant que ce décor crépusculaire.

8. Le regret lancinant du passé les tire de la torpeur.

9. Repris du vers 517 : *Il en arrive ainsi à maints et maintes.* La *Ballade aux filles de joie* va éclater comme un dernier avertissement et une exhortation à jouir de la vie, en dépit de tout.

LIV

« Le front ridé, les cheveux gris[1],
Les sourcilz cheus, les yeulx estains,
Qui faisoient regars et ris
Dont mains marchans furent attains;   512
Nez courbes de beauté loingtains,
Oreilles pendantes, moussues,
Le vis pally, mort et destains,
Menton froncé, levres peaussues :   516

/   LV

« C'est d'umaine beaulté l'issue[2]!
Les bras cours et les mains contraites[3],
Les espaulles toutes bossues;
Mamelles, quoy? toutes retraites;   520
Telles les hanches que les tetes;
Du sadinet, fy! Quant des cuisses
Cuisses ne sont plus, mais cuissetes
Grivelees comme saulcisses[4].   524

LVI

« Ainsi le bon temps regretons
Entre nous, povres vielles sotes
Assises bas, a crouppetons[5],
Tout en ung tas comme pelotes[6],   528
A petit feu de chenevotes[7]
Tost allumees, tost estaintes;
Et jadis fusmes si mignotes[8]!...
Ainsi en prent a mains et maintes[9]. »   532

V. 512, C : maint meschans; I : mains meschans. —
V. 517-519 : le texte de l'éd. Longnon-Foulet est
celui de AF; le ms. C et l'imprimé I donnent : Des
espaules toutes bossues. Pour corriger la rime bossues/
issue, il suffit avec G. Paris d'ajouter s à issue.

1. A l'ombre succède la lumière; à l'immobilité, le mouvement. Les belles, éprises de plaisir, insouciantes, évoquent aussi les multiples boutiques, dont elles étaient la parure. — S'agit-il au v. 533 d'une marchande de *gants* ou de la femme de *Gautier?* L'équivoque semble voulue.

2. *Qui étiez mon écolière* (en amour).

3. *Il est temps de faire réflexion sur vous-même* (« Lexique » Burger), *et d'amasser.*

4. Ce conseil cynique s'appuie sur son expérience personnelle (*cf. :* v. 469-470).

5. *Les vieilles n'ont pas plus de cours ou de valeur — Que la monnaie retirée de la circulation.*

6. *La gracieuse Charcutière adroite à la danse,* avec une équivoque obscène (*cf. :* v. 200 et la note).

7. *Guillemette la Tapissière* a été identifiée comme la femme d'Étienne Sergent; elle était vendeuse au Palais.

8. *Ne rebutez pas votre maître* (*cf. :* v. 469-470).

9. *Fermer boutique.*

10. Sens équivoque : *Vous ne servirez plus* [comme servante ou maîtresse?] *personne sauf un vieux prêtre,* ou bien : *vous ne vaudrez pas plus qu'un vieux prêtre ou une pièce démonétisée.*

11. *Marchande de chaperons,* capuchons couvrant la tête et les épaules.

12. Le sens d'*empestre* est équivoque : *obtenir une requête,* ou plus vraisemblablement : *entraver.* Encore une allusion au *rusé garçon,* qui risque d'exploiter son amie.

13. *Marchande ou ouvrière fabriquant des bourses;* il existait une Catherine boursière en 1387.

14. Cette image, si employée de nos jours, se trouve déjà dans *La Belle Dame sans merci* d'Alain Chartier : *Il n'est pas digne d'estre amé/Ains le doit l'en envoyer paistre* (cité par Lanly).

15. Passage controversé; Longnon-Foulet : *Que celle qui n'est pas belle tire parti de sa jeunesse; qu'elle ne fasse pas mauvais visage aux hommes, mais leur « rie ».* Mais d'autres comprennent : *Que celle... ne commette pas la faute de s'attirer leur mauvaise grâce.*
A. Burger (« Lexique », p. 18) approuve l'explication de J. Rychner (*Romania,* 1953) : *perpetre* serait non un impératif, mais un subjonctif éventuel, comme : *Et meure Paris ou Helaine* (v. 313). Il traduit : [Advienne qu'elle] *ne leur fasse pas mauvais visage, mais leur rie, néanmoins laide vieillesse n'obtient pas d'amour.*

BALLADE

Marot : *Ballade de la belle Heaulmière aux filles de joie.*

« Or y pensez, belle Gantiere[1]
Qui m'escoliere souliez estre[2],
Et vous, Blanche la Savetiere,
Or est il temps de vous congnoistre[3].   536
Prenez a destre et a senestre;
N'espargnez homme, je vous prie[4] :
Car vielles n'ont ne cours ne estre,
Ne que monnoye qu'on descrie[5].   540

« Et vous, la gente Saulciciere
Qui de dancier estre adestre[6],
Guillemete la Tapiciere[7],
Ne mesprenez vers vostre maistre[8] :   544
Tost vous fauldra clorre fenestre[9];
Quant deviendrez vielle, flestrie,
Plus ne servirez qu'ung viel prestre[10],
Ne que monnoye qu'on descrie.   548

« Jehanneton la Chapperonniere[11],
Gardez qu'amy ne vous empestre[12];
Et Katherine la Bourciere[13],
N'envoyez plus les hommes paistre[14] :   552
Car qui belle n'est, ne perpetre
Leur male grace, mais leur rie[15].
Laide vieillesse amour n'empestre,
Ne que monnoye qu'on descrie.   556

V. 533, ACF : Gaultière. — V. 538, A : homme qui
vous prie. — V. 544, AF : Ne m'espargnez. — V. 553,
I : ne peut estre. — V. 554, A : bonne grasse.

1. *Filles, veuillez vous mettre en peine :* l'envoi de la ballade ne s'adresse pas ici, comme de coutume, au *Prince* (le président du *puy,* confrérie de poètes) mais aux filles de joie, avec une solennité comique (*cf. : Demarolle, L'Esprit de Villon*).

2. L'ellipse du pronom sujet est fréquente encore au xve s. : *pourquoi je pleure et crie.*

3. Locution concernant la monnaie : *se mettre : avoir cours.* Tout le passage insiste sur le caractère vénal des filles ainsi que leur peu de durée. Comme l'indique le refrain, elles sont vite démonétisées.

4. *La belle et bonne de jadis leur donne ici cette leçon :* compliment ironique, puisqu'elle n'est plus ni belle ni bonne.

5. Villon imagine plaisamment qu'il a un secrétaire, comme les grands. *Frémin l'Étourdi* a été identifié avec Frémin le May, écrivain public, dont le père était « libraire et notaire de la Cour à l'Official de Paris » (Thuasne). Ce huitain est une conclusion aux ballades sur la perte de la jeunesse et une introduction aux vicissitudes des amoureux.

6. *Aussi réfléchi que je puis être :* plaisanterie facile, puisque son surnom est *l'Étourdi.*

7. Villon s'amuse à inverser le dicton : *Tel maître, tel valet.*

8. *Auquel s'expose l'homme amoureux.*

9. *Et qui me voudrait blâmer. Si la ruse* [barat] *de celles que je viens de nommer l'éloigne* [étrange] *et l'écarte d'aimer.*

10. *Tu as une crainte bien folle.*

11. *Car ce sont des femmes de mauvaise réputation.* Villon repousse cette distinction traditionnelle entre les femmes perdues et les honnêtes femmes et il va expliquer comment d'aventure en aventure les femmes se perdent et deviennent aussi méprisables que les filles de joie.

« Filles, vueillez vous entremettre[1]
D'escouter pourquoy pleure et crie[2] :
Pour ce que je ne me puis mettre[3],
Ne que monnoye qu'on descrie. »   560

LVII

Ceste leçon icy leur baille
La belle et bonne de jadis[4];
Bien dit ou mal, vaille que vaille,
Enregistrer j'ay faict ces dis   564
Par mon clerc Fremin l'estourdis[5],
Aussi rassis que je puis estre[6].
S'il me desment, je le mauldis :
Selon le clerc est deu le maistre[7].   568

LVIII

Si aperçoy le grant dangier
Ouquel homme amoureux se boute[8]...
Et qui me vouldroit laidangier
De ce mot, en disant : « Escoute!   572
Se d'amer t'estrange et reboute
Le barat de celles nommees[9],
Tu fais une bien folle doubte[10],
Car ce sont femmes diffamees[11].   576

1. Sur la cupidité féminine (épouses ou prostituées) les témoignages littéraires abondent. Urbain le Courtois (cité par Thuasne) affirme : *Tant cum la bourse peut durer — Amour de femme poez aver.* Mais déjà Colin Muset chantait le mauvais retour du trouvère sans argent : *Quant g'i vois bourse esgarnie — Ma fame ne me rit mie — Ainz me dit : « Sire Engelé — En quel terre avez esté — Qui n'avez riens conquesté!*

2. *Indistinctement* (« Lexique » Burger) *elles aiment toute gent ;* Thuasne préfère : *« à la bonne franquette »*, comme on dit : *traiter une affaire rondement*.

3. *Parmi ces filles, il n'en est pas une qui ne coure.* — L'éd. Longnon-Foulet comprend : *« Il n'est personne qui ne s'en écarte en toute hâte »*, sens en accord avec la fin du huitain, mais non pas avec ce qui précède.

4. *Renom*. Aux yeux de Villon, il n'y a pas d'amour honnête comme dans les romans.

5. *Un homme de qualité, Dieu me secoure!* C'est l'homme de libre condition par contraste au serf ou au vilain. La locution *Dieu me secoure* renforce l'affirmation.

6. *Je suppose que quelqu'un dise cela — Pourtant il ne me contente en rien.*

7. L'adverbe *mon* renforce l'affirmation : *Précisément, il reste à savoir si les filles — Avec lesquelles je fais la conversation tout le jour, — Ne furent pas des femmes honnêtes.* Le poète donne la réponse (v. 592) : *Honnêtes, oui, elles le furent vraiment...*

8. *Avant qu'elles eussent mauvaise réputation.*

9. Chacune prend un amant : peu importe qu'il soit *clerc* (appartenant à l'Église) ou *laïque*, ou encore *moine*, du clergé régulier. Au XVIᵉ s., Rabelais accusera les moines d'être souvent des débauchés.

10. *Pour éteindre les flammes de l'amour* [ou selon C : *leurs flammes à elles...*] *plus chaudes que celles du feu saint Antoine.* — Le *feu saint Antoine* ou *mal des ardents* était très répandu, et à juste titre très redouté, au Moyen Age. Il s'agissait soit de *l'ergotisme*, de l'érysipèle ou du zona, affection nerveuse en recrudescence de nos jours.

LIX

« S'ilz n'ayment fors que pour l'argent[1],
On ne les ayme que pour l'eure;
Rondement ayment toute gent[2],
Et rient lors que bource pleure.   580
De celles cy n'est qui ne queure[3];
Mais en femmes d'onneur et nom[4]
Franc homme, se Dieu me sequeure[5],
Se doit emploier; ailleurs, non. »   584

LX

Je prens qu'aucun dye cecy[6],
Si ne me contente il en rien.
En effect il conclut ainsy
(Et je le cuide entendre bien),   588
Qu'on doit amer en lieu de bien :
Assavoir mon[7] se ces filletes
Qu'en parolles toute jour tien
Ne furent ilz femmes honnestes?   592

LXI

Honnestes si furent vraiement,
Sans avoir reproches ne blasmes.
Si est vray qu'au commencement
Une chascune de ces femmes   596
Lors prindrent, ains qu'eussent diffames[8],
L'une ung clerc, ung lay, l'autre ung moine[9].
Pour estaindre d'amours les flammes
Plus chauldes que feu saint Antoine[10].   600

V. 580, AF : Et rien lorsque bource ne pleure. —
V. 590, FI : Assavoir moult. — V. 591, A : parolles
longuement; F : parolles tousjours leur tien. — V. 599,
C : leurs flammes.

1. Le *Décret* de Gratien; mais Villon cite seulement le passage paraissant excuser les fautes cachées : *Tolerabilis est, si lateat culpa.* Il omet la condamnation de l'adultère prononcée par le même *Décret*.

2. *Leurs amis, et c'est bien évident, agirent selon le Décret :* Boutade du poète : tous les amants secrets n'avaient pas été, comme lui, *étudiants en décret.*

3. *Se partage.* Les dames prennent goût au plaisir.

4. *Tout le monde,* selon la devise du *Roman de la Rose :* « Toutes pour tous et tous pour toutes. »

5. *Qu'est-ce qui les pousse à cela?* Villon devance Rabelais en invoquant la *nature féminine.* A Panurge, qui demande s'il sera cocu, le médecin Rondibilis répond par l'histoire de la femme infidèle d'Hippocrate. Celui-ci était sans illusion sur la vertu des femmes : *« Non... que je me défie de sa vertu et pudicité... mais elle est femme. Voy là tout »* (*Tiers Livre,* chap. XXXII). Rondibilis ajoute que les femmes sont changeantes comme la lune et naturellement dissimulées. En l'absence des maris, elles *« se donnent du bon temps, vaguent, trottent, déposent leur hypocrisie »* (*Ibid.*).

6. *Sinon qu'on dit à Reims et à Troyes, même à Lille et à Saint-Omer :* c'est-à-dire, n'importe où.

7. Images tirées du jeu de paume et expliquées par Ménage : *bailler le bond,* c'est chasser la balle avec la raquette, et au figuré : abandonner ou donner son congé. Les amants naïfs sont quittés par les dames qui ont pris leur volée. Cette dernière expression est ambiguë : au jeu de paume, c'est courir après la balle; en amour, comme l'oiseau qui s'envole, s'émanciper, courir les aventures.

8. *C'est la vraie récompense* (pris ironiquement).

9. *Quelque doux baiser ou accolade qu'on y trouve...* Villon songe sans doute aux cajoleries hypocrites de Catherine de Vaucelles.

10. Dicton évoquant les occupations des nobles : la chasse avec les meutes ou les oiseaux de volerie, les combats ou les tournois, les amours.

11. Expression à rapprocher du v. 618 : prendre une balle à la volée. Mais A. Burger pense à un terme de l'artillerie : « tirer coup sur coup sans viser ». On peut aussi songer au geste du semeur, qui lance son grain *à la volée,* sans suivre les sillons. La traduction Lanly : *« à tout venant »* convient bien à l'image.

LXII

Or firent selon le Decret[1]
Leurs amys, et bien y appert[2];
Ilz amoient en lieu secret,
Car autre d'eulx n'y avoit part.   604
Toutesfois, ceste amour se part[3] :
Car celle qui n'en amoit qu'un
De celuy s'eslongne et despart,
Et aime mieulx amer chascun[4].   608

LXIII

Qui les meut a ce[5]? J'ymagine,
Sans l'onneur des dames blasmer,
Que c'est nature femenine
Qui tout vivement veult amer.   612
Autre chose n'y sçay rimer,
Fors qu'on dit a Rains et a Troys,
Voire a l'Isle et a Saint Omer[6],
Que six ouvriers font plus que trois.   616

LXIV

Or ont ces folz amans le bont
Et les dames prins la vollee[7];
C'est le droit loyer qu'amans ont[8] :
Toute foy y est viollee,   620
Quelque doulx baisier n'acollee[9].
« De chiens, d'oyseaulx, d'armes, d'amours[10] »,
Chascun le dit a la vollee[11],
« Pour ung plaisir mille doulours. »   624

V. 604, F : Car autre qu'eulx; A : Ne nul autre n'y.
— V. 606, ACI : n'en avoit qu'un. — V. 612, C : Qui
tout unyement veult aimer (texte choisi par A. Burger).
— V. 617, A : les faulx amans. — V. 623, A : C'est fine
véritée prouvée; C : C'est pure vérité decellée.

1. *La Double Ballade* reprend le thème de la folie des amants, et de plus en plus loin celui de *Ubi sunt*, mais sur le mode burlesque. Le cortège des victimes de l'amour « est mené par un bateleur, par un montreur d'ours, par un saltimbanque. C'est un cortège qui se déroule accompagné par le rythme allègre d'une musique de fifres et de musettes... Ces grandes victimes, ces titans de la Bible et de l'Antiquité... ont perdu la majesté de leur souffrance et de leur crime... » (I. Siciliano, *op. cit.*, p. 373).

2. Le roi *Salomon* (*Livre des Rois*, XI, 3-8) aurait eu 700 femmes légitimes et 300 concubines. Leur amour le poussa à adopter l'idolâtrie des Sidoniens et des Ammonites, lui, le fondateur du temple de Jérusalem !

3. Samson, trahi par Dalila (*Livre des Juges*, XIII-XVI) eut les yeux crevés par les Philistins. L'emploi anachronique de *lunettes* pour *yeux* produit un effet comique.

4. *Bienheureux celui qui n'y a aucune part...* Mais Villon sait bien que cela lui est impossible.

5. Orphée, le légendaire poète et musicien Thrace descendit aux Enfers pour en ramener sa femme Eurydice, mais il manqua aux ordres de Pluton de ne pas se retourner pour voir Eurydice avant d'être revenu sur terre, et Eurydice s'éloigna à jamais parmi les ombres (*cf.* : Virgile, *Géorgiques*, IV). Villon paraît s'être inspiré de Renaut de Louhant : *« Orpheüs fut ça en arriers — un très gracieux menestrier. »*

6. Les expressions modernes et familières *(lunettes, menestrier, musette)*, ainsi que l'attribution de quatre têtes à Cerbère, chien de garde des Enfers, auquel l'Antiquité n'en avait accordé que trois, met en évidence le caractère facétieux de la ballade.

7. La légende de Narcisse avait été répandue par les *Métamorphoses* d'Ovide, le *Roman de la Rose*, Achille Caulier (*Ospital d'Amours*), etc. Ce n'est pas une *amourette*, puisque Narcisse perdit la vie et fut changé en fleur.

8. Vraisemblablement *Sardanapale*, confondu avec *Saturne*, qui régna sur la Crète (*cf.* : Thuasne, tome II, p. 212). La modernisation du personnage *(preux chevalier)* est d'autant plus comique, que ce preux se transforme en femme *(moullier ; du latin mulier)*. Dans toute la ballade l'emploi réitéré des diminutifs (ici *pucellettes*) ajoute à la dérision.

9. David, le roi prophète d'Israël s'éprit d'amour pour Bethsabée, qu'il avait vue au bain.

DOUBLE BALLADE

Marot : Double ballade sur le même propos.

Pour ce, amez tant que vouldrez[1],
Suyvez assemblees et festes,
En la fin ja mieulx n'en vauldrez
Et si n'y romprez que vos testes;   628
Folles amours font le gens bestes :
Salmon en ydolatria[2],
Samson en perdit ses lunetes[3].
Bien est eureux qui riens n'y a[4] !   632

Orpheüs, le doux menestrier[5],
Jouant de fleustes et musetes,
En fut en dangier d'un murtrier
Chien Cerberus a quatre testes[6];   636
Et Narcisus, le bel honnestes[7],
En ung parfont puis s'en noya
Pour l'amour de ses amouretes.
Bien est eureux qui riens n'y a !   640

Sardana, le preux chevalier,
Qui conquist le regne de Cretes,
En voulut devenir moullier
Et filler entre pucelletes[8];   644
David le roy, sage prophetes,
Crainte de Dieu en oublia,
Voyant laver cuisses bien faites[9].
Bien est eureux qui riens n'y a !   648

V. 637, A : Et Narcissus beau filz; C : Narcissus ly beaux.
— V. 644, C : ly rois saiges.

1. Amnon, fils aîné de David viola sa sœur Thamar; son frère Absalon vengea celle-ci en tuant Amnon trois ans après. Ces crimes sont réduits aux dimensions d'une comédie de cuisine par le v. 650 : *Feignant de manger tartelettes.* — *Cf.* les vers de Martin le Franc, traitant du même sujet (Thuasne).

2. La décollation de saint Jean-Baptiste sur l'ordre d'Hérode, subjugué par les danses de Salomé, fille d'Hérodiade a inspiré nombre d'artistes et de poètes jusqu'à nos jours (*cf. :* Mallarmé, *Cantique de saint Jean, Hérodiade*). — *Sornettes, chansonnettes :* même procédé de dérision.

3. L'épithète bien justifiée de *povre* et l'apparition du poète dans cette galerie de rois accentue le réalisme satirique, comme la correction infligée par Catherine de Vaucelles : *A cause de l'amour, je fus battu comme toile au ru — Tout nu, je ne veux nullement le cacher.*

4. *Mâcher des groseilles :* littéralement, c'est être battu avec des branches épineuses de groseillier. M. Lecoy (*Romania,* 1959) suppose qu'ici la locution signifie *subir un châtiment immérité.*

5. Sur ce personnage, *cf.* l'*Introduction* au *Lais,* et J. Dufournet (*op. cit,* chap. III, *Les deux amours de Villon*). Il semble difficile de nier la passion malheureuse du poète pour cette Catherine.

6. Texte peu sûr et sens controversé; *cf. :* « Lexique » Burger, p. 19, d'où le sens proposé : *Que Noel, qui fut là en tiers, ait mitaines à ces noces telles.* — Noël, au huitain CLII reçoit un legs de 220 coups d'osier : le témoin de la correction était peut-être un rival heureux du poète? — Quant aux *mitaines de noces,* il s'agit d'une coutume encore en usage au temps de Rabelais : à la fin du repas, les convives se donnent des bourrades, mais les poings sont enveloppés de mitaines pour atténuer les coups (*cf. : Quart Livre,* début du chap. xv). M. Siciliano pense qu'ici l'expression signifie que Noël frappe lui-même Villon.

7. *Bachelier :* jeune homme; *bachelette :* jeune fille. Il est inutile de prêcher la continence aux jeunes.

8. *Un chevaucheur de balais,* c'est-à-dire un sorcier. Les sorciers et sorcières étaient brûlés vifs.

9. *Les bachelettes pour lui sont plus douces que les civettes.* — Les *civettes* ou *genettes* ont des glandes dont on tirait un parfum très apprécié. Il y en avait beaucoup au Moyen Age.

10. *Bien fol est qui s'y fie :* Hugo s'en souviendra peut-être dans le refrain du *Roi s'amuse : Souvent femme varie,* etc.

Amon en voult deshonnourer[1],
Faignant de menger tarteletes,
Sa seur Thamar et desflourer,
Qui fut inceste deshonnestes;   652
Herodes, pas ne sont sornetes,
Saint Jehan Baptiste en decola[2]
Pour dances, saulx et chansonnetes.
Bien est eureux qui riens n'y a!   656

De moy, povre[3], je vueil parler :
J'en fus batu comme a ru telles,
Tout nu, ja ne le quier celer.
Qui me feist maschier ces groselles[4],   660
Fors Katherine de Vàusselles[5]?
Noel le tiers est, qui fut la.
Mitaines a ces nopces telles[6].
Bien est eureux qui riens n'y a!   664

Mais que ce jeune bacheler
Laissast ces jeunes bacheletes[7]?
Non! et le deust on vif brusler
Comme ung chevaucheur d'escouvetes[8].   668
Plus doulces luy sont que civetes[9];
Mais toutesfoys fol s'y fya[10] :
Soient blanches, soient brunetes,
Bien est eureux qui riens n'y a!   672

V. 652, C : qui fut chose moult. — V. 658, F : comme
en ru toilles. — V. 662, AI : Noe. — V. 666, A, F : bas-
selettes.

1. Allusion au *Lais* (strophes v-x), où Villon se donne le rôle conventionnel de l'amant martyr, mais entre le *Lais* et le *Testament,* la situation n'a-t-elle pas évolué? La souffrance, ici, ne paraît pas imaginaire.

2. Négation renforcée, dont le son plut aux poètes médiévaux et aussi à Marot *(cf. :* l'*Épigramme sur le ouy et le nenny).*

3. *J'aurais fait des efforts — pour me retirer de ses filets* (lacs). — Mais en aurait-il été capable? Moutarde après dîner, comme aurait dit Rabelais.

4. *Quoi que je voulusse lui dire...* Le huitain LXVI énumère les artifices de la coquette : attention aimable, confidences à l'oreille : *Qui plus est, elle me permettait de m'approcher — Tout près d'elle — De m'appuyer.*

5. *Elle me faisait perdre mon temps :* elle se moquait de moi.

6. Le mot abuser va déclencher une litanie de calembredaines, variations comiques sur la puissance maléfique de la maîtresse déloyale, qui lui faisait prendre des vessies pour des lanternes (*cf. :* v. 696).

7. Villon choisit des exemples opposés pour mieux montrer comment il était ensorcelé.

8. Le *mortier* était la coiffure d'un magistrat, mais aussi le vase dans lequel l'apothicaire broyait ses ingrédients. Il y a ici une équivoque comparable à celle de l'enseigne du *Mortier d'Or* (*Lais.* huitain XXXIII). — Selon J. Dufournet le *chapeau de feutre,* coiffure commune, symboliserait la dégradation de Villon, qui pouvait espérer pouvoir porter le *mortier,* comme les juges, les gradués et les clercs.

9. Le *mâchefer* est un résidu inutilisable, alors que l'étain *(peaultre)* est un métal coûteux.

10. *De deux as, que c'étaient les deux trois :* expression tirée du jeu de dés; le double as est un mauvais coup, alors que les *deux trois* gagnent. Catherine a triché avec lui.

11. *Trompe,* ou comme A. Lanly traduit plaisamment : *embobeline.*

LXV

Se celle que jadis servoie[1]
De si bon cuer et loyaument,
Dont tant de maulx et griefz j'avoie
Et souffroie tant de torment,   676
Se dit m'eust, au commencement,
Sa voulenté (mais nennil, las[2]!)
J'eusse mis paine aucunement
De moy retraire de ses las[3].   680

LXVI

Quoy que je luy voulsisse dire[4],
Elle estoit preste d'escouter
Sans m'acorder ne contredire;
Qui plus, me souffroit acouter   684
Joignant d'elle, pres m'accouter,
Et ainsi m'aloit amusant[5],
Et me souffroit tout raconter;
Mais ce n'estoit qu'en m'abusant[6].   688

LXVII

Abusé m'a et fait entendre
Tousjours d'ung que ce fust ung aultre,
De farine que ce fust cendre[7],
D'ung mortier ung chappeau de faultre[8],   692
De viel machefer que fust peaultre[9],
D'ambesars que ce fussent ternes[10]
(Tousjours trompeur autruy enjaultre[11]
Et rent vecies pour lanternes),   696

V: 684, C : acotter; I : qui plus est souffroit acouter. —
V. 685, A : Joignant des pies m'acrotir; CFI : Joignant
d'elle pres s'acouter. — V. 695, C : Toujours trompoit
ou moy ou autre. — V. 696, C : Et rendoit.

1. L'énumération des illusions grotesques continue dans le huitain LXVIII : *Du ciel, une poêle d'airain.* Bonaventure Despériers reprendra l'image dans le *Cymbalum mundi* : « Mercure vous ferait bien entendre de vessies que sont lanternes, et de nuées que sont poêles d'airain. »

2. Littéralement, la fraîcheur du soir qui enrhume, et par extension le soir.

3. *De la bière trouble, vin nouveau.*

4. Jeu de mots sur les deux sens de *truie*, femelle du porc et machine de guerre lançant d'énormes pierres. Dans tous les cas, rien de comparable avec les moulins à vent, que Don Quichotte, lui, prendra pour des géants.

5. *D'une corde* (particulièrement celle de la potence), *un écheveau.*

6. Encore une équivoque comique : le *poursuivant* [d'armes] est l'officier accompagnant le héraut, mais aussi l'amoureux à la poursuite d'une belle. De toute façon un gras (ou gros) abbé est ridicule dans ce rôle. – Les huitains LXVII et LXVIII ressemblent de loin à une *fatrasie*, accumulation d'inepties comiques en vogue au Moyen Age et au XVIᵉ s. Mais J. Dufournet *(op. cit.,* chap. VI, *Vessies et lanternes)* montre qu'en dépit d'un vocabulaire parfois identique, il n'y a pas ici un jeu gratuit comme dans la loufoquerie de la *fatrasie*, p. ex., dans celles d'Arras, et plus tard chez Rabelais dans les plaidoyers grotesques des seigneurs de Baisecul et de Humevesne (*Pantagruel*, chap. XI, XII et XIII), mais une fantaisie calculée accumulant les reproches contre sa maîtresse.

7. *Et promené de l'huis au pêne, de la porte à la serrure :* vaine agitation de l'amant devant la porte fermée de la maîtresse.

8. *Fût-il fin* (avec double sens) *comme argent de coupelle :* argent affiné dans une coupelle.

9. *Drappelle :* harde.

10. *L'amant repoussé et renié.*

11. *Je renie les Amours et les méprise et les défie à feu et à sang.* Villon abandonne le ton familier pour employer les personnifications de la littérature courtoise.

12. *La Mort, par les Amours, me jette bas.* D'autres comprennent : « A cause de ma maîtresse, je me précipite mort. »

13. Locution proverbiale tirée de la langue des ménestrels : *cesser de jouer* (au propre et au figuré).

LXVIII

Du ciel une poille d'arain[1],
Des nues une peau de veau,
Du matin qu'estoit le serain[2],
D'ung trongnon de chou ung naveau,   700
D'orde cervoise vin nouveau[3],
D'une truie ung molin a vent[4]
Et d'une hart[5] ung escheveau,
D'ung gras abbé ung poursuyvant[6].   704

LXIX

Ainsi m'ont Amours abusé
Et pourmené de l'uys au pesle[7].
Je croy qu'homme n'est si rusé,
Fust fin comme argent de coepelle[8],   708
Qui n'y laissast linge, drappelle[9],
Mais qu'il fust ainsi manyé
Comme moy, qui partout m'appelle
L'amant remys et regnyé[10].   712

LXX

Je regnie Amours et despite[11]
Et deffie a feu et a sang.
Mort par elles me precipite[12],
Et ne leur en chault pas d'ung blanc.   716
Ma vielle ay mys soubz le banc[13];
Amans je ne suyvray jamais :
Se jadis je fus de leur ranc,
Je desclare que n'en suis mais.   720

V. 704, FI : gros abbé. — V. 709, F : drap, paelle. —
V. 716, C : Et si ne leur vaut pas. — V. 718, FI : Amant;
A : Si amans ne.

1. Note de l'éd. Longnon-Foulet : « Je laisse la plume voler au vent, et la suive qui voudra! Pour moi, j'abandonne. » L'expression « jeter la plume au vent » est reprise par Montaigne avec le sens de « s'abandonner à la merci de la fortune ». Mais le *plumail* est le panache ornant un casque, ce qui apporte une nuance. Ce congé à l'amour est-il plus sincère que son rôle d'amant-martyr dans le *Lais?* Souvenirs littéraires et dégoût réel doivent s'entremêler.

2. *Attente :* espérance. — *Entente :* intention. Villon va revenir à son projet de testament (fictif).

3. *Éprouve en me questionnant.*

4. *Qui meurt a le droit de tout dire,* ou selon le texte d'AI : *Celui qui meurt doit tout dire à ses héritiers.*

5. *Je sens la soif* [de l'agonie] *approcher.*

6. Expression courante pour désigner les crachats. Villon ne perd aucune occasion de manifester son aversion pour les jacobins, dominicains établis rue Saint-Jacques.

7. Diminutif péjoratif désignant une fille de campagne, encore usité au XVIIe s.

8. *Plus ne me tient pour un jeune homme — Mais pour un vieux cheval de rebut* (Thuasne) ou bien : *pour un vieux soldat retraité* (Burger, d'après Bloch) par analogie avec *roquentin.*

9. *Et pourtant je ne suis qu'un jeune coquart.* — Selon Longnon-Foulet, *coquart* signifie *blanc-bec;* Burger préfère *benêt.* Ne serait-ce pas plutôt un sens dérivé de *coq* (cf. : « coq de village ») avec une nuance péjorative (cf. : *corne, cornard*).

10. Jacque Thibault était un favori méprisable du duc de Berry, mais la ressemblance de nom avec Thibault d'Aussigny, persécuteur du poète, relance la vengeance de celui-ci :

11. Dans la prison de Meung, Villon n'a bu que de l'eau; de plus, il a été soumis à la *question de l'eau* (cf. : le jeu de mots sur *pierre d'angoisse,* v. 740, Angoisse étant un village du Périgord qui avait créé une variété de poire, et par antiphrase l'instrument de torture distendant les mâchoires). — Jeu de mots encore sur *bas lieu* (basse-fosse) et aussi *bas rang.*

12. *Mis aux fers.* Le prisonnier est torturé et enchaîné. Le mot, placé en rejet, est plus expressif.

13. *Un reliquat* (Thuasne) de ressentiment; *et cetera :* formule globale : *et tout le reste.*

14. *Que Dieu lui donne, oui, oui...* Au huitain VI, Villon lui a déjà souhaité une mort prochaine.

LXXI

Car j'ay mys le plumail au vent[1],
Or le suyve qui a attente[2].
De ce me tais doresnavant,
Car poursuivre vueil mon entente.   724
Et s'aucun m'interroge ou tente[3]
Comment d'Amours j'ose mesdire,
Ceste parolle le contente :
« Qui meurt, a ses loix de tout dire[4]. »   728

LXXII

Je congnois approcher ma seuf[5];
Je crache, blanc comme coton,
Jacoppins gros comme ung esteuf.[6].
Qu'esse a dire? que Jehanneton[7]   732
Plus ne me tient pour valeton,
Mais pour ung viel usé roquart[8] :
De viel porte voix et le ton,
Et ne suys qu'ung jeune coquart[9].   736

LXXIII

Dieu mercy et Tacque Thibault[10],
Qui tant d'eaue froide m'a fait boire[11],
Mis en bas lieu, non pas en hault,
Mengier d'angoisse mainte poire,   740
Enferré[12]... Quant j'en ay memoire,
Je prie pour luy *et reliqua*[13],
Que Dieu luy doint, et voire, voire[14]!
Ce que je pense... *et cetera*.   744

V. 725, C : ou tenu. — V. 728, AI : Qui meurt à ses hoirs
doit tout dire. — V. 731, I : Jacobins gros comme ung
oef. — V. 734, I : rusé regnart.

1. Ce serait rassurant, si c'était vrai, mais on connaît la haine de Villon pour l'évêque et les gens de justice. Le *lieutenant* de Thibault était alors Pierre Bourgoing (Thuasne), et l'official, prêtre chargé de la justice de l'évêché, s'appelait Étienne Plaisance, d'où le jeu de mots : *qui est plaisant* (v. 749).

2. *Je n'ai que faire du restant, excepté du petit maître Robert.* Ce *maître Robert* était le bourreau d'Orléans ; son fils, le « petit maître » avait *questionné* Villon dans la prison de Meung.

3. *D'un tenant :* en bloc ; *cf.* l'expression : « un domaine d'un seul tenant ». — *Je les aime* est antiphrastique.

4. Vers ambigu. On comprend généralement : *Ainsi que Dieu* [aime] le *Lombard*. Les Lombards exerçaient la banque et l'usure ; il existe encore des *rues des Lombards* dans de nombreuses villes de province. L'Église condamnant l'usure, il faut prendre le vers ironiquement. Mais M. Frappier (*Romania*, 1959) voit dans *Lombard* le sujet de *fait*. Ce serait une allusion au théologien Pierre Lombard (XIIe s.), auteur d'un traité sur « L'Amour de Dieu et l'indivisible Trinité ». Mais ici, c'est le cruel évêque, son lieutenant et l'official.

5. Rappel du *Lais* et du départ de Paris pour Angers (?) en 1456. On se souvient (*cf.* notes sur le premier huitain du *Lais*) que Marot, dans son édition, confirme les allégations de Villon, en donnant comme titre : *Le petit testament de Villon, ainsi intitulé sans le consentement de l'auteur, comme il est dit au second livre.*

6. *Ce fut leur décision et non la mienne :* Longnon-Foulet et Thuasne supposent que les auteurs du changement voulaient faire comprendre que Villon était sur le point de mourir en 1457.

7. *Je ne le dis pas pour révoquer ces legs, même si toute ma terre y était engagée :* encore une facétie, puisqu'il ne possède rien.

8. *Ma pitié ne s'est pas refroidie — Envers le bâtard de la Barre.* Il s'agit de Perrenet Marchant, déjà malmené dans le *Lais* (huitain XXIII). En plus des trois bottes de paille *(trois gluyons de fuerre)* déjà léguées, Villon donne ses vieilles nattes (de jonc) pour faire *l'amoureux métier.*

9. *Tenir fermement embrassé* (sens érotique), d'après le glossaire Longnon-Foulet ; A. Burger traduit : *avoir bonne prise :* étreindre.

10. *Et se tenir sur ses pattes :* la fatigue érotique fait vaciller Perrenet Marchant. Il sera encore question de lui aux vers 937 et 1094-1095 du *Testament.*

LXXIV

Toutesfois, je n'y pense mal[1]
Pour luy, ne pour son lieutenant,
Aussi pour son official,
Qui est plaisant et advenant ;   748
Que faire n'ay du remenant[2],
Mais du petit maistre Robert.
Je les ayme, tout d'ung tenant[3],
Ainsi que fait Dieu le Lombart[4].   752

LXXV

Si me souvient bien, Dieu mercis,
Que je feis a mon partement
Certains laiz, l'an cinquante six[5],
Qu'aucuns, sans mon consentement,   756
Voulurent nommer Testament ;
Leur plaisir fut et non le mien[6].
Mais quoy ? on dit communement
Qu'ung chascun n'est maistre du sien.   760

LXXVI

Pour les revoquer ne le dis[7],
Et y courust toute ma terre ;
De pitié ne suis refroidis[8]
Envers le Bastart de la Barre :   764
Parmi ses trois gluyons de fuerre
Je luy donne mes vieilles nates ;
Bonnes seront pour tenir serre[9]
Et soy soustenir sur les pates[10].   768

V. 755, A : L'an LXVI. — V. 757, C : Leur plaisir fut
non pas le mien ; A : Leur vouloir fut non le mien. —
V. 763, A : je·suis refroidis ; F : me suis refroidis. —
V. 765, CI : feurre.

1. *S'il en était ainsi que l'un d'eux n'ait pas reçu les legs que je lui destine.* Villon affecte d'avoir les scrupules d'un testateur soucieux que ses dons parviennent aux bénéficiaires. En fait, c'est un redoublement de satire.

2. *Qu'il en fasse la demande à mes héritiers.* Texte controversé : A. Burger (*cf.* p. 21) comprend : « *Qui sont ces héritiers? S'il* (quelque légataire non satisfait) *le demande — dites que je leur fais savoir* (à ces légataires) — *Que Moreau, Provins, Robin Turgis — Ont eu de moi...* » — A. Lanly préfère le sens suivant : « *Mais qui sont-ils? Si on le demande* [ce sont] *Moreau, Provins, Robin Turgis : de moi — dites-leur ce que leur commande — Ils ont eu...* » Ces trois « héritiers » de Villon étaient des marchands de victuailles ou de boissons : Moreau était rôtisseur, juré de sa corporation; Provins, pâtissier; Robin Turgis, le propriétaire de la *Pomme de Pin.* Au v. 1017, Villon se vante de lui avoir pris quatorze muids de vin d'Aulnis. Il réapparaît au huitain CIII, où Villon lui promet de payer son vin, s'il vient le trouver : le poète semble avoir été bon client, mais mauvais payeur.

3. *Devant mon clerc Fremin, qui m'oït* (entend)... Il a déjà été question de ce clerc fictif au v. 565.

4. *Proclamer. — Détester : déshériter.*

5. Villon compare plaisamment son testament (convention privée et secrète jusqu'au décès) à une ordonnance royale proclamée dans toute la France.

6. Villon imagine le mourant incapable de parler *(pépier)* et appelant le clerc à son chevet. Le style personnel, les détails familiers et concrets rendent très prenante cette scène fictive.

7. Le poète houspille le clerc trop lent à son gré.

8. Suite de la comparaison avec une ordonnance largement répandue.

LXXVII

S'ainsi estoit qu'aucun n'eust pas
Receu les laiz que je luy mande[1],
J'ordonne qu'après mon trespas
A mes hoirs en face demande[2].   772
Mais qui sont ils? S'on le demande :
Moreau, Provins, Robin Turgis.
De moy, dictes que je leur mande,
Ont eu jusqu'au lit ou je gis.   776

LXXVIII

Somme, plus ne diray qu'ung mot,
Car commencer vueil a tester :
Devant mon clerc Fremin qui m'ot[3],
S'il ne dort, je vueil protester[4]   780
Que n'entens homme detester
En ceste presente ordonnance,
Et ne la vueil magnifester
Si non ou royaume de France[5].   784

LXXIX

Je sens mon cuer qui s'affoiblit
Et plus je ne puis papier[6].
Fremin, sié toy pres de mon lit,
Que l'on ne me viengne espier;   788
Prens ancre tost, plume et papier;
Ce que nomme escry vistement[7],
Puys fay le partout coppier[8];
Et vecy le commancement.   792

V. 770, C : Le laiz. — V. 773, I : De mes biens une plaine
mande; C : Qui sont-ils? Si le demande. — V. 788, C :
l'en ne m'y viengne...

1. *Au nom de Dieu, le Père éternel — Et du Fils que la Vierge enfanta — Dieu coéternel au Père, avec le Saint-Esprit.* Villon ne manque jamais de vénérer la Sainte Trinité (*cf.* : v. 834, *La benoiste Trinité*).

2. *Lui* (le Fils) *qui sauva ce qu'Adam avait fait périr* (par le péché originel).

3. *Et qui pare les cieux avec ceux qui avaient péri.*

4. *Celui-là qui croit que gens morts sont devenus des petits dieux* (saints) *n'a pas peu de mérite.*

5. Thuasne, suivi par Lanly, rapproche cette évocation de l'enfer de celle du *Speculum humane Salvationis* (« Miroir humain du Salut ») de Jean de Beauvais, traduit en 1449. Les flammes sont celles de l'enfer des damnés où se trouvaient toutes les âmes avant la venue du Christ, à l'exception des patriarches et des prophètes (v. 806). Villon ne manque pas de rappeler que toutes les conditions sont soumises à la mort et au Jugement (v. 804).

6. Brusque changement de ton, qui laisse un doute sur le sérieux des convictions de Villon sur ce point.

7. *Si quelqu'un me disait : Qu'est-ce qui vous fait avancer si hardiment cette doctrine — Vous qui n'êtes pas maître en théologie — De votre part, c'est folle présomption,* [je répondrais]...

8. La parabole du mauvais riche est l'une des plus populaires du Moyen Age. Elle a servi de thème aux peintres et sculpteurs, p. ex. dans les vitraux de la cathédrale de Bourges et dans les sculptures de Cadoin. Saint Luc donne une émouvante version de cette parabole (XVI, 19-24) évoquant l'âme du mendiant portée par des anges dans le sein d'Abraham, et le mauvais riche rôtissant en enfer. Dans sa détresse, le mauvais riche supplie le pauvre d'intercéder près d'Abraham pour qu'il l'envoie humecter sa langue brûlante. — Le *Ladre* (au sens propre : *lépreux*), et par extension : le pauvre, le miséreux. Une fois mort; il est au-dessus du riche, alors que pendant sa vie, il était couché devant la porte de celui-ci. La leçon de l'imprimé, au *dessoulz de lui* est contraire au sens général de la parabole.

LXXX

Ou nom de Dieu, Pere eternel,
Et du Filz que vierge parit,
Dieu au Pere coeternel[1],
Ensemble et le Saint Esperit,   796
Qui sauva ce qu'Adam perit[2]
Et du pery pare les cieulx[3]...
Qui bien ce croit, peu ne merit[4],
Gens mors estre faiz petiz dieux.   800

LXXXI

Mors estoient, et corps et ames,
En dampnee perdicion,
Corps pourris et ames en flammes[5],
De quelconque condicion.   804
Toutesfois, fais excepcion
Des patriarches et prophetes;
Car, selon ma concepcion,
Oncques n'eurent grant chault aux fesses[6].   808

LXXXII

Qui me diroit : « Qui vous fait metre
Si tres avant ceste parolle,
Qui n'estes en theologie maistre[7]?
A vous est presumpcion folle. »   812
C'est de Jhesus la parabolle
Touchant du Riche ensevely
En feu, non pas en couche molle[8],
Et du Ladre de dessus ly.   816

V. 808, C : Oncques grand chault n'eurent aux fesses.
— V. 814, C : Touchant le Riche. — V. 816, I : au des-
soulz de lui.

1. *S'il* (le Riche) *eût vu le doigt du Pauvre brûler — il ne lui eût pas demandé de rafraîchissement — Ni de toucher* [aherdre] *au bout de ce doigt.* A. Burger préfère la correction introduite par Marot (*cf. : variantes*, v. 819), tandis que M. Lecoy l'écarte (*Romania*, 1957) à cause du pluriel, *au bout de ses doigts*, contraire au texte de l'Évangile.

2. Le mot *mâchoire* introduit un changement de ton : du pathétique on passe au burlesque, des flammes de l'enfer aux buveurs de tavernes.

3. *Les buveurs y feront grise mine — Eux qui boivent pourpoint et chemise — Puisque la boisson y est si chère.*

4. *Dieu nous en préserve, plaisanterie à part!* Se fondant sur ce passage facétieux, conforme aux commentaires familiers et irrévérencieux de l'Écriture, si fréquents au Moyen Age, A. Lanly montre « le glissement insensible d'un ton à l'autre ». Après les confidences lyriques, Villon reprend le thème du *Testament par esbatement*.

5. *Que sans péché soit achevé cet écrit.*

6. Villon a souvent insisté sur sa maigreur : *cf. : Lais*, v. 316 : *sec et noir comme écouvillon.*

7. *Si je n'ai eu fièvre éphémère* [febris ephémera] *— C'est le fait de la clémence divine. —* Le célèbre médecin arabe Avicenne (XIe s.) estime qu'une des causes de cette fièvre est la colère. Villon aurait donc dû en être affecté à cause de sa colère contre Thibault d'Aussigny, si la clémence divine n'était venue à son secours.

8. On ignore de quelle *perte amère* il s'agit : sa dégradation de la cléricature ou la trahison d'une maîtresse? A. Burger pense à la perte de sa qualité de clerc, qui le rejetait hors de l'Église.

9. *Premièrement, je donne ma pauvre âme — A la sainte Trinité.* C'est une formule liminaire des testaments de l'époque. Thuasne en cite un exemple tiré des *Testaments* de Tuetay : « Premièrement... je commande l'âme de moy à la benoiste Trinité de paradis... ».

10. *Recommande.* La métaphore *chambre de la divinité* se trouve déjà chez Rutebeuf (*Les IX joies Nostre-Dame*).

11. Les neuf ordres de la hiérarchie des anges : les Séraphins, les Chérubins, les Trônes, les Puissances, les Dominations, etc. — *Le trône précieux* est le trône de Dieu.

LXXXIII

Se du Ladre eust veu le doit ardre[1],
Ja n'en eust requis refrigere,
N'au bout d'icelluy doit aherdre
Pour rafreschir sa maschouëre[2].   820
Pyons y feront mate chiere,
Qui boyvent pourpoint et chemise[3],
Puis que boiture y est si chiere.
Dieu nous en gart, bourde jus mise[4]!   824

LXXXIV

Ou nom de Dieu, comme j'ay dit,
Et de sa glorieuse Mere,
Sans pechié soit parfait ce dit[5]
Par moy, plus megre que chimere[6];   828
Se je n'ay eu fievre eufumere[7],
Ce m'a fait divine clemence;
Mais d'autre dueil et perte amere[8]
Je me tais, et ainsi commence.   832

LXXXV

Premier, je donne ma povre ame[9]
A la benoiste Trinité
Et la commande[10] a Nostre Dame,
Chambre de la divinité,   836
Priant toute la charité
Des dignes neuf Ordres des cieulx[11]
Que par eulx soit ce don porté
Devant le Trosne precieux.   840

V. 819, A : N'au bout d'un de ses doiz adherdre; I : Ne
autre au bout de ses doiz acoudre; CM. Ne [eaue] au
bout de ses doigts aherdre. — V. 824, C : Dieux nous
garde de la main mise. — V. 829, I : Se je n'ay eu feu
ne lumière; F : Se n'ay eu fievre et fumière. — V. 834,
AC : la glorieuse Trinité. — V. 837, F : toute la clarté.
— V. 838, I : Et les dignes angelz.

1. Image usuelle. Thuasne cite le *Roman de la Rose : Notre grant mere c'est la terre* (v. 17 831).

2. Toujours la hantise de la faim.

3. *Grant erre :* rapidement. Villon souhaitait-il vraiment en finir avec une vie de misère? La suite de sa biographie et le retour à Paris ne le confirment pas.

4. Maxime chrétienne par excellence : *Quia pulvis es, et in pulverem reverteris* (*Genèse*, III, 18-19).

5. *Toute chose, si elle ne s'éloigne pas trop loin, volontiers retourne au lieu de sa naissance.* Le thème du retour est fréquent dans l'Antiquité, p. ex. l'*Odyssée,* les philosophes péripatéticiens, Ovide. Il deviendra le sujet du célèbre sonnet de Du Bellay, *Heureux qui comme Ulysse...*

6. Villon a déjà évoqué son souvenir au huitain IX du *Lais* (*cf. :* note 11 et *Introduction* au *Lais*). P. Guiraud (*Le Testament de Villon...*, p. 107), loin de voir dans les huitains LXXXVII et LXXXVIII un témoignage de reconnaissance, les interprète comme un simple épisode de la « comédie du Palais » que serait le *Testament :* « En code, *plus que père* doit très vraisemblablement se lire *pluque père,* d'après le verbe *pluquer* (béqueter, picoter)... doublet de *espeluchier* (houspiller)... quant à *père,* on a vu que le mot désigne « des avanies, des médisances ». De même, donner sa *libre hairie,* c'est « tourmenter sans restriction ». Le legs devient ainsi une vengeance, non un hommage. Sur le huitain LXXXVIII, consulter J. Dufournet (*op. cit,* chap. VII).

7. *Au sortir du maillot :* au moment où la nourrice le rend à sa mère.

8. *Il m'a sorti de maint bouillon :* image comparable à nos expressions familières : *mélasse, panade,* etc. – A *genouillon :* à genoux.

9. *Ironiquement*.

10. Cette *bibliothèque* était-elle réelle? On ne le sait pas. Il en est de même du *Roman du Pet au Diable.* J. Dufournet croit celui-ci imaginaire et voit dans le passage des allusions au vol du collège de Navarre (*Romania*, 1964). Le maître ès arts Guy Tabarie ayant été un des complices de Villon et ayant trahi la bande par ses bavardages à Pierre Marchand, l'épithète *homme véridique* (v. 860) est peut-être une antiphrase.

11. *Grossa :* copia (on dit encore une *grosse* pour une copie en style de notaire).

12. S'agit-il du cambriolage ou du roman? En tout cas, c'est le rappel des incidents qui opposèrent le prévôt de Paris aux étudiants (1451-1453) à propos de l'enlèvement de la pierre du Pet-au-Diable.

LXXXVI

Item, mon corps j'ordonne et laisse
A nostre grant mere la terre[1];
Les vers n'y trouveront grant gresse,
Trop luy a fait fain dure guerre[2].
Or luy soit delivré grant erre[3] :
De terre vint, en terre tourne[4];
Toute chose, se par trop n'erre,
Voulentiers en son lieu retourne[5].

LXXXVII

Item, et a mon plus que pere,
Maistre Guillaume de Villon[6],
Qui esté m'a plus doulx que mere
A enfant levé de maillon[7] :
Degeté m'a de maint bouillon[8],
Et de cestuy pas ne s'esjoye.
Si luy requier a genouillon
Qu'il m'en laisse toute la joye[9].

LXXXVIII

Je luy donne ma librairie,
Et le Rommant du Pet au Deable[10],
Lequel maistre Guy Tabarie
Grossa[11], qui est homs veritable.
Par cayers est soubz une table;
Combien qu'il soit rudement fait,
La matiere est si tres notable
Qu'elle amende tout le mesfait[12].

V. 844, I : Trop leur a. — V. 850, F : Guillaume Villon.
— V. 852, CI : Enffant eslevé. — V. 857, A : Je luy laisse. —
V. 859, A : Que maistre Guillen Tabbarie; I : Guy Ta-
blerie. — V. 861, C : Par cayeuls. — V. 864, A : tout le
forfait.

1. *Notre Dame*. Ce vers annonce la ballade qui suit.

2. Cette parenthèse se rapporte à la *povre mère* du poète.

3. *Je n'ai d'autre château ni forteresse où je puisse me retirer, corps et âme* — **Quand une cruelle** *détresse se rue sur moi* — *Et pas d'avantage n'en a ma mère, la pauvre femme!* — La Vierge est l'unique refuge pour les pauvres, comme il va être développé dans la ballade.

4. Pour s'adresser à la Vierge, on employait les termes de la hiérarchie féodale : dame, régente, impératrice. On notera la progression et le caractère universel de la Vierge qui règne, par son Fils, sur le ciel, la terre et l'enfer (les *marais infernaux*, latinisme).

5. *Bien que je n'aie eu jamais aucun mérite.*

6. *Les bienfaits qui viennent de vous, ma Dame et ma Maîtresse* — *Sont bien plus grands que mes péchés.* — La miséricorde de la Vierge est infinie, comme on le verra par les exemples de l'Égyptienne et de Théophile (v. 885-886).

7. *Mériter.* V. 881 : *Je ne raconte pas des histoires, comme un jongleur* (*jangleresse*, féminin de jongleur).

8. En dépit des subtiles remarques de H. Kuhn (*La poétique de F. Villon*, chap. III), *foi* dans le refrain paraît bien conserver le sens de foi religieuse, émouvante par la simplicité avec laquelle elle s'exprime et qui concorde avec le caractère de la mère de Villon. Il est aussi très difficile d'imaginer ici une imposture ou une facétie du poète.

9. Tout naturellement, l'humble femme demande à la Vierge d'intercéder en sa faveur.

10. *Abolis :* absous. — Marie l'Égyptienne, prostituée convertie à la suite d'une vision, et qui se retira dans le désert de la Thébaïde pour faire pénitence.

11. Théophile, vidame de l'église d'Adana en Cilicie. Pour se venger d'une disgrâce, il conclut un pacte avec le diable, au prix de son âme. Finalement, ayant mauvaise conscience, il se repentit, et la Vierge reprit au diable le pacte que Théophile avait signé. L'histoire de Théophile a inspiré, entre autres, un bas-relief (XIIe s.) de Souillac, le *Miracle de Théophile*, de Rutebeuf (XIIIe s.) et fait partie des *Miracles de la Sainte Vierge*, de Gautier de Coincy.

12. *Sans perdre sa virginité.*

13. *Le sacrement de l'eucharistie.*

LXXXIX

Item, donne a ma povre mere
Pour saluer nostre Maistresse[1]
(Qui pour moy ot douleur amere[2],
Dieu le scet, et mainte tristesse),   868
Autre chastel n'ay, ne fortresse,
Ou me retraye corps et ame[3],
Quant sur moy court malle destresse,
Ne ma mere, la povre femme!   872

BALLADE

Marot : Ballade que Villon feist a la requeste de sa mere pour prier Nostre Dame

Dame du ciel, regente terrienne,
Emperiere des infernaux palus[4],
Recevez moy, vostre humble chrestienne,
Que comprinse soye entre vos esleus,
Ce non obstant qu'oncques rien ne valus[5].   877
Les biens de vous, ma Dame et ma Maistresse,
Sont trop plus grans que ne suis pecheresse[6],
Sans lesquelz biens ame ne peut merir[7]
N'avoir les cieulx. Je n'en suis jangleresse :
En ceste foy je vueil vivre et mourir[8].   882
A vostre Filz dictes que je suis sienne[9];
De luy soyent mes pechiez abolus[10];
Pardonne moy comme a l'Egipcienne,
Ou comme il feist au clerc Theophilus[11],
Lequel par vous fut quitte et absolus,   887
Combien qu'il eust au deable fait promesse.
Preservez moy de faire jamais ce,
Vierge portant, sans rompure encourir[12],
Le sacrement qu'on celebre a la messe[13] :
En ceste foy je vueil vivre et mourir.   892

V. 870, F : Pour me retraire; C : corps ne ame. — V. 873,
AI : Dame des cieulx. — V. 885, F : Pardonnez moy. —
V. 889, C : moy que ne face jamaiz cesse; A : moy que
n'acomplisse ce.

1. La vieille mère se présente dans toute sa simplicité; le poète a trouvé les accents les plus naïfs pour exprimer sa foi. Comme dans les Évangiles, la foi est tout à fait distincte du savoir. La mère de Villon n'avait reçu aucune instruction, comme la plupart des femmes du peuple.

2. *Au moutier dont je suis paroissienne, je vois...* Littéralement, le moutier est un couvent, puis par extension, une église. Les chapelles des couvents pouvaient d'ailleurs servir d'églises paroissiales. L'église fréquentée par la mère de Villon était celle des Célestins, située dans le quartier Saint-Paul. D'après Guillebert de Metz, qui a décrit les monuments de Paris en 1434, il y avait effectivement une peinture du paradis et de l'enfer.

3. Les anges jouent de la harpe et du luth.

4. *Et un enfer où les damnés sont bouillis.* Dans sa naïveté, la simple femme est très sensible à ces peintures significatives. L'enseignement religieux était partout dans les églises : sculptures des chapiteaux, fresques, rosaces et vitraux.

5. *Fais-moi avoir la foi, haute Déesse.* Par *déesse,* il faut comprendre *divinité*.

6. A. Lanly traduit : *sans affectation ni mollesse*. L'expression *comblés de foi* exprime la plénitude du sentiment religieux et la voie du salut.

7. Toujours la confusion entre la hiérarchie laïque et les termes consacrés à la Divinité.

8. Le mystère de l'Incarnation est mis en relief par l'opposition entre faiblesse (humaine) et *Tout-Puissant.* Thuasne explique le sens de *prenant notre faiblesse* par une citation d'Alain Chartier : « Il a voulu prendre humanité pour... secourir par grâce à ton infirmité. »

9. En nous rachetant du péché originel.

10. Le Christ étant mort à 33 ans, le mot jeunesse est exact, la jeunesse au Moyen Age allant de 25 à 35 ans.

11. Cette ballade résume fort exactement la croyance chrétienne. Du point de vue structure, elle est composée de trois strophes de dix vers et d'un envoi de sept vers, adressé naturellement à la Vierge. La disposition des rimes est : ABABB CCD CD pour les couplets et CCCD CCD pour l'envoi. Elle révèle la foi de Villon autant que celle de sa mère.

Femme je suis povrette et ancïenne[1],
Qui riens ne sçay; oncques lettre ne lus.
Au moustier voy dont suis paroissienne[2]
Paradis paint, ou sont harpes et lus[3],
Et ung enfer ou dampnez sont boullus[4] :   897
L'ung me fait paour, l'autre joye et liesse.
La joye avoir me fay, haulte Deesse[5],
A qui pecheurs doivent tous recourir,
Comblez de foy, sans fainte ne paresse[6] :
En ceste foy je vueil vivre et mourir.   902

Vous portastes, digne Vierge, princesse[7],
Iesus regnant qui n'a ne fin ne cesse.
Le Tout Puissant, prenant nostre foiblesse[8],   905
Laissa les cieulx et nous vint secourir[9],
Offrit a mort sa tres chiere jeunesse[10];
Nostre Seigneur tel est, tel le confesse :
En ceste foy je vueil vivre et mourir[11].   909

V. 903, F : digne Vierge pucelle; I : doulce Vierge prin-
cesse; A : Vierge digne princesse.

1. Sur cette Rose, consulter J. Dufournet (*op. cit.*, chap. III). Il s'agit d'un prénom allégorique plutôt que d'un nom véritable (*cf.* Thuasne). Ce serait une nouvelle attaque contre Catherine de Vaucelles, dont le poète ne peut oublier la trahison (*cf. : Lais*, v. 52 et *Testament* v. 199), et qu'il dépeint comme une femme sensuelle et cupide.

2. *Je ne laisse ni cœur ni foi.* Dans le *Lais* (v. 77) il léguait à sa maîtresse son cœur « enchâssé ». — Jeu de mots sur *foie et foi* (dans la précédente ballade) et le passage du physique au moral ; cette *Rose* ne s'intéresserait qu'aux organes virils.

3. *« Que je sois pendu ou tout autre qui lui laissera écu ou targe »* (Thuasne). Jeu de mots sur les deux sens d'*écu*, pièce de monnaie et bouclier. La *targe* est aussi un bouclier. Mais *targe* a, en outre, une signification érotique qui est développée dans le huitain suivant.

4. Rose a bien assez d'amants sans lui. Multiples jeux de mots sur *il ne m'en chault* (je ne m'en soucie) et le *croupion chaud*, qui rebondit avec les *hoirs* (héritiers) *Michault*. Villon se dépeint comme ayant perdu sa jeunesse et son ardeur virile (*cf.* aussi *Testament*, v. 195-197).

5. Personnage symbolisant la paillardise (*cf. : Renard le Contrefait*, v. 943-944). Les successeurs de Michault, ce sont tous les ribauds amateurs de... fouterie.

6. Facétie amenée par les exploits érotiques du paillard : il ne peut reposer qu'à *Saint-Satur* (si proche de *satyre*), village du Cher. C'est un lieu de pèlerinage recommandé pour tous les « bons Fouterre ».

7. *Amours* est personnifié. En s'acquittant de ce qu'il doit à l'Amour, Villon n'en est que plus à l'aise pour condamner la femme infidèle et cruelle.

8. *Car jamais je ne pus obtenir d'elle — une seule étincelle d'espoir.*

9. *Je ne sais si elle a été aussi rebelle à tous.* — Litote : il sait bien qu'elle n'est pas farouche. — V. 931 : *C'est pour moi un grand trouble.* — Ce sens ne s'accorde pas avec le v. 933, aussi Dimier choisit le texte : *ne,* au lieu de *ce m'est grand émoi :* cela m'est indifférent.

10. Marie l'Égyptienne, courtisane convertie bien à sa place près de Rose. La gouaille l'emporte sur l'amertume (v. 933).

XC

Item, m'amour, ma chiere Rose[1],
Ne luy laisse ne cuer ne foye;
Elle ameroit mieulx autre chose[2],
Combien qu'elle ait assez monnoye.   913
Quoy? une grant bource de soye,
Plaine d'escuz, parfonde et large;
Mais pendu soit il, que je soye[3],
Qui luy laira escu ne targe.   917

XCI

Car elle en a, sans moy, assez[4].
Mais de cela il ne m'en chault;
Mes plus grans dueilz en sont passez,
Plus n'en ay le croppion chault.   921
Si m'en desmetz aux hoirs Michault,
Qui fut nommé le Bon Fouterre[5];
Priez pour luy, faictes ung sault :
A Saint Satur gist, soubz Sancerre[6].   925

XCII

Ce non obstant, pour m'acquitter
Envers Amours, plus qu'envers elle[7],
Car onques n'y peuz acquester[8]
D'espoir une seule estincelle   929
(Je ne sçay s'a tous si rebelle
A esté, ce m'est grant esmoy[9];
Mais, par sainte Marie la belle[10]!
Je n'y voy que rire pour moy),   933

V. 916, ACI : qui je soye. — V. 929, C : D'amours.

1. La ballade suivante, *à s'amye*, en effet, rime en *r*. Or *r* est une lettre péjorative. La ballade sera donc un legs ironique, même si elle semble traiter des thèmes traditionnels de l'amour courtois.

2. Le choix de Perrenet Marchant comme messager est révélateur du mépris de Villon à l'égard de sa maîtresse. On a déjà vu ce débauché dans le *Lais* (v. 177), puis dans le *Testament* (v. 764) et on le retrouvera aux vers 1094-1101, où il sera traité, par antiphrase, de *« beau filz et net »*. Ce sergent à verge était peut-être le protecteur de Marthe, alias Rose, alias Catherine, peut-être aussi, d'après J. Dufournet, un rival heureux pour une charge près du prévôt Robert d'Estouteville.

3. *Dans ses déambulations.*

4. Le titre de *damoiselle* est évidemment antiphrastique, la satire étant encore renforcée par le trait « au nez tortu ». V. 940 : *sans plus enquerre* : sans chercher davantage.

5. *Sale p..., d'où viens-tu ?* La nature des relations entre Perrenet et Rose est claire, d'après cette apostrophe.

6. Date et destinataire de cette ballade sont controversées : P. Champion et G. Paris situent la composition avant celle du *Lais*, L. Foulet peu après. Selon ce dernier, en raison du thème de l'amour courtois, ce serait « la lettre d'introduction » près de Charles d'Orléans. J. Dufournet place le poème entre le *Lais* et le *Testament*, vers 1460. L'acrostiche du 2ᵉ couplet indique que la légataire est *Marthe*, peut-être une maîtresse provisoire. La pièce aurait été ultérieurement insérée dans le *Testament* et viserait Catherine. A. Lanly souligne la similitude de ton − malgré les apparences − avec les legs satiriques. *Qui tant me coûte cher* : équivoque voulue : moralement et pécunièrement. L'acrostiche *François* du 1ᵉʳ couplet et celui de *Marthe* (2ᵉ couplet), comme des lettres entrelacées attestent la liaison amoureuse ; *cf.* aussi l'acrostiche *Villon* du 3ᵉ couplet.

7. *Amour plus dur à mâcher que le fer.*

8. *Que je puis nommer sœur de ma perdition.* Mais A. Lanly comprend : « nommer que je puis, sûr de ma perdition, charme félon et mort d'un pauvre cœur ».

9. *Orgueil caché.* − *Droit de Rigueur* (v. 948) : « Lexique » Burger : *Droit rigoureux* (personnifié).

10. Texte et sens controversés. Peut-être : *Rien n'aurait pu alors ne détacher de cet amour.*

11. *Haro*, appel au secours (*cf.* : éd. Longnon-Foulet, p. 114).

12. *Selon la teneur de cette ballade.*

XCIII

Ceste ballade luy envoye
Qui se termine tout par R[1].
Qui luy portera? Que je voye.
Ce sera Pernet de la Barre[2],   937
Pourveu, s'il rencontre en son erre[3]
Ma damoiselle au nez tortu[4],
Il luy dira, sans plus enquerre :
« Orde paillarde, dont viens tu[5]? »   941

BALLADE

Marot : Ballade de Villon à s'amye.

Faulse beauté qui tant me couste chier[6],
Rude en effect, ypocrite doulceur,
Amour dure plus que fer a maschier[7],
Nommer que puis, de ma desfaçon seur[8],   945
Cherme felon, la mort d'ung povre cuer,
Orgueil mussié[9] qui gens met au mourir,
Yeulx sans pitié, ne veult Droit de Rigueur,
Sans empirer, ung povre secourir?   949

Mieulx m'eust valu avoir esté serchier
Ailleurs secours : c'eust esté mon onneur;
Riens ne m'eust sceu lors de ce fait hachier[10].
Trotter m'en fault en fuyte et deshonneur.   953
Haro, haro, le grant et le mineur[11]!
Et qu'esse cy? Mourray sans coup ferir?
Ou Pitié veult, selon ceste teneur[12],
Sans empirer, ung povre secourir?   957

V. 935, C : tout par erre; I : qui se finist toute par re.
— V. 937, I : Ce sera Perrinet. — V. 941, C : Triste pail-
larde. — V. 943, CI : Ypocrite douleur. — V. 946, I :
cecher selon la mort. — V. 948, I : droit et rigueur. —
V. 952, A : sceu de ce fait arrachier; C : hors de ce fait
hacher. — V. 955, A : mourraige sans ferir?; I : Et
qu'est-ce, mourray je...

1. Le thème de la jeunesse qui se flétrit comme une fleur est aussi ancien que la poésie lyrique. Les vers 958-959 et 962 devancent l'odelette *à Cassandre*, le sonnet sur la mort de Marie et le sonnet à Hélène, de Ronsard. Les autres vers par leur réalisme brutal contrastent avec l'évocation de la fleur épanouie.

2. *Je m'en rirais alors, si tant est que je pusse remuer les mâchoires : mais nenni, ce serait donc folie.*

3. La Belle Heaumière dépeint sa décrépitude dans les mêmes termes (v. 515) : *Le vis pali, mort et déteints.*

4. *Donc buvez fort, tant qu'il y aura de l'eau dans la rivière.*

5. *Prince amoureux, des amans le plus grand.* — A qui cet envoi est-il destiné? Foulet penche pour Charles d'Orléans, mais A. Burger préfère René d'Anjou, roi de Sicile et de Jérusalem, alors âgé de 48 ans et très épris de Jeanne de Laval, sa seconde femme. Dans cette hypothèse, il faudrait admettre que Villon a réellement séjourné à Angers.

6. Ythier Marchant, déjà raillé dans le *Lais* (v. 81-88) et le *Testament* (v. 198-199) deviendra un personnage important pendant la *guerre du Bien Public* (1465) et mourra emprisonné vers 1474. Que représentait-il pour Villon de 1456 à 1461? Sans doute, comme le pense J. Dufournet, un rival plus riche, et partant plus heureux, ce que confirmerait l'anagramme du v. 199.

7. Souvenir du *Lais*, v. 83 : l'épée du chevalier (fictif) et l'organe viril. Pourquoi met-il comme condition d'en faire une chanson? Vraisemblablement, parce que Ythier en était incapable.

8. Il s'agit, en fait, d'un rondeau, comme l'a noté Marot.

9. J. Dufournet (*op. cit.*, p. 270) relève une ambiguïté dans les vers 974-975, si on les rapproche des vers 976-977 : Villon exhorte Ythier à pleurer ses amours défuntes avec Catherine... et avec d'autres. Par contre, si on les lit en fonction du rondeau *sur la Mort,* ce serait un avertissement funèbre : de toute façon, dans quelque temps, la Mort aura emporté les amants.

10. Pourquoi cette feinte discrétion? Pour ne pas heurter de front ce personnage puissant, ou bien parce qu'il s'est fait comprendre à demi-mot.

Ung temps viendra qui fera dessechier,
Jaunir, flestrir vostre espanye fleur[1];
Je m'en risse, se tant peusse maschier[2]
Lors; mais nennil, ce seroit donc foleur :   961
Viel je seray; vous, laide, sans couleur[3];
Or beuvez fort, tant que ru peut courir[4];
Ne donnez pas a tous ceste douleur,
Sans empirer, ung povre secourir.   965

Prince amoureux, des amans le greigneur[5],
Vostre mal gré ne vouldroye encourir,
Mais tout franc cuer doit pour Nostre Seigneur,
Sans empirer, ung povre secourir.   969

XCIV

Item, a maistre Ythier Marchant[6],
Auquel mon branc laissai jadis[7],
Donne, mais qu'il le mette en chant,
Ce lay contenant des vers dix[8],   973
Et, au luz, ung *De profundis*
Pour ses ancïennes amours[9]
Desquelles le nom je ne dis,
Car il me hairoit a tous jours[10].   977

V. 960, C : macher; A : s'enfant peusse mascher; I :
s'enfant sceusse marcher. — V. 961, A : Mais les nennil.
— V. 962 : Longnon en corrigeant en *Las, viel seray*
obtient un acrostiche : Vjjllon = Vyllon — Villon. 966,
I : Des amans le meilleur; C : Prince des amans le grei-
gneur. — V. 968, CFI : par nostre Seigneur. — V. 974,
I : Avecques ce ung De profundis.

1. Imitation des thèmes de la poésie courtoise; en donnant la parole à Ythier, Villon lui prête son talent et il semble même qu'il chante sa propre plainte. Par la fiction du retour sur le passé, alors qu'il s'agit d'un souhait pour l'avenir, il menace Ythier d'être séparé de Catherine par la mort et de mener lui-même une vie de désespoir. La Mort est personnifiée : l'amant lui intente une action en justice (*j'appelle*).

2. *Mais en quoi te nuisait-elle en vie?*

3. *Que je quitte la vie.*

4. L'amant sera un mort vivant : il ne sera plus qu'une apparence, un simulacre. *Cf., v. 35 du Testament : Mais quoi! ce sera donc par cœur.*

5. Le mot sonne comme un glas. — Avant Villon, Alain Chartier avait déjà lancé des malédictions contre la mort : *Mort, dure Mort, Dieu te maudie! (Les Quatre Dames),* vers cités par Thuasne.

6. Jehan Cornu ou Lecornu est associé dans le *Lai* à Ythier Marchant (v. 84). — Receveur des aides pour la guerre à Paris (1449-1452), secrétaire du roi en 1454, clerc civil de la prévôté en 1463.

7. Les vers 992-993 doivent être compris par antiphrase. Si Jean Cornu avait prêté assistance à Villon, en lui donnant de l'argent ou en l'aidant de son influence, il ne figurerait pas parmi les légataires ridiculisés avec persistance.

8. Pierre Bobignon était procureur au Châtelet dès 1454; personnage cupide et procédurier, il eut des démêlés au sujet de l'héritage de son frère et fut plusieurs fois condamné. En janvier 1456, les religieux de Saint-Martin lui réclament « le fonds de terre de trois petits jardins » et une indemnité pour diverses réparations dans ces jardins, qu'il n'avait pas payées. Est-ce une allusion à cette affaire? Ce n'est pas impossible.

9. *M'arenta :* me loua. Bien entendu, tout cela est fictif, à moins que ce ne soit une allusion à la prison du Châtelet que Villon connaissait par expérience.

LAY

Marot : Rondeau.

Mort, j'appelle de ta rigueur[1],
Qui m'as ma maistresse ravie,
Et n'es pas encore assouvie   980
Se tu ne me tiens en langueur :
Onc puis n'eus force ne vigueur;
Mais que te nuysoit elle en vie[2],
       Mort?   984

Deux estions et n'avions qu'ung cuer;
S'il est mort, force est que devie[3],
Voire, ou que je vive sans vie
Comme les images, par cuer[4],
       Mort[5] !   988

XCV

Item, a maistre Jehan Cornu[6]
Autre nouveau laiz lui vueil faire,
Car il m'a tous jours secouru
A mon grant besoing et affaire[7];   993
Pour ce, le jardin luy transfere,
Que maistre Pierre Bobignon[8]
M'arenta, en faisant refaire[9]
L'uys et redrecier le pignon.   997

V. 978, I : Mort rappelle. — V. 979, A : Qui as ma maî-
tresse. — V. 980, CI : Et n'est pas encore. — V. 992, CFI :
Oncques puis. — V. 983, I : Mais que le nuysoit. —
V. 985, H : Nous deulx si n'avions. — V. 995, F : Boubi-
gnon; I : Bourguignon.

1. Les huitains XCVI, XCVII et XCVIII sont énigmatiques. Les images incohérentes, en apparence, ont sans doute un sens caché, à l'intention des initiés. Faut-il entendre *faulte d'un uys* (v. 998) : « manque d'une porte » ou « à cause d'une porte? » — Le *grès* désigne-t-il un de ces grés taillés que l'on utilisait pour les encoignures de porte? Mais on ne voit pas l'intérêt de voler une pierre fort lourde. — Le manche de houe est une matraque, arme et outil des cambrioleurs. — Pourquoi l'opposition entre les faucons et l'alouette, et la feinte précision *huit faucons, non pas dix*? Allusion peut-être à l'obscurité des cachots du Châtelet?

2. *L'hôtel est sûr, mais qu'on le ferme! (cloue* est le subjonctif présent de *clore).*

3. Le *havet* est un crochet de cambrioleur. L'*hôtel* serait-il un repaire de brigands?

4. Le vers 1 004 a été très diversement interprété. L. Foulet : « Qu'il ne se hâte pas de me louer, car il aura une chienne de nuit » ou bien : « Il ne songe pas à me louer, car il a... ». Selon J. Dufournet (*Le Moyen Age,* 1966), l'ambiguïté voulue par le poète porterait sur le sujet de *loue* : « je ne me loue pas de mon voleur » ou bien : « que mon voleur ne me bénisse pas... ». — *Sanglante nuit* était une épithète courante et grossière : *chienne de nuit!* — *Bas chevet* : la tête sur le sol (de la prison) ou même, selon J. Dufournet : « dans la fosse qui l'attend ».

5. Ce clerc du Trésor a déjà fait l'objet d'un legs satirique (*Lais,* huitain XII). Il y a donc une reprise de l'attaque, mais par un autre biais : c'est surtout la femme de Saint-Amand, Jeannette Cochereau qui est en cause ici. Villon semble avoir eu affaire avec elle, soit comme quémandeur soit comme amoureux.

6. *Toutefois (combien), si son âme est pécheresse (se coulpe y a) — Que Dieu lui pardonne avec douceur.* Il faut comprendre : « que Dieu la châtie durement, puisqu'elle est coupable ». Mais envers qui? à l'égard de son mari ou de Villon?

7. *Me mit au rang de clochard :* le *caïman* était la pire espèce des vagabonds de la Cour des Miracles.

8. Les enseignes symboliques du *Lais* sont échangées contre d'autres. J. Dufournet traduit : « *Je lui échangerai* le Cheval Blanc *qui ne bouge contre une jument, et* la Mule *contre un âne rouge.* » Le Cheval Blanc symbolise l'impuissance; la Mule, la stérilité; l'âne rouge, la lubricité (*cf.* J. Dufournet, *op. cit.,* I, chap. IX).

XCVI

Par faulte d'ung uys, j'y perdis
Ung grez et ung manche de houe[1].
Alors huit faulcons, non pas dix,
N'y eussent pas prins une aloue.   1001
L'ostel est seur, mais qu'on le cloue[2].
Pour enseigne y mis ung havet[3]
Qui que l'ait prins, point ne m'en loue[4] :
Sanglante nuyt et bas chevet !   1005

XCVII

Item, et pour ce que la femme
De maistre Pierre Saint Amant[5]
(Combien, se coulpe y a a l'ame,
Dieu luy pardonne doulcement[6] !)   1009
Me mist ou renc de cayement[7],
Pour *le Cheval Blanc* qui ne bouge
Luy chanjay a une jument,
Et *la Mulle* a ung asne rouge[8].   1013

V. 1004, C : Et qui l'ait pris ne m'en loue. — V. 1010,
A : Me mist en ranc. — V. 1012, A : Luy semble a une.
— V. 1013 : Et a la Mulle ung.

1. Denis Hesselin, élu sur le fait des aides, à Paris, depuis 1453, prévôt des marchands (1470-1474), receveur de la ville de Paris (1474-1500) et homme de confiance de Louis XI. Chargé de la défense de Paris lorsque les Bourguignons attaquent Beauvais (1472), il joue un rôle important dans les procès de J. Hardi, clerc d'Ythier Marchand, du duc d'Alençon, du connétable de Saint-Pol, du duc de Nemours. Mais à l'époque du *Testament*, c'est l' « élu » que bafoue Villon.

2. *Quatorze muids* : 3 752 litres. — Turgis (*cf.* : *T.*, v. 774 et 1054), propriétaire de la *Pomme de Pin*. — *A mes périlz : à mes risques.*

3. *S'il en buvait tant que son intelligence et sa raison périssent.*

4. Proverbe facétieux, puisque Hesselin n'était pas de noble maison. Pourquoi ce legs de muids de vin? Accusation d'ivrognerie, mais aussi allusion à ses fonctions, en vertu desquelles il percevait une taxe sur la vente des vins. Le legs est illusoire, puisque Villon est lui-même endetté chez Turgis. Vendait-il du vin coupé d'eau (v. 1020)? C'est encore possible (*cf.* : J. Dufournet, *op. cit.*, I, chap. x).

5. Bachelier ès arts en 1448, licencié et maître ès arts en 1419, peut-être « grenetier du grenier à sel » d'Étampes dès 1447. — Dans le texte Longnon-Foulet : *Quoiqu'il vende ou ait comme situation.* A. Lanly préfère la version de C : *« Quoi? Ce que Marchant eut pour établissement »* (*Lais*, v. 81-84, *Testament*, v. 972).

6. Le sens obscène est évident (les armes — la lance, l'épée — signifient souvent le sexe masculin) et peut-être confirmé ici par le v. 1027 *(afin que sa bourse enfle...).* C'est une accusation d'impuissance.

7. *Un réau* (monnaie d'or) *« en menue monnaie »* (« Lexique » Burger).

8. La « grande culture du Temple » était un grand pré hors de Paris : il n'y avait donc pas de banque pour recevoir la monnaie d'un réau. C'est un don facétieux. A. Lanly signale l'anagramme de Charuau (v. 1027) : [U] ng [r] e [au] en [cha] nge, qu'on pourrait lire aussi : *Charuau en ange,* « ange » signifiant « policier » en argot.

9. Fournier, procureur de Saint-Benoît-le-Bétourné (1447-1474). Il en a été question au huitain xx, v. 157 du *Lais*.

10. *Il sera facile d'en faire l'économie.* Villon utilise souvent les parenthèses pour désavouer un legs.

11. *Havée,* originellement prélèvement d'une poignée de denrée, puis simplement *poignée.* Jeu de mots sur *havée* et *ave* (« salut », en latin).

12. Les causes étant justes, Fournier n'a pas eu grand mérite à les gagner, mais « bon droit a bien besoin d'aide ».

XCVIII

Item, donne a sire Denis
Hesselin, esleu de Paris[1],
Quatorze muys de vin d'Aulnis
Prins sur Turgis a mes perilz[2].   1017
S'il en buvoit tant que peris
En fust son sens et sa raison[3],
Qu'on mette de l'eaue es barilz :
Vin pert mainte bonne maison[4].   1021

XCIX

Item, donne a mon advocat,
Maistre Guillaume Charruau,
Quoy qu'il marchande ou ait estat[5],
Mon branc; je me.tais du fourreau[6].   1025
Il aura avec ung rëau[7]
En change, affin que sa bource enfle,
Prins sur la chaussee et carreau
De la grant cousture du Temple[8].   1029

C

Item, mon procureur Fournier[9]
Aura pour toutes ses corvees
(Simple sera de l'espargnier)[10]
En ma bource quatre havees[11],   1033
Car maintes causes m'a sauvees,
Justes, ainsi Jhesu Christ m'aide!
Comme telles se sont trouvees[12];
Mais bon droit a bon mestier d'aide.   1037

V. 1015, A : Hynselin; C : Hyncelin; F : Heinsselin. —
V. 1017, F : chiez Turgis. — V. 1020, I : en barilz. —
V. 1024, C : Quoy que marchant : ot pour. — V. 1026,
CFI : avec ce. — V. 1029, C : closture. — V. 1036, A :
Comme elles ont esté trouvées.

1. Jacques Raguier, fils de Lubin Raguier, maître queux de Charles VII a déjà reçu dans le *Lais* (v. 145) *l'Abreuvoir Popin* et le *trou de la Pomme de Pin*. Il est encore présenté ici comme un habitué des tavernes. On le retrouvera au v. 1943 en compagnie d' « hommes de bien et d'honneur », ce qu'il faut comprendre par antiphrase. — *Le Grand Godet,* enseigne d'une taverne de la *place de Grève* (aujourd'hui place de l'Hôtel-de-Ville).

2. Monnaie flamande dévaluée. La condition imposée est donc une plaisanterie.

3. *Dût-il vendre quoiqu'il lui peine, ce dont on couvre mollet et devant de jambe.*

4. *Escarpin.* On dirait aujourd'hui : « qu'il vende jusqu'à sa chemise ».

5. *S'il boit sans moi, s'assied ou se lève — Au cabaret de la Pomme de Pin.*

6. Pierre Merbeuf, drapier rue des Lombards; Nicolas de Louviers, receveur des aides (1454-1461), puis conseiller à la Chambre des comptes. Les deux personnages, déjà cités aux v. 265 et 266 dans le *Lais* étaient des bourgeois à prétentions nobiliaires.

7. Mais comme drapiers, ils faisaient le commerce des moutons. Jeu de mots sur *beuf* et *Merebeuf.*

8. *Gens à porter éperviers,* c'est-à-dire *nobles,* qui usaient d'oiseaux de volerie. D'autres comprennent : *je leur donne des gens pour porter les éperviers.*

9. La Mâchecoue tenait une rôtisserie près du Châtelet. Elle était morte au moment de la composition du *Testament,* mais son établissement, fort connu, devait continuer. Comme certains chasseurs d'aujourd'hui, ces bourgeois prennent leur gibier non en chassant (puisqu'ils n'en ont pas le droit), mais chez la rôtisseuse.

10. Le propriétaire de la *Pomme de Pin* (*cf. :* v. 772-776).

11. Villon devait alors se cacher. Bien fin qui le découvrira, même s'il est un devin.

12. *Droit d'être élu échevin :* comme ce droit n'était pas cessible, c'est une facétie.

13. *Parler poitevin,* c'est refuser de dire où il se cache, en argot, le Poitou étant un pays imaginaire (*cf. :* J. Dufournet, *op. cit,* I, p. 91). Les *deux dames* (v. 1061) ne sont pas des habitantes de Saint-Génerou, mais vraisemblablement Marthe, la maîtresse épisodique et Catherine de Vausselles, qui amusèrent Villon par leurs vaines promesses, « à prendre en Poitou » *(ibid.).*

CI

Item, je donne a maistre Jaques
Raguier *le Grant Godet* de Greve[1],
Pourveu qu'il paiera quatre plaques[2]
(Deust il vendre, quoy qu'il luy griefve,   1041
Ce dont on cueuvre mol et greve[3],
Aller sans chausses, en eschappin[4]),
Se sans moy boit, assiet ne lieve,
Au trou de *la Pomme de Pin*[5].   1045

CII

Item, quant est de Merebeuf[6]
Et de Nicolas de Louviers,
Vache ne leur donne ne beuf[7],
Car vachiers ne sont ne bouviers,   1049
Mais gens a porter espreviers[8],
Ne cuidez pas que je me joue,
Et pour prendre perdris, plouviers,
Sans faillir, sur la Machecoue[9].   1053

CIII

Item, viengne Robin Turgis[10]
A moy, je luy paieray son vin;
Combien, s'il treuve mon logis[11],
Plus fort sera que le devin.   1057
Le droit luy donne d'eschevin[12],
Que j'ay comme enfant de Paris :
Se je parle ung peu poictevin[13],
Ice m'ont deux dames apris.   1061

V. 1043, C : Aler nues jambes en chappin. — V. 1044,
F : S'a moy boit assez ne lui greve; I : Tous les matins
quand il se lieve. — V. 1050, A : Mais gens pour porter
espreviers; C : Mais gens a porter espreviers — Et pour
prendre perdris, plouviers. — V. 1059, FI : Quoy comme
enffant né de Paris. — V. 1061, I : Certes deux dames
le m'ont apris.

1. P. Champion, L. Foulet, I. Siciliano, F. Lecoy ont détruit la légende de Villon réfugié à Saint-Gènerou, village du Poitou, près de Thouars, distant de 100 km de *Voventes* (Saint-Julien-de-Voventes), petite ville aux confins de la Bretagne et de l'Anjou. L'incertitude de la province *(Marche de Bretagne ou Poitou)* indique bien qu'il s'agit d'une géographie fantaisiste et d'une résidence imaginaire.

2. Interprétation de H. Dubois *(Poitou et Poitevins... Romania, 1959)*. Villon aurait prononcé *Genevou* au lieu de *Generou*, ce qui signifierait : *je ne sous pas*, c'est-à-dire : « je ne paie pas ». — *Voventes* se décomposerait en *vo* (forme picarde) et *ventes : ce que vous m'avez vendu*. C'est un refus d'acquitter ses dettes *(cf. :* J. Dufournet, p. 92).

3. Passage en poitevin : *Mais je (i) ne dis exactement où — elles (yquelles) passent tous les jours — Par mon àme [arme], je ne suis pas si fou — Car je veux cacher mes amours...* L'emploi des dialectes provinciaux, par divertissement, se retrouve dans *La Farce de Maître Pathelin*. Le procédé, amplifié, est utilisé par Rabelais *(Pantagruel,* chap. VI et chap. IX).

4. Jean Raguier, cité dans le *Lais* (v. 131) aussitôt après Montigny. Villon nous apprend ses fonctions de garde à cheval du prévôt de Paris et le présente comme un glouton.

5. *Tallemouse,* soufflé au fromage (d'où l'équivoque avec *soufflet*), comme on dit : *donner une tarte.*

6. *Pour mettre et fourrer son museau.*

7. Procureur en parlement et greffier de la justice du trésor; sa maison était proche de la fontaine *Maubuè.* Villon souhaite à Raguier de boire de l'eau, au lieu du vin : même type de plaisanterie au *Lais* (v. 146) quand il lègue à Jacques Raguier *l'abreuvoir Popin.*

8. Le Prince des Sots recrutait ses acteurs parmi les basochiens doués pour la mimique et les excentricités. Villon joue sur les différents sens de *sot,* aux dépens de Michault du Four; tavernier, boucher et sergent à verge au Châtelet (1457), celui-ci participe à l'enquête sur le vol du collège de Navarre; réputé pour son caractère « haineux » et impliqué dans de nombreux procès *(cf. :* P. Guiraud, *Le Testament de Villon,* p. 26-27).

9. Antiphrase : la chanson du sergent devait être tout autre.

10. *Sot de séjour :* Selon Burger : « *Il est tout à fait sot là où il séjourne.* » — Éd. Longnon-Foulet : « *Il fait bon être où il n'est pas.* »

CIV

Elles sont tres belles et gentes,
Demourans a Saint Generou
Pres Saint Julien de Voventes[1],
Marche de Bretaigne ou Poictou[2].   1065
Mais i ne di proprement ou
Yquelles passent tous les jours;
M'arme! i ne seu mie si fou,
Car i vueil celer mes amours[3].   1069

CV

Item, a Jehan Raguier je donne,
Qui est sergent, voire des Douze[4],
Tant qu'il vivra, ainsi l'ordonne,
Tous les jours une tallemouse[5],   1073
Pour bouter et fourrer sa mouse[6],
Prinse a la table de Bailly[7];
A Maubué sa gorge arrouse,
Car au mengier n'a pas failly.   1077

CVI

Item, et au Prince des Sotz[8]
Pour ung bon sot Michault du Four,
Qui a la fois dit de bons motz
Et chante bien « Ma doulce amour[9]! »   1081
Je lui donne avec le bonjour;
Brief, mais qu'il fust ung peu en point,
Il est ung droit sot de sejour,
Et est plaisant ou il n'est point[10].   1085

V. 1065, C : Marche de Bretagne à Poitou, texte adopté
par Lecoy et A. Lanly. — V. 1066, C : il. — V. 1067, C :
Yquelles pensent; I : Or y pensés très tous. — V. 1068,
C : il ne suy moy si tres fou. — V. 1069, I : Je pense
celer. — V. 1082, I : Il aura avec ce le.

1. Les deux cent vingt « sergents à pied » de la prévôté assurant l'ordre à l'intérieur de Paris.

2. *Je donne... à chacun une grande cornette,* bande d'étoffe enroulée autour des chaperons et tombant sur l'épaule. Les sergents n'en avaient pas. Mais *cornette* signifie aussi la corde du gibet.

3. *Leur fonction est honorable.* A supposer qu'il soit sincère ici, Villon se moque des sergents en vantant leur douceur (v. 1089). Denis Richier et Jehan Vallette étaient sergents royaux depuis plusieurs années en 1461.

4. *Chapeaux de feutre. — Hohete!* exclamation fréquente dans les pastourelles : *Oh! oui...*

5. Les *autres,* ce sont les sergents à cheval opérant hors des remparts.

6. Perrenet (ou Pernet) Marchand (ou Marchant) légataire dans le *Lais* (v. 177) de trois bottes de paille et dans le *Testament,* v. 764, de *vieilles nattes* en supplément. Il est toujours présenté comme un débauché, d'où l'antiphrase : *il est beau filz et net.*

7. La *barre* dans l'écu symbolise la bâtardise.

8. *Trois dés plombés bien coupés...* Débauché, il est aussi tricheur aux dés et aux cartes.

9. *Si on l'entend faire des vesses et pets — Il aura en plus les fièvres quartes.* Ce genre de fièvre reparaissant tous les quatre jours était redouté. On en menaçait ses ennemis.

10. Cholet dans le *Lais* (v. 186) reçoit un canard chapardé sur les remparts. Villon le représente ici comme un tonnelier abandonnant son métier pour entrer dans la police.

11. *Manœuvre la doloire, coupe, taille des douves — Coule broc de tonnelet.*

12. *Mais qu'il aille changer tous ses outils.*

13. Il reçoit une épée comme sergent, mais pourquoi « lyonnaise »?

14. *Hutinet :* maillet. Jeu de mots sur *hutinet* et *hutin* (tapage).

15. *Bien qu'il n'aime ni bruit ni querelle — Cela lui plaît un tantinet.* Note de Marot : *ne se dit guère hors de Paris.* La *Chronique scandaleuse* de Jean de Roye raconte que Cholet, en 1465, ameuta les Parisiens en criant que les Bourguignons étaient entrés dans Paris. Pour le punir de cette fausse nouvelle, il fut traîné par les rues, battu et destitué. On voit que même avant cette affaire, il aimait faire le chambard.

CVII

Item, aux Unze Vingtz Sergens[1]
Donne[2], car leur fait est honneste[3]
Et sont bonnes et doulces gens,
Denis Richier et Jehan Vallette,   1089
A chascun une grant cornete
Pour pendre à leurs chappeaulx de faultres[4],
J'entens a ceulx a pié, hohete!
Car je n'ay que faire des autres[5].   1093

CVIII

De rechief donne a Perrenet,
J'entens le Bastart de la Barre[6],
Pour ce qu'il est beau filz et net,
En son escu, en lieu de barre[7],   1097
Trois dez plombez, de bonne carre[8],
Et ung beau joly jeu de cartes.
Mais quoy? s'on l'oyt vecir ne poirre[9].
En oultre aura les fievres quartes.   1101

CIX

Item, ne vueil plus que Cholet[10]
Dolle, tranche, douve ne boise[11],
Relie broc ne tonnelet,
Mais tous ses houstilz changier voise[12]   1105
A une espee lyonnoise[13],
Et retiengne le hutinet[14];
Combien qu'il n'ayme bruyt ne noise[15],
Si luy plaist il ung tantinet.   1109

V. 1092, F : ceulx de pié hehote; AC : J'entends ceulx a
pié hohette. — V. 1099, I : Ou ung. — V. 1100, A : Pour-
veu s'on l'oit.

1. Déjà associé avec Cholet dans le *Lais* (xxiv); chargé de la police de la Seine, de la surveillance des fossés et sans doute abusant de ses fonctions; accusé en 1460 de pêche illicite, de pillage des quais; condamné en 1461 pour avoir insulté une abbesse. Cet auxiliaire de la police était un personnage peu recommandable. Il faut donc prendre par antiphrase la locution « homme de bien et bon marchand ». De même (v. 1 112) : *Parce qu'il est mince et fluet*.

2. *Mauvais chercheur,* mais aussi jeu de mots sur *sergent* et *serchant*.

3. Un petit chien d'arrêt.

4. *Qui ne laissera aucune poule sur le chemin* : rappel des legs d'un canard... et des maraudages de Leloup. De même le long manteau *(tabart)* pour cacher *(mussier)* les prises.

5. Personnage identifié par Marcel Schwob d'après une pièce du procès du duc de Nemours (1476). En 1462, il était sergent au Châtelet et aide du questionneur. Il s'appelait Jean Mahé.

6. Ingrédient considéré comme aphrodisiaque, d'où la suite des calembours obscènes.

7. Leçon de AF retenue par M. Burger : « *pour achever de remplir ses boîtes* ». Le texte de C, préféré par Longnon-Foulet, donne *accoupler,* ce qui s'accorde bien avec le v. 1 122 : « *mais pour joindre ensemble culs et queues* ».

8. *Jambons et andouilles,* au sens obscène.

9. *Si bien que le lait en monte aux tétins — Et que le sang en dévale aux couilles.* A. Thuasne remarque que le sergent à verge Mahé était chargé de fouetter les inculpés.

10. Marchand pelletier et capitaine des archers, utilisés comme policiers supplétifs dans les cérémonies. Tout le legs repose sur sa profession de fourreur.

11. *Qui n'est pas viande pour gardeurs de cochons.*

12. *Prises au moyen de gros mâtins de bouchers* : c'est une plaisanterie; les gros chiens des bouchers n'étaient pas employés dans les meutes pour les chasses au loup.

13. C'est de la piquette : « *Vin de buffet, autrement dit vin perdu* » *(Martyre de saint Bacchus)*, vers cités par Thuasne.

14. Encore une fantaisie : la hure de loup n'était pas comestible et personne n'aurait fait un malheur pour s'en procurer. Villon raille les prétentions de Jean Riou à chasser comme un seigneur.

CX

Item, je donne a Jehan le Lou[1],
Homme de bien et bon marchant,
Pour ce qu'il est linget et flou,
Et que Cholet est mal serchant[2],   1113
Ung beau petit chiennet couchant[3]
Qui ne laira poullaille en voye[4],
Ung long tabart et bien cachant
Pour les mussier, qu'on ne les voye.   1117

CXI

Item, a l'Orfevre de Bois[5],
Donne cent clouz, queues et testes,
De gingembre sarrazinois[6],
Non pas pour accomplir ses boistes[7],   1121
Mais pour conjoindre culz et coetes,
Et couldre jambons et andoulles[8],
Tant que le lait en monte aux tetes
Et le sang en devalle aux coulles[9].   1125

CXII

Au cappitaine Jehan Riou[10],
Tant pour luy que pour ses archiers,
Je donne six hures de lou
(Qui n'est pas yïande a porchiers)[11],   1129
Prinses a gros mastins de bouchiers[12],
Et cuites en vin de buffet[13],
Pour mengier de ces morceaulx chiers[14],
On en feroit bien ung malfait.   1133

V. 1114, C : Par les rues plustost qu'au champt. —
V. 1121, I : Non pas pour emplir ses boettes. — V. 1122,
C : Mais pour joindre ; F : œufz et croutes.

1. La viande de loup n'est bonne qu'en cas de disette, dans un camp ou dans une place assiégée.

2. *S'ils* (les loups) *étaient pris au piège — eux que ces mâtins n'auraient su courir.* Encore une plaisanterie, la chasse à courre ne concernant pas les loups.

3. Pourquoi Villon se donne-t-il comme son médecin *(miège)*? Riou, qui est fourreur n'a pas besoin d'une peau de loup pour garnir sa robe.

4. Nom symbolique, soit qu'on adopte *Trascaille* (trace caille) : celui qui chasse les filles *(cailles);* soit qu'on préfère celui encore plus libre de *Trousse-Caille*. Ce personnage habitait en 1454 l'hôtel de *l'Omme armé,* ce qui pourrait expliquer les jeux de mots de la fin du huitain; en 1457-1458, il est receveur de l'aide pour l'Armée à Château-Thierry et en 1462, secrétaire de Louis XI.

5. Vers équivoque : *Qui dans son service* (comme il sied) — *ne s'en va pas à pied comme une caille,* ou bien, si on suit la variante de F : *qui, dans son service... s'est bien refait.* Le *roncin* ou *roussin* est une bête de somme, mais il peut avoir ici un sens érotique, de par son rapprochement avec la *caille.*

6. En apparence, Villon offre à Trascaille de monter son ménage, mais il peut y avoir des sens cachés : J. Dufournet suppose qu'il s'agit d'un substitut du *bacinet* (casque) et imagine que Trascaille porte une jatte en guise de heaume; si par *jatte* on entend une femme, Villon offrirait à cet amateur de « caillettes », trop timide, une fille, ce qui, avec le *roncin,* ferait un parfait ménage à trois.

7. C'est la seule fois qu'apparaît ce Cartier, qui semble avoir tenu une maison de passe à Bourg-la-Reine, où l'on pense que Villon séjourna après son départ de Paris (1456).

8. Ces legs conviennent à un Cartier, mais celui-ci devait déjà avoir des bassins et un *coquemart,* récipient à eau.

9. Marot traduit *apatella* (apâtela) par *me reput.* Villon fut-il nourri de *cochons gras,* ou faut-il y voir un symbole érotique?

10. L'abbesse de Pourras était de fort mauvaise réputation; promue abbesse en 1454, emprisonnée pour inconduite à l'abbaye de Pont-aux-Dames, réintégrée et définitivement dépossédée de son abbaye en 1463. Elle défraya la chronique scandaleuse du temps, mais rien ne prouve que Villon l'ait connue personnellement. *Pourras* est le nom de l'étang près de l'abbaye de Port-Royal.

CXIII

C'est vïande ung peu plus pesante
Que duvet n'est, plume, ne liege.
Elle est bonne a porter en tente,
Ou pour user en quelque siege[1]. 1137
S'ilz estoient prins a un piege,
Que ces mastins ne sceussent courre[2],
J'ordonne, moy qui suis son miege,
Que des peaulx, sur l'iver, se fourre[3]. 1141

CXIV

Item, a Robinet Trascaille[4],
Qui en service (c'est bien fait)[5]
A pié ne va comme une caille,
Mais sur roncin gras et reffait, 1145
Je lui donne, de mon buffet[6],
Une jatte qu'emprunter n'ose;
Si aura mesnage parfait :
Plus ne luy failloit autre chose. 1149

CXV

Item, donne a Perrot Girart[7],
Barbier juré du Bourg la Royne,
Deux bacins et ung coquemart[8],
Puis qu'a gaignier met telle paine. 1153
Des ans y a demie douzaine
Qu'en son hostel de cochons gras
M'apatella une sepmaine[9],
Tesmoing l'abesse de Pourras[10]. 1157

V. 1135, F : Que de duvet plume. — V. 1142, ACI :
Toussecaille. — V. 1143, F : qui en service s'est bien
fait; I : qui est en service bien fait. — V. 1145, F : rous-
sin gros et refait; A : rouan. — V. 1149, I : falloit. —
V. 1156, AF : m'ap(p)areilla.

1. Les Ordres mendiants (franciscains, dominicains, carmes et augustins), ainsi que les filles-Dieu et les béguines ont déjà reçu un legs satirique dans le *Lais* (v. 249-256). A l'accusation de goinfrerie et de paillardise s'ajoute ici celle d'hérésie par l'assimilation avec les turlupins, hérétiques ancêtres des vaudois, partisans du nudisme et de la « fraternité des pauvres ». Cette secte fut poursuivie par Charles V, sur l'instigation du pape Grégoire XI (xɪve siècle).

2. Thuasne dans son commentaire donne la composition de ces « soupes jacobines » : « Souppe jacopine de pain tostée, du fromage du meilleur que on pourra trouver, et mettre sur les tostées, et destramper de bouillon de bœuf, et mettre dessus de bons pluviers rostis ou de bons chappons. »

3. Terme religieux : offrande du pain et du vin au cours de la messe; cette offrande est ici toute profane.

4. Il s'agit de jeux d'alcôve et non de contemplation mystique. L'attaque contre *l'abbesse de Pourras* annonçait cette reprise du v. 255 du *Lais*. Elle était déjà courante dans les œuvres de Rutebeuf.

5. *Du moins n'est-ce pas moi qui leur donne — Mais ce sont les mères de tous les enfants — et Dieu, qui les récompense* (guerdonne) *de cette façon.*

6. Villon feint de les plaindre et de croire à leurs jérémiades.

7. *Il faut qu'ils aient de quoi vivre, les bons pères...*

8. Docteur de l'Université de Paris, prédicateur réputé, mais condamné en 1321 par le pape Jean XXII à faire amende honorable (v. 1177 : *s'en revoqua*). Sa rétractation concernerait non seulement ses attaques contre les Ordres mendiants, mais le reste de ses ouvrages *(et reliqua).* C'est un épisode du conflit entre le clergé régulier et le clergé séculier (*cf. :* le *Lais*, v. 95). Au xɪɪɪe s., Guillaume de Saint-Amour, représentant de l'Université et du clergé séculier, avait eu déjà maille à partir avec les Ordres. Villon en cette matière adopte la même attitude que Rutebeuf.

9. Jean de Meung, le poète satirique de la 2e partie du *Roman de la Rose*. Il attaque les Ordres dans les vers 11436 et *sq.*

10. *Mathieu qui en fit autant...* est Matheolus, auteur du *Liber de infortunio suo,* traduit en français en 1372.

11. Conformisme ironique, comme dans le huitain cxɪx, dont le dernier vers donne la clef : *Ce sont gens capables de se venger.*

CXVI

Item, aux Freres mendians,
Aux Devotes et aux Beguines[1],
Tant de Paris que d'Orleans,
Tant Turlupins que Turlupines[2],   1161
De grasses souppes jacoppines
Et flans leur fais oblacion[3];
Et puis après, soubz ces courtines,
Parler de contemplacion[4].   1165

CXVII

Si ne suis je pas qui leur donne,
Mais de tous enffans sont les meres[5],
Et Dieu, qui ainsi les guerdonne,
Pour qui seuffrent paines ameres[6].   1169
Il faut qu'ilz vivent, les beaulx peres[7],
Et mesmement ceulx de Paris.
S'ilz font plaisir a nos commeres,
Ilz ayment ainsi leurs maris.   1173

CXVIII

Quoy que maistre Jehan de Poullieu[8]
En voulsist dire *et reliqua*,
Contraint et en publique lieu,
Honteusement s'en revoqua.
Maistre Jehan de Mehun s'en moqua[9];   1177
De leur façon si fist Mathieu[10];
Mais on doit honnorer ce qu'a
Honnoré l'Eglise de Dieu[11].   1181

V. 1161, FI : Tant Trupelins que Trupelines. — V. 1164,
AC : ses courtines. — V. 1166, C : Se ne suis je pas; F :
Sy ne scais je pas. — V. 1173, C : Les maris.

1. Naturellement, c'est tout le contraire! Ces moines sont gourmands, paillards, querelleurs et, par-dessus le marché, vindicatifs. Ce sont des gens redoutables, d'où l'illusoire soumission de Villon.

2. *Dans le privé ou dans les sermons.*

3. *Il n'en faut rien dire.*

4. Un carme, dont l'existence est encore attestée en 1471. Cet ordre fondé au XIIe s. était très sévère à l'origine, mais avait été assoupli par la suite.

5. *L'hôtel des Carmes* avait été donné aux moines par Philippe le Bel en 1309; il était situé place Maubert.

6. *Portant visage hardi et joyeux.*

7. *Une salade* (casque) *et deux guysarmes* (hallebardes à deux tranchants).

8. Vraisemblablement une déformation de *Turquant,* lieutenant-criminel du prévôt de Paris depuis 1436, en bonnes relations avec le chanoine Villon.

9. *De peur que Detusca et ses gens d'armes — Ne lui volent sa cage verte.* Sans doute cette *cage verte* est à rapprocher de *La Cage,* nom d'une maison située en face du couvent des Carmes, l'épithète *verte* venant du *Panier vert,* établissement de mauvaise réputation. Le vert étant, comme le rappelle J. Dufournet, la couleur du changement (ou de la prostitution), et le sens symbolique de *cage* étant le sexe féminin, il s'agirait dans ce passage d'une prostituée amie de frère Baude que voulait lui enlever Turquant.

10. Un démon particulièrement agité aurait hanté une demeure royale située à l'emplacement actuel de l'Observatoire; devenue une ruine et un repaire de truands, elle fut donnée aux chartreux (1257) par saint Louis. Le souvenir du *diable Vauvert* est évoqué par Rabelais (*Pantagruel,* chap. XIII) : « Ce diable de Pantagruel, qui a convaincu tous les Sorbonicoles... est ung aultre diable de Vauvert. »

11. Le v. 1204 précise de quel scelleur il s'agit. C'était alors Richard de la Palu, maître ès arts et prêtre. — « *Parce que le Scelleur — a mâché maint étron* (cire) *de mouche* [à miel]. » Marot explique dans une note : « *Cire d'abeille.* »

12. La parenthèse, comme ici, doit être généralement prise par antiphrase.

13. *Son oceau mouillé de salive d'avance* (d'avantage, sens donné par A. Burger) — *le pouce aplati* (escachié) — *pour faire l'empreinte d'un seul coup* (à une voye).

CXIX

Si me soubmectz, leur serviteur
En tout ce que puis faire et dire,
A les honnorer de bon cuer
Et obeïr, sans contredire[1] ;   1185
L'homme bien fol est d'en mesdire,
Car, soit a part ou en preschier[2]
Ou ailleurs, il ne fault pas dire[3]
Se gens sont pour eux revenchier.   1189

CXX

Item, je donne a frere Baude[4],
Demourant en l'ostel des Carmes[5],
Portant chiere hardie et baude[6],
Une sallade et deux guysarmes[7],   1193
Que Detusca et ses gens d'armes[8]
Ne lui riblent sa caige vert[9].
Viel est : s'il ne se rent aux armes,
C'est bien le deable de Vauvert[10].   1197

CXXI

Item, pour ce que le Scelleur[11]
Maint estront de mouche a maschié,
Donne, car homme est de valeur[12],
Son seau d'avantage crachié,   1201
Et qu'il ait le poulce escachié[13],
Pour tout empreindre a une voye ;
J'entens celuy de l'Eveschié,
Car les autres, Dieu les pourvoye !   1205

V. 1189, AC : Ses gens sont pour eux revenchier, cor-
rigé en ces gens, par Longnon et Burger. — V. 1190,
F : maistre Baude. — V. 1194, F : de Tusta ; I : de
Cousta. — V. 1195, A : Ne lui robent ; F : Ne soit riblée
sa... — V. 1202, F : escorché.

1. *Quant à Messeigneurs les Auditeurs — Ils auront leur grange lambrissée.* Villon se moque des auditeurs de la Chambre des deniers (Cour des comptes), créée par Philippe le Bel. Le bâtiment où elle siégeait, près de la Sainte Chapelle, était alors en mauvais état, d'où le nom de « grange » que lui donne Villon.
2. *Qui avaient le cul galeux* (ou des hémorroïdes). J. Dufournet voit une allusion aux mœurs spéciales des Auditeurs.
3. *A condition que l'amende* (v. 1212) *soit très haut taxée — pour la petite Macée...* Ce personnage est identifié par P. Champion (II, p. 154) avec le juge Macé, d'Orléans, « homme bavard et procédurier dont Villon parle pour cela comme d'une femme ». Le rapprochement avec les *culs rogneux* peut faire penser à un personnage aux mœurs spéciales.
4. Thuasne explique l'expression par la coutume qui donnait au geôlier la *ceinture* du condamné à mort et ce qui se trouvait au-dessus, le bourreau recevant ce qu'il y avait au-dessous.
5. *Elle* se rapporte à *Macée*. Ce juge avait peut-être assigné Villon devant la Cour des comptes.
6. François de la Vacquerie, juge ecclésiastique (promoteur) instruisant les causes des clercs. Maître ès arts en 1436, licencié en décret en 1442, il participa à l'interrogatoire de Guy Tabarie dans l'affaire du cambriolage du collège de Navarre. Villon se venge de lui en le ridiculisant.
7. Le *gorgerin* était la pièce d'armure protégeant le cou. Il s'agit ici de la garde écossaise de Louis XI. Ce gorgerin sans orfèvrerie fait songer à la corde de la potence.
8. Cet adoubement est fictif : en fait, le promoteur fut rossé par un de ses « clients ».
9. *Il blasphéma Dieu et saint George :* ce dernier était un patron de la chevalerie et aussi des Anglais. La place des mots suggère de faciles calembours : promoteur de la Vacherie. — *Comme enragé* se rattache à *Il maugréa*. Ce juge n'a rien d'un véritable chevalier!
10. Lui aussi promoteur de l'officialité et chargé d'interroger Guy Tabarie en 1548 (*cf.* v. 6).
11. Ivrognerie héréditaire, qui rend les yeux rouges (du moins à ce qu'on croyait).
12. Sacs de voyage en toile grossière, tout à fait impropre pour s'essuyer les yeux.
13. *S'il était l'archevêque de Bourges, il aurait du cendal* (étoffe de soie). L'archevêque de Bourges était le fils de Jacques Cœur. — Ce portrait de Jean Laurens paraît directement inspiré d'une ballade d'Eustache Deschamps (*cf.* : J. Dufournet, *Recherches...*).

CXXII

Quand des auditeurs messeigneurs,
Leur granche ilz auront lambroissee[1] ;
Et ceulx qui ont les culz rongneux[2],
Chascun une chaire percee;   1209
Mais qu'a la petite Macee[3]
D'Orleans, qui ot ma sainture[4],
L'amende soit bien hault tauxee :
Elle est une mauvaise ordure[5].   1213

CXXIII

Item, donne a maistre Françoys,
Promoteur, de la Vacquerie[6]
Ung hault gorgerin d'Escossoys,
Toutesfois sans orfaverie[7] ;   1217
Car, quant receut chevallerie[8],
Il maugrea Dieu et saint George[9] :
Parler n'en oit qui ne s'en rie,
Comme enragié, a plaine gorge.   1221

CXXIV

Item, a maistre Jehan Laurens[10],
Qui a les povres yeulx si rouges
Pour le pechié de ses parens[11]
Qui burent en barilz et courges,   1225
Je donne l'envers de mes bouges[12]
Pour tous les matins les torchier;
S'il fust arcevesque de Bourges[13],
Du sendail eust, mais il est chier.   1229

V. 1210, CF : Que la petite. — V. 1212, C : L'amende
en soit. — V. 1220, C : qu'il ne s'en rie. — 1224, AI :
Par le péchié.

1. Jean Cotart était *procureur* en cour d'Église en 1455, c'est-à-dire avocat des accusés, mais en 1460 et jusqu'à sa mort en 1461, en qualité de *promoteur* de l'archidiacre, il était chargé d'instruire les affaires. On peut donc se demander si Villon l'eut comme défenseur ou comme accusateur.

2. Monnaie de l'Artois et des Flandres, sans valeur. Sa dette n'est pas importante, ni sans doute les services rendus (s'il y en eut) par Cotard.

3. Regret tardif, puisque Cotard est mort.

4. On n'a pas identifié Denise. Est-ce un nom symbolique pour désigner une femme volage ? Un rappel des différends avec Catherine de Vausselles ? – Les affaires de diffamation, injures, mauvaise vie passaient devant l'Officialité de Paris ; Denise a cité Villon en justice, l'accusant de l'avoir insultée.

5. L'âme de Cotard : pour payer sa dette et par feinte charité chrétienne, Villon a composé cette oraison, qui, en fait, est une satire. Il existait des chansons à boire célébrant ironiquement en latin et en français les buveurs célèbres (*cf.* : Lecoy, *Romania*, 1959).

6. Noé (*Genèse*, IX, 20-21) plante une vigne et s'enivre ne connaissant pas l'effet du vin.

7. Loth (*Genèse,* XX, 30-38) après la destruction de Sodome se réfugie dans une grotte *(ou rocher)* avec ses deux filles. Celles-ci l'enivrent et se donnent à lui pour avoir une descendance.

8. *De telle sorte qu'Amour qui trompe les gens...* – La parenthèse (v. 1242), comme presque toujours, doit être comprise par antiphrase.

9. Le maître d'hôtel, dans le miracle des noces de Cana (*Saint Jean,* II, 9).

10. Vers équivoque (*cf.* variantes et correction). A. Lanly conserve la correction Marot-Longnon et traduit : *Je vous prie tous les trois de donner une place au perchoir à l'âme du bon Cotard.*

11. *Il sortit jadis de votre lignée.*

12. Comme on dit : *ne pas avoir un sou vaillant.* Mais ici au lieu de *sou*, c'est un *peigne.*

13. Plaisanterie sur les deux sens d'*archer* (policier) et buveur.

14. *Paresseux :* c'est un buveur d'élite, comme on dirait aujourd'hui un tireur d'élite.

15. *Nobles Seigneurs, ne permettez pas qu'on empêche l'âme de Cotard d'entrer* [au paradis].

CXXV

Item, a maistre Jehan Cotart,
Mon procureur en court d'Église[1],
Devoye environ ung patart[2]
(Car a present bien m'en advise)[3],   1233
Quant chicaner me feist Denise[4],
Disant que l'avoye mauldite;
Pour son ame[5], qu'es cieulx soit mise,
Ceste oroison j'ai cy escripte.   1237

BALLADE

Marot : B. et oraison.

Pere Noé, qui plantastes la vigne[6];
Vous aussi, Loth, qui beustes ou rochier[7],
Par tel party qu'Amours, qui gens engigne[8],
De voz filles si vous feist approuchier   1241
(Pas ne le dy pour le vous reprouchier),
Archetriclin, qui bien sceustes cest art[9],
Tous trois vous pry qu'o vous vueillez perchier[10]
L'ame du bon feu maistre Jehan Cotart!   1245

Jadis extraict il fut de vostre ligne[11],
Luy qui buvoit du meilleur et plus chier,
Et ne deust il avoir vaillant ung pigne[12];
Certes, sur tous, c'estoit ung bon archier[13];   1249
On ne luy sceut pot des mains arrachier;
De bien boire ne fut oncques fetart[14].
Nobles seigneurs, ne souffrez empeschier[15]
L'ame du bon feu maistre Jehan Cotart!   1253

V. 1237, CF : J'ay ceste oroison cy. — V. 1238, CF :
Pere Noel. — V. 1240, A : qu'Amour les gens engigne.
— 1243, CF : Archedeclin. — V. 1244 : AIF : vous pry
que vous vueillez percher; CM : qu'o vous vueillez
perchier; C : vueillez prescher; correction de Burger :
percher.

1. Caricature prise sur le vif. La parodie du style noble fait place au vocabulaire réaliste et familier. – *Trépigne :* titube.

2. On dit encore *une beigne.* Il est facile d'imaginer l'ivrogne titubant dans les rues sombres et se heurtant aux étaux.

3. Un *buveur* ou un fantassin, à volonté.

4. *Quand vous entendrez appeler.* Le verbe *hucher* est encore employé au XVI[e]s.

5. *Il n'aurait pu.* Les sens de *savoir* et *pouvoir* sont confondus, comme en Belgique de nos jours.

6. *A l'aide! la gorge me brûle.* L'emploi des conditionnels paraît évoquer le supplice de Cotard en enfer, si son âme n'était pas accueillie en paradis : *Ainsi elle ne pourrait jamais étancher sa soif* (sens admis par J. Dufournet et A. Lanly). Cette ballade est un chef-d'œuvre d'ironie cocasse.

7. On peut hésiter entre Jehan de Merle (T., 1462) et son fils Germain (*cf.* variante de A). De toute façon, il s'agit d'un *changeur* (ou banquier) ayant boutique sur le *grand Pont* en 1547, à qui Villon feint de confier son argent. La multiplicité des monnaies en circulation rendait la profession de changeur très importante, sauf pour les gueux comme Villon. D'où les calembours faciles sur le sens de *changer* (v. 1267-1268).

8. Le sujet de *baille* est le changeur.

9. *Soit à un compatriote, soit à un étranger.* Les exemples donnés montrent que le changeur ne perd pas dans l'affaire. – *L'écu* d'or valait 20 sols; *la brette targe* (targe bretonne) ne valait que 10 deniers. – Jeu de mots sur les deux sens d'écu (bouclier et monnaie) et de même pour *targe,* avec peut-être une allusion obscène. – *L'ange* était une monnaie du Hainaut, datant du siècle précédent; *les angelots* une monnaie anglaise, retirée de la circulation en 1436. *Ange et angelots* seraient donc des pièces n'ayant pas cours.

10. Ce conseil ironique insiste sur les sous-entendus obscènes d'*écu* et de *targe*. Le changeur devait penser plutôt à s'enrichir qu'à faire l'amour.

Comme homme beu,qui chancelle et trepigne[1]
L'ay veu souvent, quant il s'alloit couchier,
Et une fois il se feist une bigne[2],
Bien m'en souvient, a l'estal d'ung bouchier.   1257
Brief, on n'eust sceu en ce monde serchier
Meilleur pyon[3], pour boire tost et tart.
Faictes entrer quant vous orrez huchier[4]
L'ame du bon feu maistre Jehan Cotart!   1261

Prince, il n'eust sceu[5] jusqu'a terre crachier;
Tousjours crioit : « Haro! la gorge m'art[6]. »
Et si ne sceust oncq sa seuf estanchier
L'ame du bon feu maistre Jehan Cotart.   1265

CXXVI

Item, vueil que le jeune Merle[7]
Desormais gouverne mon change,
Car de changier envys me mesle,
Pourveu que tousjours baille en change[8],   1269
Soit a privé soit a estrange[9],
Pour trois escus six brettes targes,
Pour deux angelotz ung grant ange :
Car amans doivent estre larges[10].   1273

V. 1257, C : Souvient pour la pie juchier. — V. 1266,
C : Marle; A : que Germain de Merle.

1. Allusion probable au séjour de Villon à Paris en fin d'année 1461. — Les *trois povres orphelins* sont les riches usuriers évoqués dans le *Lais* (xxv-xxvi), dont il a donné les noms, Colin Laurens, Girard Gossouyn et Jean Marceau (v. 201-202).

2. *Et n'ont pas têtes de moutons :* les moutons ne passent pas pour être intelligents; *cf.* les *moutons de Panurge.*

3. Dans la *Ballade en vieux langage,* il a été question du duc de Bourgogne et de trois de ses villes. Dijon, *Salins* et Doles. Ces usuriers sont aussi les spéculateurs sur le sel, d'où le choix de *Salins,* où il y a encore des mines de sel et des sources d'eau chlorurée.

4. *Les Mathelins ou Mathurins,* ordre fondé en 1198 par Saint Jean de Matha et établi à Paris près d'une chapelle *Saint-Mathurin.* Ce dernier passait pour guérir les fous, d'où le v. 1281.

5. Prêtre de Saint-Eustache, qui dirigeait une école réputée.

6. Traité de grammaire du IVe s., encore en usage à l'époque de Villon et jeu de mots sur *Donat* et *donner :* ce n'est pas un traité pour usuriers.

7. *Je ne veux pas les y embarrasser.*

8. Ce cantique à la Vierge est facétieusement adapté pour la circonstance, le *salut* étant à la fois une salutation, le salut des âmes et une monnaie d'or datant de Charles V, ce qui donnerait : *Salut! (ave) Salut d'or (salus), à toi l'honneur (tibi decus).*

9. *Sans rechercher d'études plus approfondies.*

10. Allusion à la joute notoire entre Fernand de Cordoue et les clercs de Paris (1445) qui furent vaincus.

11. *Qu'ils étudient cela et halte-là! — Je leur défends d'aller plus loin.*

12. Autre calembour sur *Credo* et *crédit* (*cf.* : v. 1284).

13. Le poète feint d'imiter le geste de saint Martin coupant en deux son manteau, pour en donner la moitié à un pauvre. La légende de saint Martin était très populaire, comme en témoignent les nombreuses églises Saint-Martin, les noms de village et les statues évoquant la scène de l'officier romain, à cheval et tranchant son manteau avec son épée.

14. Tous les enfants aiment ces pâtisseries, mais elles conviennent bien aux usuriers puisque le *flan* est aussi la plaque de métal destinée à faire une pièce de monnaie.

CXXVII

Item, j'ay sceu en ce voyage
Que mes trois povres orphelins[1]
Sont creus et deviennent en aage
Et n'ont pas testes de belins[2],   1277
Et qu'enfans d'icy a Salins[3]
N'a mieulx sachans leur tour d'escolle.
Or, par l'ordre des Mathelins[4],
Telle jeunesse n'est pas folle.   1281

CXXVIII

Si vueil qu'ilz voisent a l'estude;
Ou? sur maistre Pierre Richier[5].
Le Donat est pour eulx trop rude[6] :
Ja ne les y vueil empeschier[7],   1285
Ilz sauront, je l'ayme plus chier,
Ave salus, tibi decus[8],
Sans plus grans lettres enserchier[9] :
Tousjours n'ont pas clers l'au dessus[10].   1289

CXXIX

Cecy estudient, et ho[11] !
Plus proceder je leur deffens.
Quant d'entendre le grant *Credo*[12],
Trop forte elle est pour telz enfans.   1293
Mon long tabart en deux je fens[13];
Si vueil que la moitié s'en vende
Pour leur en acheter des flans[14],
Car jeunesse est ung peu friande.   1297

V. 1283, I : Ou? cheuz. — V. 1284, AI : Donnet. —
V. 1293, AF : C'est trop pour telz jeune. — V. 1294, I :
en deux sens; C : Mon grant tabart en long je fens. —
V. 1296, C : Pour eulx en.

1. *Et je veux qu'ils soient formés aux bonnes mœurs, quoi qu'il en coûte des coups.* Allusion aux châtiments corporels en usage.

2. *Ils auront des chaperons enfoncés* (A. Burger), *et les pouces sur la ceinture,* attitude réservée de l'écolier bien élevé.

3. Formule de politesse : *Non, je vous en prie, pas du tout,* mais aussi une manière de nier ses dettes : *Il n'en est rien. — Par adventure :* à l'occasion.

4. *Voici des enfants de bonne famille.* Tout le huitain est à comprendre par antiphrase. C'est une raillerie, non un éloge!

5. Villon suit le même ordre que dans le *Lais* (*cf. :* XXVII-XXVIII) : il leur a résigné sa nomination.

6. Ce sont de vieux chanoines de Notre-Dame tout décrépits. L'un d'eux, Guillaume Cotin est autorisé à ne pas participer au chapitre dès 1455. Villon se fait l'interprète des chanoines de Saint-Benoît-le-Bétourné contre leurs confrères. Est-ce une tentative de rapprochement du poète vers ses anciens protecteurs? L'hypothèse est vraisemblable.

7. *Sûr comme qui l'aurait dans le creux de la main.* C'est tout le contraire : le calembour *cens recevoir* et *sans recevoir* indique que ces redevances sont illusoires (*cf. : Lais,* v. 222-223).

8. Le propriétaire Guiot (ou Guillaume) l'avait donnée à bail perpétuel à Gueuldry, qui ne payait pas son loyer.

9. *Quoiqu'ils soient jeunes et espiègles.* Villon joue cruellement sur leur grand âge : ils avaient passé l'âge des jeux depuis longtemps.

10. *Gentils — Et qui les bat ou frappe est fol.* Thuasne a relevé un jeu de mots : *Follet / Fol est.* Follet était le curé de Bourg-la-Reine en 1461.

11. Variantes du dicton : *petits enfants deviendront grands,* et par conséquent pourront rendre les coups. Les deux chanoines étaient sans doute vindicatifs.

CXXX

Et vueil qu'ilz soient informez
En meurs, quoy que couste bature[1];
Chaperons auront enformez
Et les poulces sur la sainture[2],   1301
Humbles a toute creature,
Disans : « Han? Quoy? Il n'en est rien[3]! »
Si diront gens, par adventure :
« Vecy enfans de lieu de bien[4]! »   1305

CXXXI

Item, et mes povres clerjons,
Auxquelz mes tiltres resigné[5] :
Beaulx enfans et droiz comme jons[6]
Les voyant, m'en dessaisiné,   1309
Cens recevoir leur assigné,
Seur comme qui l'auroit en paulme[7],
A ung certain jour consigné,
Sur l'ostel de Gueuldry Guillaume[8].   1313

CXXXII

Quoy que jeunes et esbatans[9]
Soient, en riens ne me desplaist :
Dedens trente ans ou quarante ans
Bien autres seront, se Dieu plaist.   1317
Il fait mal qui ne leur complaist;
Ilz sont tres beaulx enfans et gens[10];
Et qui les bat ne fiert, fol est,
Car enfans si deviennent gens[11].   1321

V. 1298, C : enfermez; F : enfourmez. — V. 1306, CFI :
Item a mes povres. — V. 1307, ACI : je resigne. —
V. 1309, C : Les voyans nus m'en dessaisine. — V. 1310,
ACFI : Et sans recevoir leur assigne. — V. 1311, F : qui
la mort empaulme. — V. 1312, C : jour que on signe;
A : Et a ung certain jour cousine.

1. Le collège des Dix-Huit Clercs, fondé au cloître de Notre-Dame prenait en charge les clercs malades. Villon n'a nullement à s'employer pour y faire admettre les deux chanoines.

2. Les loirs, comme les marmottes, dorment les trois mois d'hiver. Villon accuse les chanoines d'en faire autant.

3. *Au fait* (au fort) *triste est le sommeiller — qui fait être à l'aise jeune en jeunesse.*

4. *Quand il devrait se reposer pendant la vieillesse.* Villon revient souvent sur l'inconvénient d'user mal de sa jeunesse. Ces réflexions sont sans doute tirées de son expérience.

5. *Aussi j'écris en leur faveur au collateur.* Note explicative de P. Champion (I, p. 158) : le collateur est « celui qui a le droit de conférer les bénéfices vacants. Cette question fut très controversée au temps de la Pragmatique Sanction. Les collateurs généraux étaient alors le pape dans la chrétienté, les évêques dans leur diocèse, le souverain dans son royaume; mais il y avait beaucoup d'autres collateurs ». Bien entendu, Villon n'a aucun titre pour écrire des lettres de recommandation.

6. *Qu'ils prient...* Villon en revient à la fiction des enfants; facétie douteuse, puisqu'il s'agit de vieillards.

7. *Certaines gens s'étonnent beaucoup.*

8. Formule familière de serment : *par la foi que je dois aux fêtes et vigiles.*

9. Il n'a pas pu voir (au sens propre et au sens libre) leurs mères, puisqu'ils sont si vieux! Jeu de mots au v. 1337 : *mères d'eulx / merdeux.*

10. *Michault Cul d'oie,* en dépit de son nom burlesque, est un personnage réel, né en 1407. C'était un riche bourgeois comme Charlot Taranne : ni l'un ni l'autre n'avaient besoin d'un legs de cent sols.

11. On trouve la forme *oue,* qui était usuelle. — Marot : « La commune de Paris ne dit *ou* ne *qui,* mais *oue* et *quie.* »

12. Ils tomberont du ciel, comme la manne.

13. *Une paire de bottes de basane — tant empeigne que semelle.* Houseaux et bottes ont une signification obscène.

14. *Pourvu qu'ils me saluent Jeanne.* Jeanne, Jeanneton : noms de filles galantes, servantes ou autres.

CXXXIII

Les bources des Dix et Huit Clers[1]
Auront; je m'y vueil travaillier :
Pas ilz ne dorment comme loirs[2]
Qui trois mois sont sans resveillier.   1325
Au fort, triste est le sommeillier
Qui fait aisier jeune en jeunesse[3]
Tant qu'en fin lui faille veillier,
Quant reposer deust en viellesse[4].   1329

CXXXIV

Si en escrips au collateur[5]
Lettres semblables et pareilles :
Or prient pour leur bienfaicteur[6],
Ou qu'on leur tire les oreilles.   1333
Aucunes gens ont grans merveilles[7]
Que tant m'encline vers ces deux;
Mais, foy que doy festes et veilles[8],
Oncques ne vy les meres d'eulx[9]!   1337

CXXXV

Item, donne a Michault Cul d'Oue[10]
Et a sire Charlot Taranne
Cent solz (s'ilz demandent : « Prins ou[11] ? »
Ne leur chaille; ilz vendront de manne[12])   1341
Et unes houses de basanne[13],
Autant empeigne que semelle,
Pourveu qu'ilz me salueront Jehanne[14],
Et autant une autre comme elle.   1345

V. 1330, C : Sy en rescriptz. — V. 1338, F : a sire Michault
Culdoue; I : Cudoe, C : Cul dou. — V. 1339, C : Tar-
renne. — V. 1340, A : et s'ilz demandent oue.

1. Philippe Brunel, dans le *Lais* (XVIII) a déjà reçu une meute, la garde de Nijon et Bicêtre. La tour de Billy, dans le quartier Saint-Paul était une autre ruine s'ajoutant aux précédentes.

2. *Pourvu que, s'il y a porte ou fenêtre qui ne soit debout ou en état.*

3. *Qu'il ramasse de l'argent à droite et à gauche.*

4. *J'en manque et il n'en a pas.*

5. Légataire du *Lais* (XXXIII), riche épicier. Villon feint de se tromper de prénom, comme s'il ne le connaissait pas. Thuasne remarque que ces deux prénoms sont synonymes de « cornart ».

6. Allusion probable à sa dégradation de clerc.

7. Taverne connue, rue de la Harpe selon P. Champion. — *Par mon âme, vraiment.*

8. Procureur du chapitre de Notre-Dame au Châtelet; il avait défendu les intérêts du chapitre contre les chanoines de Saint-Benoît (1438). C'est encore une allusion au conflit des deux communautés. Genevoys était déjà mort quand Villon écrivit ce legs. L'éd. Levet (1489) remplace son nom par Angenoulx, « conseiller lai en Parlement ».

9. Pierre Basanier (*Lais*, XX) a reçu *le gré du seigneur* Robert d'Estouteville, prévôt de Paris. Il est gratifié ici d'un panier d'épices, au sens propre, prises sur celles que recevait Jean de Rueil, auditeur des causes au Châtelet. La plaisanterie est double, car celui-ci avait un frère épicier.

10. Jehan Mautaint (*cf.* : *Lais*, v. 153) déjà associé à Basanier, notaire du roi au Châtelet, *examinateur* (enquêteur) chargé d'informer sur le vol du collège de Navarre. — Nicolas Rosnel, autre examinateur au Châtelet; il était intervenu dans un procès entre le prévôt et le recteur de l'Université.

11. *Servir de cœur gracieux et prompt.* — *Le seigneur qui sert saint Christophe* est Robert d'Estouteville qui faisait ses dévotions à la gigantesque statue du saint à Notre-Dame (Thuasne). J. Dufournet pense que Villon encourage ces personnages à rester fidèles au prévôt récemment destitué (*Romania*, 1964).

CXXXVI

Item, au seigneur de Grigny[1],
Auquel jadis laissay Vicestre,
Je donne la tour de Billy
Pourveu, s'uys y a ne fenestre   1349
Qui soit ne debout ne en estre[2],
Qu'il mette tres bien tout a point.
Face argent a destre et senestre[3] :
Il m'en fault et il n'en a point[4].   1353

CXXXVII

Item, a Thibault de la Garde...
Thibault ? je mens, il a nom Jehan[5] ;
Que luy donray je, que ne perde ?
(Assez ay perdu tout cest an[6] ;   1357
Dieu y vueille pourveoir, *amen* !)
Le Barillet[7], par m'ame, voire !
Genevoys est plus ancïen[8]
Et a plus beau nez pour y boire.   1361

CXXXVIII

Item, je donne a Basennier[9],
Notaire et greffier criminel,
De giroffle plain ung pannier
Prins sur maistre Jehan de Ruel,   1365
Tant a Mautaint, tant a Rosnel[10],
Et, avec ce don de giroffle,
Servir de cuer gent et ysnel[11]
Le seigneur qui sert saint Cristofle,   1369

V. 1350, FI : Qui soit debout en tout cet estre. — V. 1360,
I : Angenoulx. — V. 1361, I : grant nez ; C : Et plus beau
nez a pour. — V. 1364, F : de girofflee plain pannier. —
V. 1365, AC : de Rueil. — V. 1366, A : Tant a Mautaint,
tant a Renel.

1. Ambroise de Loré, fille du baron d'Ivry. Elle aurait été la récompense d'un pas d'armes ou tournoi entre Louis de Beauvau, grand sénéchal d'Anjou et Robert d'Estouteville, qui fut victorieux.

2. *Ne récompense.* Toutefois, G. Bianciotto (*Mélanges Frappier*) estime que cette conquête fut seulement sentimentale.

3. Il s'agit du *Pas d'armes* organisé par **René**, duc d'Anjou et roi de Sicile, en 1446, à Saumur. René d'Anjou fut dépossédé de son fief par Louis XI (1480) et se retira dans son comté de Provence.

4. Le sujet de *ou si bien fist* est Robert d'Estouteville. — L'évocation d'Hector et de Troïlle, héros adapté de l'*Iliade* crée une atmosphère épique; c'est aussi une allusion à la traduction du *Filostrato* de Boccace par Louis de Beauvau pour le roi René. Dans sa préface, Louis de Beauvau comparait son infortune à celle de Troïlle, fils de Priam, délaissé par Briséis en faveur de Diomède.

5. Le titre explicatif donné par Marot est : *Ballade que Villon donna a un gentilhomme nouvellement marié, pour l'envoyer a son espouse par luy conquise a l'espée.* Cet épithalame en forme de ballade donne le nom d'Ambroise de Loré dans les 14 premiers vers de la ballade en acrostiche. Le texte du poème comporte de très nombreuses variantes; la date de sa composition donne lieu à discussion, et par suite son interprétation varie : la plupart des critiques la pensaient contemporaine du mariage; cette œuvre de jeunesse aurait été insérée dans le *Testament* en 1461, à un moment où Villon ignorait la disgrâce du prévôt, suspendu en 1460, puis destitué par Louis XI le 1er septembre 1461. J. Dufournet (*Romania*, 1964), suivi par Lanly pense que la ballade est contemporaine des huitains qui la précèdent et qu'elle est un hommage à l'amour du prévôt et de sa femme.

6. Terme de fauconnerie : « s'agite en battant des ailes » (Longnon-Foulet). *L'épervier* représente d'Estouteville. — La *mauvis* (ou merle mauvis) Ambroise de Loré d'où le sens : « *Où la mauvis pousse de petits cris et de joie s'ébat.* »

7. *Reçoit son pair* [compagnon] *et s'unit à lui plume à plume* (*cf.* : A. Lanly, p. 214).

8. *Le désir m'y invite.*

9. *Doux laurier :* Comme Pétrarque jouait sur le nom de Laure, Villon utilise le nom de la femme d'Estouteville.

10. Commentaire de Frappier *(Studi in onore...)* : « L'idée de l'olivier franc ôtant toute amertume provient vraisemblablement de réminiscences bibliques. ». — Saint Paul (*Épître aux Romains*, XI, 16-24) compare le chrétien venu des gentils à un sauvageon greffé sur un olivier franc; *cf.* aussi *Exode* (XV, 22-25).

CXXXIX

Auquel ceste ballade donne
Pour sa dame, qui tous biens a[1] ;
S'Amour ainsi tous ne guerdonne[2],
Je ne m'esbaÿs de cela,   1373
Car au pas conquester l'ala[3]
Que .int Regnier, roy de Cecille,
Ou si bien fist et peu parla
Qu'onques Hector fist ne Troïlle[4].   1377

BALLADE[5]

Marot : B. pour Robert d'Estouteville.

Au poinct du jour, que l'esprevier s'esbat[6],
Meu de plaisir et par noble coustume,
Bruit la maulvis et de joye s'esbat,
Reçoit son per et se joinct a sa plume[7],   1381
Offrir vous vueil, a ce desir m'alume[8],
Ioyeusement ce qu'aux amans bon semble.
Sachiez qu'Amour l'escript en son volume ;
Et c'est la fin pour quoy sommes ensemble.   1385

Dame serez de mon cuer sans debat,
Entierement, jusques mort me consume.
Lorier souef qui pour mon droit combat[9],
Olivier franc m'ostant toute amertume[10],   1389
Raison ne veult que je desacoustume,
Et en ce vueil avec elle m'assemble,
De vous servir, mais que m'y acoustume ;
Et c'est la fin pour quoy sommes ensemble.   1393

V. 1379, FI : non pas de dueil, mais. — V. 1380, I :
Bruyt de maulviz ; V. 1381, I : a la plume. — V. 1382, I :
Au soir vous vueil. — V. 1384, I : qu'Amours l'escripvent
en leur volume. — V. 1388, A : pour mon dueil. — V. 1389,
I : franc contre toute. — V. 1390, I : que je descoustume.

1. *S'abat*. Allusion aux vicissitudes de la carrière du prévôt de Paris.

2. *Se fâche*. J. Dufournet (*Romania*, 1964) rappelle que pendant une perquisition au domicile du prévôt emprisonné, sa femme eut à souffrir des brutalités de l'enquêteur, elle qui était « moult sage, noble et honnête femme » (cité par A. Lanly).

3. *Je sème*. Depuis l'Antiquité, biblique ou païenne, les travaux de la terre symbolisent l'amour. Villon prolonge la comparaison (v. 1400).

4. Serment de fidélité malgré les revers de fortune : *Il n'arrivera pas que mon cœur se sépare du vôtre.*

5. Les frères Perdrier étaient les fils d'un riche changeur : Jean était concierge du château royal des Loges (1464); François, clerc de finances, eut à s'occuper des obsèques de Charles VII en 1461 (Thuasne), ce qui confirme les hypothèses de Gaston Paris.

6. Il faut comprendre le contraire, bien entendu.

7. Tous les commentateurs avouent leur embarras devant les quatre derniers vers; les interprétations de Thuasne et de J. Dufournet s'accordent cependant sur le sens général : sous le vocabulaire culinaire *(langues brûlantes, flambantes et rouges)*, il faudrait discerner une accusation calomnieuse d'hérésie qui pouvait conduire aux langues de feu du bûcher. *Langues cuisantes*, etc., seraient le complément de *recommenda*. D'autres ont interprété le v. 1411 comme une apposition à François, langue perfide. Mais pourquoi *Bourges*? Thuasne comprend *l'archevêque de Bourges*, ce que met en doute L. Foulet. Sur tout ce passage, consulter A. Lanly (tome II, p. 218-221) : « On n'a peut-être pas toujours insisté sur le fait que le vers refrain de la ballade (p. 167) : « Soient frittes ces langues envieuses » donnait le véritable sens du passage... »

Et qui plus est, quand dueil sur moy s'embat[1],
Par Fortune qui souvent si se fume[2],
Vostre doulx œil sa malice rabat,
Ne mais ne mains que le vent fait la plume.   1397
Si ne pers pas la graine que je sume[3]
En vostre champ, quant le fruit me ressemble.
Dieu m'ordonne que le fouÿsse et fume;
Et c'est la fin pour quoy sommes ensemble.   1401

Princesse, oyez ce que cy vous resume :
Que le mien cuer du vostre desassemble
Ja ne sera; tant de vous en presume[4];
Et c'est la fin pour quoy sommes ensemble.   1405

CXL

Item, a sire Jehan Perdrier[5],
Riens, n'a Françoys, son secont frere.
Si m'ont voulu tous jours aidier,
Et de lèurs biens faire confrere[6];   1409
Combien que Françoys, mon compere,
Langues cuisans, flambans et rouges,
My commandement my priere,
Me recommanda fort a Bourges[7].   1413

V. 1395, A : si me fume. — V. 1397, CFI : Ne plus ne
moins. — V. 1399, F : quant le fait me. — V. 1400, A :
que je le harse. — V. 1402, AF : Prince. — V. 1406, AC :
Perdriel. — V. 1407, F : Riens à François. — V. 1413, F :
Me recommande.

1. Guillaume Tirel, dit Taillevent (1326-1398), chef de cuisine de Philippe VI, premier écuyer de cuisine de Charles VI, auteur du premier livre de cuisine, le *Viandier*.

2. *Il n'en parle ni en haut ni en bas.*

3. Dans le *Martyre de saint Baccus* (1318) se trouve un cuisinier nommé Macaire, rapproché plaisamment par Villon de saint Macaire d'Alexandrie, très populaire au Moyen Age. Allusion possible (*cf.* J. Dufournet) avec le traître Macaire *(Chanson de la reine Sibile)*, qui faillit faire brûler la reine en l'accusant faussement d'adultère. — *Cuisant un diable avec* (a tout) *tout son poil.*

4. *Le brûlé.*

5. *Cette recette.*

6. *Realgar :* sulfure rouge d'arsenic. — *Arsenic rochier :* pierre d'arsenic (?).

7. *Orpiment :* sulfure naturel d'arsenic ou sulfure jaune.

8. *Esmorchier* donne lieu à des traductions variées : *rongées* (Foulet); ensorcelées (Thuasne), *étouffées* (A. Burger). Au vers 1425, hésitation entre *suif* et *suie* version que nous avons adoptée (ms. C).

9. *En lavures de jambes de lépreux.*

10. Épithète de nature (les chats n'aiment pas l'eau), mais sans doute aussi allusion à l'enseigne du *Chat qui pêche :* la rue du même nom existe toujours au Quartier latin.

11. *Coupée menu avec de bons ciseaux.*

12. *Grenouilles (cf.* reinettes).

13. *Nobles,* employé par antiphrase : ce sont les animaux les plus vils et les plus hideux qui constituent ce plat de sorcière, et non les oiseaux de volerie (faucons, autours). La verve de Villon se divertit en accumulant les ingrédients les plus dégoûtants. Il se souvient de la ballade *Sur les médisans* d'Eustache Deschamps :

> *De couperos, d'alun, de vert-de-gris,*
> *De sel gemme, de soufre vif saillant,*
> *De réalgar, [...]*
> *Soient servis au dîner médisants.*

A. Lanly signale comme autre source le *Songe d'Enfer,* de Raoul de Houdene.

CXLI

Si allé veoir en Taillevent[1],
Ou chappitre de fricassure,
Tout au long, derriere et devant,
Lequel n'en parle jus ne sure[2].   1417
Mais Macquaire, je vous asseure,
A tout le poil cuisant ung deable[3],
Affin qu'il sentist bon l'arsure[4],
Ce *recipe*[5] m'escript, sans fable.   1421

BALLADE

En realgar, en arcenic rochier[6],
En orpiment, en salpestre et chaulx vive[7],
En plomb boullant pour mieulx les esmorchier[8],
En suie et poix destrempez de lessive
Faicte d'estrons et de pissat de juifve,   1426
En lavailles de jambes a meseaulx[9],
En racleure de piez et viels houseaulx,
En sang d'aspic et drogues venimeuses,
En fiel de loups, de regnars et blereaulx,
Soient frittes ces langues envieuses!   1431

En cervelle de chat qui hayt peschier[10],
Noir, et si viel qu'il n'ait dent en gencive,
D'ung viel mastin, qui vault bien aussi chier,
Tout enragié, en sa bave et salive,
En l'escume d'une mulle poussive   1436
Detrenchiee menu a bons ciseaulx[11],
En eaue ou ratz plongent groings et museaulx,
Raines[12], crappaulx et bestes dangereuses,

V. 1414, C : Sy alez voir en Taillevent. − V. 1423,
C : orpiment salpestre. − V. 1425, C : En suye; AFH :
En suif. − V. 1429, AC : aspic et drogues venimeuses;
J : aspic et bestes venimeuses. − V. 1431, C : langues
ennuyeuses. − V. 1432, FH : chat et loup cervier. −
V. 1439, FI : Noirs scorpions, couleuvres dangereuses.

1. Bichlorure de mercure, poison dangereux.

2. Plateau d'airain où les barbiers recueillaient le sang des saignées. Des lettres de Charles VII (mai 1436) prescrivent aux barbiers de nettoyer rapidement les *palettes* utilisées.

3. Du sang corrompu, en pleine décomposition, plus vert que *ciboulette*.

4. *En chancre et purulence (fiz) et en ces sales (ors) baquets.*

5. *Où les nourrices essangent les couches.* Villon accumule les formes de lavage les plus dégoûtantes.

6. Les ablutions intimes des « fillettes ».

7. *Si vous n'avez ni étamine, ni sacs, ni tamis à bluter.*

8. *Passez... à travers le fond de braies merdeuses.*

9. Procureur en Parlement et conseil du roi au Trésor (1455), il était aussi le procureur du roi René à Paris. Les deux huitains servent d'introduction à la ballade qui suit.

10. Le *dit Franc-Gontier* de Philippe de Vitry (1291-1361), évêque de Meaux, poète et musicien célèbre le bonheur simple de la vie à la campagne, comme l'avait fait Virgile dans l'épisode du *Jardinier de Tarente (Géorgiques)*. — De son côté, Pierre d'Ailly (1350-1420) avait décrit la vie inquiète du tyran dans son palais. Villon conteste cette conception du bonheur rustique et il profite de cette occasion pour railler à nouveau la vie oisive et confortable du chanoine.

11. Franc-Gontier est en bas de l'échelle sociale, le *tyran* en haut. C'est une allusion au personnage de Pierre d'Ailly et peut-être aussi à René d'Anjou qui avait mal reçu le poète.

12. Paraphrase de *L'Ecclésiaste* (VIII, 1) : *Le Sage ne veut pas qu'un pauvre homme sans forces lutte (contende) contre un puissant.* — *Las :* lacs; le sujet de *tende* est le puissant; celui de *trébuche*, le pauvre homme.

Serpens, lesars et telz nobles[1] oyseaulx,
Soient frittes ces langues envieuses!   1441

En sublimé, dangereux a touchier[2],
Et ou nombril d'une couleuvre vive,
En sang qu'on voit es palletes sechier[3]
Sur ces barbiers, quant plaine lune arrive,
Dont l'ung est noir, l'autre plus vert que cive[4],   1446
En chancre et fiz, et en ces ors cuveaulx[5]
Ou nourrisses essangent leurs drappeaulx[6],
En petiz baings de filles amoureuses[7]
(Qui ne m'entent n'a suivy les bordeaulx)
Soient frittes ces langues envieuses!   1451

Prince, passez tous ces frians morceaulx,
S'estamine, sacs n'avez ou bluteaulx[8],
Parmy le fons d'unes brayes breneuses[9];
Mais, par avant, en estrons de pourceaulx
Soient frittes ces langues envieuses!   1456

CXLII

Item, a maistre Andry Courault[10],
« Les Contrediz Franc Gontier » mande[11];
Quant du tirant seant en hault[12],
A cestuy la riens ne demande.   1460
Le Saige ne veult que contende[13]
Contre puissant povre homme las,
Affin que ses fillez ne tende
Et qu'il ne trebuche en ses las.   1464

V. 1450, A : Qui ne m'entent? Qui suyvent les bordeaulx;
F : Qui ne cessent de suivre. — V. 1453, C : En estamine se
sac n'avez ne bluteaux. — V. 1457, C : maistre Jehan
Courault.

1. *Je ne crains pas Gontier : il n'a pas de vassaux.* — Villon parodie les tours de la poésie courtoise.

2. *Il loue sa pauvreté, ainsi qu'être pauvre hiver et été.*

3. *Il estime comme félicité ce que je tiens pour un malheur.*

4. *Près d'un brasier, dans une chambre tapissée de nattes.* L'usage de revêtir les murs de nattes s'établit au XIVe s.

5. Ce nom est peut-être tiré du *roman de Ponthus et de la belle Sidonie.* — *Attintée : bien attifée* (« Glossaire » Longnon-Foulet).

6. *L'hypocras* (ou vin d'Hippocrate), mixture composée de vin, de sucre, de cannelle; de girofle et de gingembre, était un aphrodisiaque énergique, ce qui explique les ébats amoureux des vers suivants.

7. *Pratiquée.* — V. 1485 : *civotz* (*cf.* v. 1446 : *cive*) : ciboulette.

8. Texte peu satisfaisant, de même que la traduction Foulet : *aconter* : estimer. A. Burger (« Lexique », p. 25) cite une interprétation ingénieuse de Néri qui rapproche de ce passage le texte du *Dit de France Gontier* : *Ilec* [là] *mengeoit Gontier v dame Helayne... Aulx et oignons, escaillongne froyée* [frottée] *sur crouste bise.* Une tartine de pain grillé (tosté) frottée d'oignon est encore fort appréciée des populations de l'Italie du Sud. Mais d'où viendrait le verbe *aconcier*, sinon de l'italien *acconciare* : « parer »? Le vers serait donc: *N'aconçassent une bise...*, et le sens : *ils ne pareraient pas...* A. Lanly, se fondant sur le texte de Philippe de Vitry préfère la traduction plus familière de *frotter.*

9. *Tout leur maton* (lait caillé), *toute leur potée — Je ne les estime pas plus qu'une gousse d'ail, soit dit sans chicaner.* Les termes de *maton* et *potée* sont encore usuels en Lorraine et parfois en Champagne.

10. Raillerie des thèmes de la poésie lyrique.

11. Un lit avec une chaise à côté.

12. *Perdre son temps.*

CXLIII

Gontier ne crains : il n'a nuls hommes[1]
Et mieulx que moy n'est herité;
Mais en ce debat cy nous sommes,
Car il loue sa povreté,   1468
Estre povre yver et esté[2],
Et a felicité repute
Ce que tiens a maleureté[3].
Lequel a tort? Or en dispute.   1472

BALLADE

Marot : Les contrediz de Franc Gontier.

Sur mol duvet assis, ung gras chanoine,
Lez ung brasier, en chambre bien natee[4],
A son costé gisant dame Sidoine[5],
Blanche, tendre, polie et attintee,
Boire ypocras, a jour et a nuytee[6],   1477
Rire, jouer, mignonner et baisier,
Et nu a nu, pour mieulx des corps s'aisier,
Les vy tous deux, par ung trou de mortaise :
Lors je congneus que, pour dueil appaisier,
Il n'est tresor que de vivre a son aise.   1482

Se Franc Gontier et sa compaigne Helaine
Eussent ceste doulce vie hantee[7],
D'oignons, civotz, qui causent forte alaine,
N'acontassent une bise tostee[8].
Tout leur mathon, ne toute leur potee,   1487
Ne prise ung ail, je le dy sans noysier[9].
S'ilz se vantent couchier soubz le rosier[10],
Lequel vault mieulx? Lict costoyé de chaise[11]?

V. 1478, A : mignoter. — V. 1479, F : des coups s'aider;
I : les corps aiser. — V. 1484, C : Eussent toujours celle
doulce vie amée. — V. 1486, I : N'en comptassent; C :
En racontassent. — V. 1489, C : Sy se vont; I : Si s'en vont
ilz coucher.

1. Boire de l'eau toute l'année paraît détestable au pilier de taverne qu'est Villon, surtout après la prison de Meung et la *question de l'eau.*

2. Babylone d'Égypte (Le Caire) ou d'Asie? Le sens est clair : « Tous les oiseaux d'ici jusqu'au bout du monde, à ce prix-là *(a tel escot)* ne me retiendraient une seule journée, non pas même une matinée. » Les variantes *(a tel estat),* ms. A et *a tel escolle* (C) sont également admissibles.

3. *Or que s'ébatte, de par Dieu, Franc Gontier avec Hélène, sous le bel églantier. — Si cela leur est bon, je n'ai point de raison de m'en chagriner.*

4. *Du métier de laboureur.* Peut-être y a-t-il une équivoque amenée par les ébats amoureux de Gontier et d'Hélène, *labourer* ayant comme *fouir* un sens libre.

5. *Rappeler* (latin *recordari*).

6. Catherine de Bruyères, veuve en 1454 de Girard de Béthisy, notaire et secrétaire de Charles VI. Elle était propriétaire de l'hôtel du Pet-au-Diable (*cf.* : I., v. 858, *Le roman du Pet-au-Diable*), dont la borne enlevée par les étudiants avait été à l'origine (en 1451) de graves conflits entre ceux-ci et le prévôt de Paris : grève des cours, manifestations et bagarres. Villon la présente comme une dévote voulant endoctriner les filles de joie.

7. *Prêcher dehors.*

8. G. Paris (*Romania*, 1901) note que le mot *bachelière,* féminin de *bachelier* a été inventé par Villon : celui-ci se moque des prétentions des jeunes filles à la théologie. Les *bachelières* sont à l'opposé des *villotières,* jeunes et jolies marchandes peu farouches. Thuasne cite à ce sujet des vers fort libres de Marot sur les « petites vilotières ».

9. Commentaire de P. Champion (II, p. 163) : « Inutile à cette dame de prêcher au cimetière des Innocents, où les filles sont nombreuses : qu'elle se rende au marché de la lingerie, aux Halles, et adresse ses remontrances à ces gracieuses et légères marchandes qui ont la repartie si prompte!.. »

10. *Le Marché au filé* avait lieu aux Halles : les fileuses et lingères passaient pour légères.

Qu'en dites vous? Faut il a ce musier[1]?
Il n'est tresor que de vivre a son aise.   1492

De gros pain bis vivent, d'orge, d'avoine,
Et boivent eaue tout au long de l'anée[2].
Tous les oyseaulx d'icy en Babiloine[3]
A tel escot une seule journee
Ne me tendroient, non une matinee.   1497
Or s'esbate, de par Dieu, Franc Gontier,
Helaine o luy, soubz le bel esglantier[4] :
Se bien leur est, cause n'ay qu'il me poise;
Mais, quoy que soit du laboureux mestier[5],
Il n'est tresor que de vivre a son aise.   1502

Prince, jugiez, pour tous nous accorder.
Quant est de moy, mais qu'a nul ne desplaise,
Petit enfant, j'ay oÿ recorder[6] :
Il n'est tresor que de vivre a son aise.   1506

CXLIV

Item, pour ce que scet sa Bible
Ma damoiselle de Bruyeres[7],
Donne preschier hors l'Évangille[8]
A elle et a ses bachelieres[9],   1510
Pour retraire ces villotieres
Qui ont le bec si affillé,
Mais que ce soit hors cymetieres[10],
Trop bien au Marchié au fillé[11].   1514

V. 1496, C : tel escolle. — V. 1500, A : Se bien leur ayst;
I : n'ay cause qu'il. — V. 1503, C : juge pour tost nous
accorder. — V. 1507, C : sa bille. — V. 1508, C : des
Bruyeres. — V. 1510, I : A elle et a ses chamberières. —
V. 1514, FI : Trop au marché et au fillé.

1. Traduction de Mortier : « belles discoureuses ». Le titre de l'édition Levet était *Ballade de la rescripcion des femmes de Paris.*

2. *Messagères d'amour* ou entremetteuses; c'est le rôle traditionnel des vieilles *(les anciennes).*

3. *De très beau parler tiennent chaires — Ce dit-on les Néapolitaines.*

4. *Catalanes. — Brettes* (v. 1531) : Bretonnes.

5. Le *Petit-Pont* reliait la rue Saint-Jacques et l'île de la Cité. Il était protégé sur la rive gauche par le *Petit-Châtelet,* forteresse construite par Aubriot, prévôt de Paris, riche, paillard et irréligieux. P. Champion (I, 224) : « On était ici à la frontière de la région universitaire; mais en réalité les écoliers passaient souvent sous la voûte du Petit-Châtelet pour gagner le Petit-Pont. Ce dernier était tout construit et on entendait seulement clapoter l'eau sous ses arches de pierre : on faisait ainsi passer la Seine aux étrangers sans qu'ils s'en doutassent autrement. C'était là peut-être l'endroit le plus vivant de Paris : on y vendait des poulets, des œufs, de la venaison et surtout du poisson d'eau douce. Les écoliers venaient y faire leurs provisions... On y rencontrait enfin des marchandes de « denrées de mer », harengères qui parlaient le français le plus vif qu'on pût entendre. » Le mot *haranguières* est une invention de Villon qui a mêlé *harengières,* marchandes de harengs et *harangueuses* (discoureuses).

6. *Leur cloueront le bec.*

7. L'aparté du poète indique bien que peu importe le nom des villes, qu'il s'agisse (v. 1537) de *Picardes de Valenciennes* ou de *Picardes et Beauvoisiennes :* toutes les villes du monde peuvent s'aligner contre Paris, les Parisiennes auront le dernier mot. Le poète a d'ailleurs avoué qu'il se plaisait à bavarder des journées entières avec les filles de la rue.

BALLADE

Marot : B. des femmes de Paris.

Quoy qu'on tient belles langagieres[1]
Florentines, Veniciennes,
Assez pour estre messagieres[2],
Et mesmement les anciennes;   1518
Mais, soient Lombardes, Romaines,
Genevoises, a mes perilz,
Pimontoises, Savoisiennes,
Il n'est bon bec que de Paris.   1522

De tres beau parler tiennent chaieres[3],
Ce dit on, les Neapolitaines,
Et sont tres bonnes caquetieres
Allemandes et Pruciennes;   1526
Soient Grecques, Egipciennes,
De Hongrie ou d'autre pays,
Espaignolles ou Cathelennes[4],
Il n'est bon bec que de Paris.   1530

Brettes, Suysses, n'y sçavent guieres,
Gasconnes, n'aussi Toulousaines :
De Petit Pont deux harengieres[5]
Les concluront[6], et les Lorraines,   1534
Engloises et Calaisiennes
(Ay je beaucoup de lieux compris[7]?)
Picardes de Valenciennes;
Il n'est bon bec que de Paris.   1538

V. 1515, A : Quoy qu'on tiegne. — V. 1516, I : Genevoises
Veniciennes. — V. 1520, I : Florentines a mes perilz. —
V. 1524, A : Se dit on Neapolitaines; C : Ce dit on les
Appolitaines. — V. 1525, C : Et que bonnes sont caque-
tières. — V. 1526, I : Allemandes Prouvenciennes; C :
Almanses et Bruciennes. — V. 1529, CFI : Castellannes.
— V. 1535, I : Anglaises et Valenciennes. — V. 1537 :
Picardes et Beauvoisiennes.

1. Après cette ballade qui sonne clair comme une chanson des rues au printemps, le ton change dans le huitain CXLV : tout y est ombre et murmure à voix basse; le tableau est à rapprocher de celui des *povres vieilles sottes* regrettant leur jeunesse (v. 525-530). Elles ne disent pas des prières, mais des médisances.

2. *Ne bouge pas.* — Macrobe (IVe-Ve s.), proconsul romain en Afrique; auteur d'un commentaire sur le *Songe de Scipion,* de Cicéron, et de *Saturnales.* Fort apprécié au Moyen Age pour ses jugements moraux, il est pris comme parrain par le *Roman de la Rose.*

3. En effet, car les babillardes se soucient peu de la morale!

4. L'ironie cache une part de vérité : ces bavardages venimeux ou scabreux révèlent la nature véritable de la femme; que les romans courtois ont idéalisée.

5. Le *Mont des Martyrs* avait une abbaye de femmes fondée au XIIe s., mais en pleine décadence morale et matérielle au XVe.

6. *Ancien* peut être pris dans tous les sens : respectable ou décrépit.

7. Le *Mont Valérien* est avec le *Montmartre* l'un des tertres les plus élevés de Paris. Mais il semble choisi ici pour faire un jeu de mots : c'est le mont « qui ne vaut rien »; le legs est donc illusoire.

8. Villon feint d'avoir fait le pèlerinage de Rome, et d'en avoir rapporté une indulgence de trois mois qu'il cède généreusement aux nonnes de Montmartre, qui en ont bien besoin.

9. Encore deux vers à comprendre par antiphrase : les *bons chrétiens* n'avaient pas à entrer dans un couvent de femmes; n'empêche qu'il y a beaucoup d'hommes qui y vont. Au début du XVIe s., l'évêque de Paris prescrira le rétablissement de la clôture.

Prince, aux dames Parisiennes
De beau parler donnez le pris;
Quoy qu'on die d'Italiennes,
Il n'est bon bec que de Paris.   1542

CXLV

Regarde m'en deux, trois, assises
Sur le bas du ply de leurs robes[1],
En ces moustiers, en ces eglises;
Tire toy pres, et ne te hobes[2];   1546
Tu trouveras la que Macrobes
Oncques ne fist tels jugemens[3].
Entens; quelque chose en desrobes :
Ce sont tous beaulx enseignemens[4].   1550

CXLVI

Item, et au mont de Montmartre[5],
Qui est ung lieu moult ancïen[6],
Je luy donne et adjoings le tertre
Qu'on dit le mont Valerien[7],   1554
Et, oultre plus, ung quartier d'an
Du pardon qu'apportay de Romme[8] :
Si ira maint bon crestien
Voir l'abbaye ou il n'entre homme[9].   1558

V. 1546, C : Tire t'en près. — V. 1547, A : Tu trouveras
qu'onques Macrobe. — V. 1552, A : bien ancien. — V.
1555, C : Et oultre plus d'ung quartier. — V. 1558, C :
en l'abbaye.

1. C'est maintenant le tour des *valets et chambrières de bonnes maisons,* qui mènent joyeuse vie pendant que dorment seigneurs et dames (v. 1564).

2. *Feront tartes, flans et gougères.* Villon cite souvent tartes et flans dans les bombances, mais c'est la première fois qu'apparaissent les gougères, entremets au gruyère.

3. *Grans ralias :* grande « foire » à minuit.

4. *Peu importe qu'ils boivent sept ou huit pintes :* la pinte de Paris était à peu près l'équivalent du litre.

5. *Je leur rappelle le jeu d'âne.* — L'âne étant le symbole de la lubricité, jouer au *jeu d'âne,* c'est faire l'amour.

6. *Mères et tantes :* les filles de bonne famille n'ont pas besoin de ses legs.

7. Villon montre toujours ses préférences pour les humbles et les pauvres.

8. *Elles seraient pourtant contentes de peu.*

9. *Grand bien leur feraient maints morceaux — Aux pauvres filles* (vraiment!) — *Qui se perdent chez les jacobins.* Le mot *ennementes* fait difficulté. Nous avons conservé l'interprétation de L. Foulet. A. Burger (*cf.,* p. 26) corrige en *entremetes,* mot signifiant : *tandis que.* — Le mot *loppins* est à double sens : morceaux de victuailles ou organes sexuels, *parties;* l'équivoque est prolongée par l'ambiguïté de l'antécédent de *qui :* est-ce les *loppins* ou les *filles* qui se perdent aux jacobins?

10. L'ordre des célestins avait été fondé au XIIIe s. et introduit en France par Philippe le Bel; celui des chartreux, fondé par saint Bruno à la Grande-Chartreuse (1084), fut introduit à Paris par saint Louis. Les jacobins, célestins et chartreux sont la cible préférée de Villon.

11. *Quoiqu'ils mènent une vie étroite* [à ce qu'ils disent] — *Pourtant ils ont largement entre eux — Ce dont les pauvres filles ont disette.*

12. *Jacqueline, Perrette et Ysabeau :* les maîtresses des moines. — D'après Marot, *Erné* est un juron de fille.

13. *Ilz :* elles. — Les pauvres filles ne mériteraient pas damnation (v. 1582), puisqu'elles sont en disette de gourmandise... ou d'amour.

CXLVII

Item, varletz et chamberieres
De bons hostelz (riens ne me nuyt[1])
Feront tartes, flans et goyeres[2],
Et grans ralias a myenuit[3]   1562
(Riens n'y font sept pintes ne huit[4]),
Tant que gisent seigneur et dame;
Puis après, sans mener grant bruit,
Je leur ramentoy le jeu d'asne[5].   1566

CXLVIII

Item, et a filles de bien,
Qui ont peres, meres et antes[6],
Par m'ame! je ne donne rien,
Car j'ay tout donné aux servantes[7].   1570
Si fussent ilz de peu contentes[8] :
Grant bien leur fissent mains loppins
Aux povres filles (ennementes[9]!)
Qui se perdent aux Jacoppins,   1574

CXLIX

Aux Celestins et aux Chartreux[10];
Quoy que vie mainent estroite,
Si ont ilz largement entre eulx
Dont povres filles ont souffrete[11];   1578
Tesmoing Jaqueline, et Perrete,
Et Ysabeau qui dit : « Enné[12]! »;
Puis qu'ilz[13] en ont telle disete,
A paine en seroit on damné.   1582

V. 1561, CI : faisans tartes. — V. 1562, C : raliatz; A :
grant ravaudiz. — V. 1570, C : Car tout ont eu varlets, ser-
vantes. — V. 1573, C [corrigé par A. Burger] : Aux povres
filles, entrementes — Qu'ils se perdent aux Jacoppins;
I : filles advenantes. — V. 1580, A : dit Anné. — V. 1581,
A : Puis qu'elles ont telle disete.

1. Ce personnage est l'un des plus truculents, mais aussi des plus contestés du *Testament*. Thuasne croit à l'existence de la ribaude ; la ballade serait une confession de Villon souteneur. P. Champion reconnaît l'influence des « sottes ballades », *« où l'on développait sur des rimes rauques, des récits d'amours populaires et ridicules avec des femmes sales, puantes et bossues... »* (op. cit., I ; p. 105). Mais il ajoute : *« Gardons-nous de considérer comme un simple exercice littéraire la cruelle confession du poète ; et surtout ne prenons pas* (comme l'a fait Longnon. *Étude biographique*, p. 48-49) *la Grosse Margot pour une enseigne d'une hôtellerie célèbre de la rue Cloche-Perce qui subsistait encore à la fin du XVIIe s. »* (p. 106). Bien mieux, il ajoute (p. 107) : *« C'est « à l'uis de l'ostel de la Grosse Margot »* que nous rencontrons à une heure indue, au mois de mai 1452, Régnier de Montigny, le mauvais conseil de Villon* ». I. Siciliano ne tombe pas dans ces nuances contradictoires. Selon lui, *« Villon n'eut jamais maille à partir avec ce triste sire* [le souteneur]... *Le souteneur et la Grosse Margot ne sont que deux pantins, dont Villon se paie joyeusement la tête. Leur réalisme écœurant, leur trivialité absurde, leurs discours et leurs gestes sont représentés.... dans un esprit burlesque, enjoué, sans trouble »* (op. cit., p. 405).

2. A comprendre par antiphrase : la *pourtraicture* devait être peinte de vives couleurs et à grands traits.

3. Déformation des jurons : *By Lord! By God!* (Par le Seigneur! Par Dieu!). Note de Marot : *« Du temps de Villon il restoit encore à Paris quelques mots des Anglais qui avoient passé par là. »*

4. Vers facétieux. Cette douce et dévote créature *« jure par la mort Jhésucrist »* (v. 1607).

5. *Sade :* « savoureuse » (A. Burger); « gracieuse » (Longnon-Foulet).

6. Sous-entendu : « Personne ne la trouvera, puisqu'elle est imaginaire. »

7. *De bon cœur.* Le v. 1593 justifie ce « service » : elle a des qualités autant qu'on en peut souhaiter.

8. ... *je crains bouclier et dague (passot)*, au figuré, s'entend.

9. En allant tirer le vin à la cave, il laisse toute liberté aux clients de la ribaude.

10. Traduction de Marot : *« que bien stat, que tout est bien, et est tiré de l'italien. »*

11. *Rut.*

CL

Item, a la Grosse Margot[1],
Tres doulce face et pourtraicture[2],
Foy que doy *brulare bigod*[3],
Assez devote creature[4] ;   1586
Je l'aime de propre nature,
Et elle moy, la doulce sade[5] :
Qui la trouvera d'aventure[6],
Qu'on luy lise ceste ballade.   1590

BALLADE

Marot : B. de la Grosse Margot.

Se j'ayme et sers la belle de bon hait[7],
M'en devez vous tenir ne vil ne sot ?
Elle a en soy des biens a fin souhait.
Pour son amour sains bouclier et passot[8] ;
Quant viennent gens, je cours et happe ung pot,   1595
Au vin m'en fuis, sans demener grant bruit[9] ;
Je leur tens eaue, frommage, pain et fruit.
S'ilz paient bien, je leur dis : « *Bene stat*[10] ;
Retournez cy, quant vous serez en ruit[11],
En ce bordeau ou tenons nostre estat ! »   1600

V. 1591, F : sers ma Dame (leçon suivie par L. Thuasne).
— V. 1593, A : Elle a assés de biens. — V. 1595, A : gens,
happe le pot. — V. 1596, C : Au vin m'en voys ; A : Au vin
s'enfuit a cop sans mener bruit. — V. 1597, H : tartre,
formage et fruit. — V. 1598, HI : Puys s'ilz jouent ; A :
elle leur dit bien stat ; C, I, J : je leur dis que bien stat.

1. *Délait,* contraire de *bon hait* (v. 1591) : fâcherie et même bagarre.

2. *Je prends sa robe, sa ceinture et son surcot* (vêtement de dessus).

3. *Elle se prend par les côtés et crie : « C'est l'Antéchrist. »* Avec la ponctuation adoptée, c'est la Grosse Margot qui traite son compère de démon, mais comme le remarque l'éd. Longnon-Foulet, en ponctuant : *« Par les costés se prent : c'est Antéchrist »,* l'Antéchrist, c'est Margot.

4. Thuasne et A. Burger traduisent par un « éclat de bois », A. Lanly préfère, comme Dimier, un *tesson.*

5. Le sens usuel du refrain est : *« Où nous faisons notre métier. »* P. Demarolle *(L'Esprit de Villon,* éd. Nizet) pense qu'il s'y ajoute une nuance d'ironie, l'expression faisant songer aux assemblées où les souverains *tenaient les États.* — Le mot *borde,* d'où est venu le diminutif péjoratif *bordeau* avait le sens de ferme; on le trouve encore dans maint hameau ou lieu-dit.

6. *La paix se fait* (sur l'oreiller).

7. Vers controversé *(cf.* variantes) : *Plus enflé* [le pet] *qu'un venimeux escarbot.* On sait que l'escarbot s'appelle aussi le *bousier.* L'éd. Longnon-Foulet rapporte « enflé » à Margot.

8. *En riant, elle m'assene son poing sur la tête — M'appelle « gogo » et me frappe sur la cuisse.* Selon Thuasne, *gogo* serait l'anglais *Go, go! (Va, va!).* A. Burger ne se prononce pas, l'éd. Longnon-Foulet voit une ressemblance avec la locution *à gogo;* ce serait un redoublement appartenant à la langue enfantine. Ici c'est un terme d'affection. — Thuasne interprète *jambot* comme membre viril.

9. *De peur qu'elle ne gâte son fruit.* Sens équivoque : *son espoir de maternité*(?), ou plutôt : *ses appas.*

10. *Plat comme une planche.*

11. Villon joue sur les homonymes : *Je suis... la paillarde me suit* [me poursuit].

12. *Chacun se conforme bien à l'autre.*

13. C'est le proverbe : « A bon chat, bon rat » retourné : *A mauvais rat, mauvais chat.*

Mais adoncques il y a grant deshait[1],
Quant sans argent s'en vient couchier Margot;
Veoir ne la puis, mon cuer a mort la hait.
Sa robe prens, demy saint et surcot[2],
Si luy jure qu'il tendra pour l'escot.   1605
Par les costés se prent, « c'est Antecrist[3] »
Crie, et jure par la mort Jhesucrist
Que non fera. Lors j'empoingne ung esclat[4];
Dessus son nez luy en fais ung escript,
En ce bordeau ou tenons nostre estat[5].   1610

Puis paix se fait, et me fait ung gros pet[6],
Plus enfle qu'ung vlimeux escharbot[7].
Riant, m'assiet son poing sur mon sommet,
Gogo me dit, et me fiert le jambot[8].
Tous deux yvres, dormons comme ung sabot.   1615
Et, au resveil, quant le ventre luy bruit,
Monte sur moy, que ne gaste son fruit[9].
Soubz elle geins, plus qu'un aiz me fait plat[10];
De paillarder tout elle me destruit,
En ce bordeau ou tenons nostre estat.   1620

Vente, gresle, gelle, j'ay mon pain cuit.
Ie suis paillart, la paillarde me suit[11].
Lequel vault mieulx? Chascun bien s'entresuit[12].   1623
L'ung vault l'autre; c'est a mau rat mau chat[13].
Ordure amons, ordure nous assuit;
Nous deffuyons onneur, il nous deffuit,
En ce bordeau ou tenons nostre estat.   1627

V. 1604, HI : prens chaperon et surcot; J : Lors son ceint
prens, sa robe ou son surcot. — V. 1606, ACF : Par les
costés se prent cest Antecrist; correction de Gaston Paris :
Par les costés se prent : « c'est Antecrist ». — V. 1607,
H : Si crye et jure. — V. 1608, C : lors empoingne; AH :
lors j'empoigne. — V. 1612 : AHIF : enflambé; C : plus
enflé qu'un velimeux escarbot.

1. L'énumération des legs satiriques reprend avec deux émules de la Grosse Margot. — Marion l'Idole ou Marion la Dentue, prostituée vivant avec Nicolas de Thou, rue des *Quatre fils Aymon*. Jeanne de Bretagne est une autre courtisane.

2. Une école de prostitution; *cf.* l'expression *maison publique*.

3. *Il n'y a pas de lieu où le marché ne s'en tienne — sinon à la grille de* [la prison] *de Meung*. Pourquoi le rappel de cette dure geôle? Est-ce encore une allusion à Thibaut d'Aussigny? Les considérations sur la prostitution qui règne partout paraissent être une constatation générale.

4. *Qu'importe l'enseigne, puisque l'ouvrage est si commun.*

5. Noël Jolis a déjà été évoqué au v. 662, comme acteur (ou pour le moins (spectateur) de la correction reçue par Villon devant Catherine de Vaucelles. Le rapprochement du personnage avec des prostituées notoires permet de penser que Villon classe Catherine dans la même catégorie.

6. Ces osiers frais cueillis sont destinés à lui donner des verges (*cf.* : V. 1642). — *Chastoy* : *Un châtiment*. Maître Henry Cousin est le nom d'un bourreau du temps. La correction sera donc infligée par un professionnel.

7. *L'Hôtel-Dieu,* fondé en 660 dans l'île de la Cité comptait 500 lits en 1462. Son emplacement était proche de l'Hôtel-Dieu actuel.

8. Il a été question des hôpitaux dans le *Lais* (v. 233-234). Villon leur léguait ses châssis. Il semble ici regretter ces legs facétieux : *Les plaisanteries n'ont ici temps ni lieu* (v. 1646).

9. La gousse d'ail est synonyme de « petite chose sans valeur », comme on dirait aujourd'hui : *chacun leur envoie un radis*.

10. La misère des hôpitaux fait ressortir le confort des moines (*cf. Lais,* v. 249-252). Villon n'a pas donné une oie, mais « *chappons et grasses gelines* ».

11. *Du moins, ils en auront les os.* Il y a un double jeu de mots : *aulx/os* et *monnoye/mon oie*.

12. Proverbe usuel à l'époque.

CLI

Item, a Marion l'Idolle
Et la grant Jehanne de Bretaigne[1]
Donne tenir publique escolle[2]
Ou l'escollier le maistre enseigne.   1631
Lieu n'est ou ce marché se tiengne,
Si non a la grisle de Mehun[3];
De quoy je dis : « Fy de l'enseigne,
Puis que l'ouvraige est si commun[4] ! »   1635

CLII

Item, et a Noel Jolis[5],
Autre chose je ne luy donne
Fors plain poing d'osiers frez cueillis[6]
En mon jardin; je l'abandonne.   1639
Chastoy[7] est une belle aulmosne,
Ame n'en doit estre marry :
Unze vings coups luy en ordonne
Livrez par la main de Henry.   1643

CLIII

Item, ne sçay qu'a l'Ostel Dieu[7]
Donner, n'a povres hospitaulx[8];
Bourdes n'ont icy temps ne lieu,
Car povres gens ont assez maulx.   1647
Chascun leur envoye leurs aulx[9];
Les Mendians ont eu mon oye[10];
Au fort, ilz en auront les os[11] :
A menue gent menue monnoye[12].   1651

V. 1632, AC : ou marché ne se tienne. — V. 1633, F : en la geole. — V. 1642, AF : Onze coups je luy. — V. 1643, AC : par les mains. — V. 1648, C : les oz; I : leurs os. — 1650, C : fort, et ilz en auront les aulx. — V. 1651, C : A menues gens menue monnoye.

1. Nicolas ou Colin Galerne est barbier des enfants de chœur de Notre-Dame en 1458. En 1463, il habite à l'enseigne de la *Nasse*. Thuasne signale deux manuscrits copiés de sa main à la Bibliothèque nationale. Sur la pittoresque corporation des barbiers, consulter P. Champion, tome II, appendice XI.

2. L'herboriste Angelot Baugis, propriétaire de plusieurs maisons, était aussi un paroissien de Saint-Germain-le-Vieux. Comme Colin Galerne, il soutint de nombreux procès. Le métier d'*herbier* a donné lieu au *dit de l'herberie* de Rutebeuf, boniment de vendeur de remède miracle. A l'époque de Villon, le domaine des *herbiers* était limité par la faculté de médecine à préparer emplâtres et clystères, à les administrer et à tenir du sucre dans leur boutique, en plus des simples.

3. Villon joue sur le nom de *Galerne,* vent froid du nord-ouest. D'où la facile plaisanterie : il aura froid en hiver et chaud en été.

4. En 1445, le chapitre de Notre-Dame avait ouvert un asile, au bas du Port-Levesque. Le poëte joue sur les deux sens de *trouvés :* abandonnés par leurs parents, donc synonymes de *perdus* et *mauvais sujets,* d'où le conseil : *Qu'ils n'aient la tête ni dure ni folle* (v. 1666), qui annonce la *belle leçon aux enfants perdus* des huitains CLVI, CLVII et CLVIII. Mais cette leçon sera donnée dans la maison de la prostituée Marion l'Idole (*cf.* : v. 1628) et non pas à l'Université.

5. *Lirai ou lairrai,* selon les versions.

6. Gracieuse évocation de la jeunesse insouciante, et mise en garde attristée.

7. *Mes clercs, vous qui êtes près prenants comme la glu...* Tout ce passage évoque les activités et le vocabulaire des coquillards : *Aller à Montpipeau,* c'est voler en pipant; *Aller à Rueil* (ou Ruel) : voler à main armée, tuer; *gardez la peau :* sauvez votre peau.

8. *Colin de Cayeux, croyant que son appel en justice vaudrait quelque chose (rappeau :* appel). Villon consacrera la 2e ballade en jargon à son ancien compagnon.

9. Colin de Cayeux, fils de serrurier et adroit crocheteur avait fait ses études comme Villon. Emprisonné deux fois pour vol par la justice séculière, il avait été rendu deux fois à l'archevêque de Paris (1450-1452). Il récidive en 1453, puis prend part avec Villon au cambriolage du collège de Navarre. Arrêté en Normandie, il s'évade, mais est repris par le prévôt de Senlis et condamné à mort malgré son appel (1460). Il fut pendu malgré l'intervention des évêques de Beauvais et de Paris.

CLIV

Item, je donne a mon barbier,
Qui se nomme Colin Galerne[1],
Pres voisin d'Angelot l'erbier[2],
Ung gros glasson (prins ou? en Marne[3]),   1655
Affin qu'a son ayse s'yverne.
De l'estomac le tiengne pres;
Se l'yver ainsi se gouverne,
Il aura chault l'esté d'après.   1659

CLV

Item, riens aux Enfans Trouvez[4];
Mais les perdus faut que consolle.
Si doivent estre retrouvez,
Par droit, sur Marion l'Idolle.   1663
Une leçon de mon escolle
Leur liray[5], qui ne dure guere.
Teste n'ayent dure ne folle;
Escoutent! car c'est la derniere.   1667

CLVI

Marot : Belle leçon de Villon aux enfants perduz.

« Beaulx enfans, vous perdez la plus
Belle rose de vo chappeau[6];
Mes clers pres prenans comme glus[7],
Se vous allez a Montpipeau   1671
Ou a Rueil, gardez la peau :
Car, pour s'esbattre en ces deux lieux,
Cuidant que vaulsist le rappeau[8],
Le perdit Colin de Cayeux[9].   1675

V. 1659, A : Ja n'aura froit l'année d'après; I : Trop
n'aura chault l'esté d'après. — V. 1665, C : Leur lairay.
— V. 1667, C : Escoute et vecy la derreniere. — V. 1668,
C : Beau frere. — V. 1671, AFI : a mon pipau. — V. 1672,
C : Ruel.

1. *Ce n'est pas un jeu de trois mailles — Que le jeu où va le corps et peut-être l'âme.* — La *maille* était la plus petite pièce de monnaie. — Le ton change, se fait didactique et moralisateur depuis le legs des *Contrediz Franc Gontier*, comme l'a remarqué M. Méla (*Mélanges Frappier*). Le gibet qui a mis fin aux exploits de Colin de Cayeux menace tous ces *beaux enfans*, et Villon prend conscience du danger. Le souvenir de Colin de Cayeux et des coquillards est évoqué dans la 2ᵉ ballade en jargon.

2. *Si on perd la partie, le repentir n'empêche pas qu'on en meure dans la honte et l'infamie.*

3. Évocation des légendaires amours de Didon et d'Énée, célébrées par Virgile (*Énéide*, chant IV). Le *Roman d'Énéas* (XIIᵉ s.) les avait popularisées.

4. L'exhortation devient pressante; *cf.* le v. 1667 : *Escoutent! Car c'est la dernière!* et le v. 1720 : *A vous parle, compaings de galle!*

5. L'éd. Longnon-Foulet traduit *charterie* par : *gain du charretier;* A. Burger propose aussi : *vin charrié par lui;* Thuasne, suivi par A. Lanly interprète par *charretée, tonneau de vin.* Le sens général serait : « il faut vider la coupe jusqu'au fond ».

6. *Greffé*, c'est-à-dire attaché solidement à l'arbre.

7. *Dépendez* peut être pris pour un indicatif : *vous le dépensez,* ou bien pour un impératif.

8. *Que tu sois porteur de bulles.* De faux pèlerins vendaient de fausses bulles d'indulgence; de même il y avait des vendeurs de *rogations* ou fausses reliques.

9. *Les pipeurs de dés* plombaient les dés pour qu'ils tombent du côté voulu; le *hasardeur* fait tourner la chance de son côté.

10. Il y a progression dans les délits : *les tailleurs de faux coins* sont des faux-monnayeurs, passibles d'être bouillis comme le fut Christophe Turgis, tavernier né à Paris, peut-être apparenté avec les Turgis, propriétaires de la *Pomme de Pin*, et exécuté en décembre 1456.

11. *Que tu sois voleur, que tu chapardes ou pilles.*

CLVII

« Ce n'est pas ung jeu de trois mailles[1],
Ou va corps, et peut estre l'ame.
Qui pert, riens n'y sont repentailles[2]
Qu'on n'en meure a honte et diffame;   1679
Et qui gaigne n'a pas a femme
Dido la royne de Cartage[3].
L'homme est donc bien fol et infame
Qui, pour si peu, couche tel gage.   1683

CLVIII

« Qu'ung chascun encore m'escoute[4]!
On dit, et il est vérité,
Que charterie se boit toute[5],
Au feu l'yver, au bois l'esté :   1687
S'argent avez, il n'est enté[6],
Mais le despendez tost et viste[7].
Qui en voyez vous herité?
Jamais mal acquest ne prouffite.   1691

BALLADE

Marot : Ballade de bonne doctrine à ceux de mauvaise vie.

« Car ou soies porteur de bulles[8],
Pipeur ou hasardeur de dez[9],
Tailleur de faulx coings et te brusles
Comme ceulx qui sont eschaudez[10],   1695
Traistres parjurs, de foy vuidez;
Soies larron, ravis ou pilles[11] :
Ou en va l'acquest, que cuidez?
Tout aux tavernes et aux filles.   1699

V. 1686, ACI : charreterie; F : charité se boit. — V. 1688,
CF : n'est quitté. — V. 1689, I : Mais le despent; C : Mais
les despens et tost et vist. — V. 1693, CF : pipeurs ou
hasardeurs. — V. 1694, CF : Tailleurs. — V. 1697, C : Soiés
larons.

1. Après avoir énuméré dans la 1re strophe divers « enfants perdus », Villon, dans la 2e, les montre en plein carnaval. Il convie le lecteur au spectacle bigarré et sonore d'une Fête des Fous. L'abondance des impératifs produit un rythme endiablé, souligné par la cacophonie voulue des mots qui se heurtent : *Rime, Raille, sonne les cymbales et le luth.* Les interprétations de *lutte* varient; selon A. Burger : *joue du luth;* selon L. Thuasne, *lutte, joue du luth, sonne des cloches* sont également possibles.

2. *Comme un fou, déguisé et effronté.* Allusion aux acteurs de soties jouant le rôle de fous, ce qui leur permettait de faire une violente satire des autorités, accompagnée de gambades, de grimaces et de jeux obscènes. Foulet traduit *fainctif* par *trompeur,* A. Burger par *fainéant;* L. Thuasne propose *déguisé.* Mais il peut s'agir aussi d'un nom.

3. Selon Thuasne : « joue des farces, débite des boniments, joue des flûtes ». Mais la même idée est reprise au v. 1704 *Fais — Farces, jeux et moralités.* Comme le mot l'indique la *moralité* se distingue de la farce par son comique plus tempéré et ses intentions moralisatrices; les *jeux* sont des *soties,* satires sociales très violentes.

4. *Gagne au brelan* (jeu de dés), *au glic* (jeu de cartes), *aux quilles.*

5. Le vers peut être une interrogation ou un impératif : *Te recules-tu?* ou *Recule-toi.* Le mot *ordure* s'explique par le mépris où étaient tenus les *histrions, bateleurs* et « *goliards* », assimilés par l'Église aux gens de mauvaise vie.

6. *Tu auras assez, si tu t'en accommodes.*

7. Le traitement du chanvre comprenait deux phases : on broyait les tiges, puis on séparait les fibres de la partie ligneuse (*tiller*).

8. *Ne destines-tu pas le fruit de ton travail...* Mais A. Burger considère *tens* comme un impératif.

9. *Pourpoints à aiguillettes — Drapilles :* hardes. — *Ains que :* Avant que. — Cette ballade comprend deux mouvements contradictoires : d'abord, la condamnation des « enfants perdus », puis l'évocation de la vie des laboureurs, mais on sait qu'elle ne le tente pas (*cf. : Contredits de Franc Gontier*). En fait, cela revient au même : les tavernes et les filles mangent tout.

« Ryme, raille, cymballe, luttes[1],
Comme fol, fainctif, eshontez[2];
Farce, broulle, joue des fleustes[3];
Fais, es villes et es citez,   1703
Farces, jeux et moralitez;
Gaigne au berlanc, au glic, aux quilles[4] :
Aussi bien va, or escoutez!
Tout aux tavernes et aux filles.   1707

« De telz ordures te reculles[5],
Laboure, fauche champs et prez,
Sers et pense chevaux et mulles,
S'aucunement tu n'es lettrez;   1711
Assez auras, se prens en grez[6].
Mais, se chanvre broyes ou tilles[7],
Ne tens ton labour qu'as ouvrez[8]
Tout aux tavernes et aux filles?   1715

« Chausses, pourpoins esguilletez[9],
Robes, et toutes vos drappilles,
Ains que vous fassiez pis, portez
Tout aux tavernes et aux filles.   1719

V. 1700, C : fluctes. — V. 1701, C : fols faincilz; I : Dont
sont tous autres eshontés.. — V. 1702, F : Farcer, brouiller,
jouer de fleuste. — V. 1716, I : pourpoings et esguillettes.
— Note de l'éd. Longnon-Foulet : « L'examen des va-
riantes des v. 1092-1716 montre qu'aucun des copistes
n'a compris pleinement, dans son mouvement général...
la *Ballade de bonne doctrine*. »

1. *C'est à vous que je parle, mes compagnons de plaisir.* On a déjà rencontré *galler*, mener joyeuse vie, faire la « foire ». La strophe CLIX sert à la fois de conclusion à la ballade précédente et d'introduction à l'évocation du charnier des Innocents. La hantise de la mort se fait plus proche et obsédante.

2. *Le mauvais hâle* qui noircit les pendus (*cf. : Ballade des pendus*, v. 21-22).

3. *Évitez-le [Eschevez le], c'est une mauvaise morsure.* Il y a un jeu de mots macabre sur *mort* (v. 1723) et *mors* (morsure); de plus *mal mors* évoque « malemort ». La répétition du mot, même avec un autre sens, produit l'obsession.

4. *Passez vous* : A. Burger traduit par *contentez-vous, accommodez-vous.* A. Lanly (p. 264, tome II) rapporte une expression analogue employée en Limousin et signifiant : « vivez bien ».

5. *Souvenez-vous tous (soiez tous recors) que vous mourrez un jour.* Le conseil est double : évitez la potence et profitez de la vie.

6. Reprise momentanée des legs. L'hôpital pour les aveugles avait été fondé par saint Louis en 1260. Il se trouvait près du cimetière des Innocents, ce qui peut expliquer l'association d'idées des strophes suivantes.

7. Le prieur de Saint-Ayoul, église de Provins, était redevable aux Quinze-Vingts d'un local dans l'hôtel-Dieu de la ville, au pied de la ville haute, sans doute pour les aveugles.

8. A comprendre par antiphrase comme l'indique le legs facétieux. — Villon fait peut-être allusion au privilège des aveugles des Quinze-Vingts de quêter dans le cimetière des Innocents. Même s'ils retrouvaient la vue, les malheureux seraient bien incapables de distinguer les gens de bien des méchants.

9. *A quoi leur sert d'avoir de la fortune (chevances).* La version de C, *valut*, est plus précise sans modifier le sens général.

10. *De reposer (jeu, participe de gésir) dans des grands lits de parade.* Calembour sur *jeu* (v. 1736), ébats et *jeu*, être couché.

11. *Et d'être prêts à toute heure pour cela.*

12. *De tels plaisirs passent tous — Et toutefois le péché en reste...*

CLIX

« A vous parle, compaings de galle[1],
Mal des ames et bien du corps,
Gardez vous tous de ce mau hasle[2]
Qui noircist les gens quant sont mors;   1723
Eschevez le, c'est ung mal mors[3];
Passez vous au mieulx que pourrez[4];
Et, pour Dieu, soiez tous recors
Qu'une fois viendra que mourrez[5]. »   1727

CLX

Item, je donne aux Quinze Vings[6]
(Qu'autant vauldroit nommer Trois Cens)
De Paris, non pas de Provins[7],
Car a eulx tenu je me sens[8];   1731
Ilz auront, et je m'y consens,
Sans les estuys, mes grans lunettes,
Pour mettre a part, aux Innocens,
Les gens de bien des deshonnestes.   1735

CLXI

Icy n'y a ne ris ne jeu.
Que leur vault il avoir chevances[9],
N'en grans liz de parement jeu[10],
Engloutir vins en grosses pances,   1739
Mener joye, festes et dances,
Et de ce prest estre a toute heure[11]?
Toutes faillent telles plaisances,
Et la coulpe si en demeure[12].   1743

V. 1721, C : Qui estes de tous bons accors. — V. 1725,
I : vous en mieulx. — V. 1726, AF : tous remors. —
V. 1737, C : valut avoir chevances. — V. 1741, C : Et de
ce faire prest a.

1. Sous le cloître qui entourait le cimetière des Innocents, les squelettes étaient empilés au fur et à mesure des fouilles des fossoyeurs. Comme aujourd'hui dans les ossuaires, le spectacle de toutes ces têtes vides rappelait à tous les lois inexorables de la mort. A l'époque de Rabelais les gueux s'y chauffaient en brûlant des ossements.

2. Magistrats rapportant les requêtes des particuliers dans les conseils du roi.

3. Le Maître de la Chambre aux deniers avait la responsabilité des recettes et des dépenses du roi. Ce sont les uns et les autres des personnages considérables, au contraire du *porte-panniers* (ou portefaix).

4. Rappel de l'égalité devant la mort. Le *lanternier* est l'allumeur de lanternes. Pendant la vie, c'est un pauvre bougre, mais après la mort, on ne saurait faire de différence entre les petites gens et les hauts dignitaires de l'Église.

5. La hiérarchie sociale se manifestait par ces saluts et « bonnetades », au sujet desquels Montaigne et Pascal ironiseront.

6. *Parvenues à leur fin* (« Lexique » Burger).

7. Deux sens possibles : clercs et maîtres sont au-dessus du commun; mais il s'agit plutôt de l'opposition entre le *clerc* et le *maître,* comme entre un clerc de notaire et son patron.

8. Villon évoque toujours avec tendresse la délicatesse du corps féminin; la *fromentée* était une pâte de farine de blé mélangée avec du lait et des œufs battus.

9. *Sont tombés en poussière.*

10. Reprise du vers 1736 : *Icy n'y a ne ris ne jeu.* Le thème de *Ubi sunt* a déjà été amplement traité par Villon à partir du v. 273 jusqu'au v. 420 : *Honnête mort ne me déplaît.* Meschinot aboutit à la même méditation.

> *Se tu vas à Saint Innocent,*
> *Ou y a d'ossements grans tas,*
> *Ja ne congnoistras entre cent*
> *Les oz des gens de grans estas*
> *D'avec ceulx qu'au monde notas*
> *En leur vivant povres et nus :*
> *Les corps vont dont ilz sont venus.*

CLXII

Quant je considere ces testes
Entassees en ces charniers[1],
Tous furent maistres des requestes[2],
Au moins de la Chambre aux Deniers[3],   1747
Ou tous furent portepanniers :
Autant puis l'ung que l'autre dire[4],
Car d'evesques ou lanterniers
Je n'y congnois rien a redire.   1751

CLXIII

Et icelles qui s'enclinoient
Unes contre autres en leurs vies[5],
Desquelles les unes regnoient
Des autres craintes et servies,   1755
La les voy toutes assouvies[6],
Ensemble en ung tas peslemesle :
Seigneuries leur sont ravies,
Clerc ne maistre ne s'y appelle[7].   1759

CLXIV

Or sont ilz mors, Dieu ait leurs ames!
Quant est des corps, ilz sont pourris.
Aient esté seigneurs ou dames,
Souef et tendrement nourris   1763
De cresme, fromentee ou riz[8],
Leurs os sont declinez en pouldre[9],
Auxquels ne chault d'esbatz ne ris[10].
Plaise au doulx Jhesus les absouldre!   1767

V. 1747, C : Ou tous de. — V. 1765, C : Et les oz
declinent.

1. *Ce legs*, qui concerne aussi les « régents » ou lieutenants de roi, les membres des *cours*, tribunaux jugeant en dernier ressort, les *sièges*, juridictions subalternes et les *palais* où se déroulaient les affaires. Villon énumère les différents échelons des gens de justice.

2. Tous ces magistrats avaient-ils la haine de l'injuste cupidité (v. 1771) et se desséchaient-ils pour le bien de l'État ? Villon n'en croyait rien.

3. On attribuait à saint Dominique la fondation de l'Inquisition, survenue plus tard, au concile de Toulouse (1229) pour juger les Albigeois. Le pape Grégoire IX confia aux dominicains l'organisation de ce tribunal, d'où l'allusion satirique à saint Dominique. Selon A. Lanly (tome II, p. 270), ce huitain est un avertissement aux juges des tribunaux ordinaires, qui sont cupides et paresseux, durs sans doute aussi... Ils sont justiciables de Dieu... et pourraient bien l'être de la « gent saint Dominique », c'est-à-dire d'un tribunal plus implacable que les leurs.

4. Jacques Cardon a été gratifié du gland d'une « saulsoye » et d'une oie dans le *Lais* (v. 124-125). C'était un drapier établi près de la place Maubert, qui, d'après les legs facétieux qu'il reçoit ne devait pas être un ami du poète.

5. *Non pas que je le laisse à l'abandon* (sans héritage).

6. Sens équivoque : d'abord, une chanson de berger, et comme ici un rondeau, mais peut-être aussi le diminutif de bergère : une petite bergère... délurée.

7. Sans doute une chanson grivoise bien faite pour Marion la Peautarde, vraisemblablement une prostituée comme Marion l'Idole.

8. *Elle ferait bien pour aller à la moutarde* : les enfants allaient en troupe chercher de la moutarde en chantant des chansons grossières. *Moutarde* ayant aussi un sens obscène, la seconde moitié du huitain doit viser les mœurs de Cardon.

9. *Jugez si elle fait erreur*; jeu de mots sur *dure prison* et *mesprison*.

10. *Qu'elle veuille que je meure (dévié) tout à fait – Plaise à Dieu que mon âme soit emportée là-haut (lassus) en sa maison, en retour* (de ce que j'ai souffert). Pourquoi ce rondeau mélancolique, évoquant une fois de plus la *dure prison* de Meung, est-il dédié à Cardon ? Est-ce que Villon considère celui-ci comme un des instigateurs de sa déchéance ? Cela paraît vraisemblable.

CLXV

Aux trespassez je fais ce laiz[1],
Et icelluy je communique
A regens, cours, sieges, palaiz,
Hayneurs d'avarice l'inique[2],   1771
Lesquelz pour la chose publique
Se seichent les os et les corps :
De Dieu et de saint Dominique[3]
Soient absols quant seront mors!   1775

CLXVI

Item, riens a Jacquet Cardon[4],
Car je n'ay riens pour luy d'honneste,
Non pas que le gette habandon[5],
Sinon ceste bergeronnette[6];   1779
S'elle eust le chant « Marionnette[7] »,
Fait pour Marion la Peautarde,
Ou d' « Ouvrez vostre huys, Guillemette »,
Elle allast bien a la moustarde[8] :

CHANSON

Au retour de dure prison,
Ou j'ai laissié presque la vie,
Se Fortune a sur moy envie,   1786
Jugiez s'elle fait mesprison[9]!
Il me semble que, par raison,
Elle deust bien estre assouvie
Au retour.   1790

Se si plaine est de desraison
Que veuille que du tout devie[10],
Plaise a Dieu que l'ame ravie
En soit lassus en sa maison,
Au retour!   1795

V. 1778, I : Nompas qu'il guette a bandon. — V. 1782 :
la métrique a fait réduire d'une syllabe ce vers. —
V. 1785, A : Ou je perdy. — V. 1787, C : Jugiez celle
fait.

1. D'après P. Champion (II, *Appendice* XLI, il s'agit de maître Pierre Lomer d'Airaines, chanoine de Notre-Dame, mêlé à de nombreux procès, et chargé en 1456 de faire expulser des prostituées des maisons du *Lion* et de l'*Ours,* dans la Cité, d'où les allusions de la parenthèse (v. 1799-1800).

2. *Comme je suis d'une descendance de fée, je donne.* — Cette facétie justifie la métamorphose qu'il va opérer sur maître Lomer en lui permettant de faire cent fois l'amour *(la fafée* — mot choisi pour la rime répétée quatre fois, v. 1797-1799-1800-1802) en une soirée, prouesse digne d'un preux comme Ogier, mais nullement dans les moyens d'un vieux chanoine, même s'il n'est pas homosexuel, comme l'insinue Villon.

3. *Fille en cheveux* (tête nue) *ou femme coiffée* lui sont interdites.

4. Ogier le Danois, un des preux de Charlemagne devenu le héros d'une chanson de geste et de divers romans. D'après une légende, la fée Morgane l'aurait rajeuni et rendu père de plusieurs enfants. Villon semble bien avoir utilisé cette histoire, rapportée par Jean d'Outremeuse. La comparaison entre Omer et Ogier devait fort divertir les contemporains du poète.

5. *Outre le legs de maître Alain Chartier.* Allusion à un passage de *La Belle Dame sans Mercy* (cité par l'éd. Longnon-Foulet) : *Je laisse aux amoureux malades — Qui ont espoir d'allegement — Faire chansons, ditz et balades...* Villon lègue à ces pauvres victimes de l'amour, « *A leur chevet un bénitier tout rempli de pleurs et de larmes.* »

6. A. Lanly préfère la leçon de C : *vert en tout temps.* Villon se moque de l'amour irréalisable des poètes courtois, qu'il met en bière avec bénitier et goupillon. J. Dufournet (cité par A. Lanly) rappelle que le bénitier et le goupillon symbolisaient aussi les organes sexuels de la femme et de l'homme.

7. D'après P. Champion (II, p. 368-369), James était maître des œuvres de maçonnerie et charpenterie de la Ville de Paris. Il était propriétaire de divers immeubles, dont une maison dans la rue aux *Truies* (d'où les vers 1818-1819) et une maison d'étuves, *à l'Image de Saint-Martin,* établissement aussi mal famé qu'un bordeau.

8. C'est un legs pour proxénète!

9. *Il ne regrette rien sauf les morceaux qu'il donne.*

10. Allusion à la maison de la *rue aux Truies* et aux filles des étuves.

CLXVII

Item, donne a maistre Lomer[1],
Comme extraict que je suis de fee[2],
Qu'il soit bien amé (mais d'amer
Fille en chief ou femme coeffee[3]?   1799
Ja n'en ayt la teste eschauffee)
Et qu'il ne luy couste une noix
Faire ung soir cent fois la faffee,
En despit d'Ogier le Danois[4].   1803

CLXVIII

Item, donne aux amans enfermes,
Sans le laiz maistre Alain Chartier[5],
A leurs chevez, de pleurs et lermes
Trestout fin plain ung benoistier,   1807
Et ung petit brain d'esglantier,
Qui soit tout vert, pour guipillon[6],
Pourveu qu'ilz diront ung psaultier
Pour l'ame du povre Villon.   1811

CLXIX

Item, a maistre Jacques James[7],
Qui se tue d'amasser biens,
Donne fiancer tant de femmes[8]
Qu'il vouldra; mais d'espouser? riens.   1815
Pour qui amasse il? Pour les siens?
Il ne plaint fort que ses morceaulx[9] :
Ce qui fut aux truyes, je tiens
Qu'il doit de droit estre aux pourceaulx[10].   1819

V. 1801, C : Ce qui ne ly couste. — V. 1804, F : aux
enffans. — V. 1805, C : Oultre le laiz Alain. — V. 1809,
CI : En·tous temps vert. — V. 1818, C : Et qu'il fust.

1. Marcel Schwob (*François Villon, Rédaction et notes*), suivi par Champion, Foulet et Dufournet (*Recherches...*) identifie ce personnage avec le grand sénéchal de Normandie, familier de Charles VII et emprisonné à Loches par Louis XI au moment de la rédaction du *Testament*. Libéré en 1462, P. de Breze fut tué à la bataille de Montlhéry (1465) Les mss AC donnent le détail physique *Le camus Seneschal*, qui disparaît dans la première édition.

2. Le legs ironique s'expliquerait en donnant un sens antiphrastique à ce vers.

3. P. de Brézé avait sans doute espéré devenir maréchal de France; Villon le réduit au rôle de maréchal-ferrant et encore pour ferrer des oies! L'expression signifiant « s'occuper de sornettes », c'est se moquer de l'ambition chimérique du sénéchal.

4. Allusion à son emprisonnement; de même le jeu des allumettes proposé comme distraction.

5. Rappel du *Roman de la Rose* : *Car biau chanter sovent ennuie* (v. 20863) ou de Rutebeuf. Le chant, la poésie étaient l'occupation des nobles prisonniers (*cf;* Charles d'Orléans en Angleterre). P. de Brézé compose des poèmes courtois.

6. Le Chevalier du Guet (*cf. : Lais,* v. 169) commandait les 40 sergents à pied et les 20 sergents à cheval. C'était alors Jean du Harlay.

7. La facétie consiste à faire de deux vieux policiers des jeunes pages. Le v. 1831 est aussi à comprendre par antiphrase.

8. Chef de la police militaire. A l'époque, c'était le redoutable Tristan l'Hermite, compère de Louis XI, nommément cité dans les variantes.

9. Sergent de la Douzaine. Par plaisanterie, Villon, qui avait reçu sans doute la tonsure, mais n'avait nullement été ordonné prêtre (ce sera le cas de Ronsard au XVIᵉ s.) distribue un bénéfice qu'il ne possède pas.

10. M. Frappier rappelle que cette messe abrégée, pouvant être célébrée par un laïque ne comportait ni consécration ni communion : Chappelain, (dont le nom a suggéré toute la facétie) ne pourra donc pas se désaltérer avec le vin de messe.

11. La conclusion du huitain indique clairement les occupations préférées du sergent, encore que l'on reprochât à bon nombre de moines et d'ecclésiastiques de célébrer des offices profanes et paillards (*cf.* au XVIᵉ s., Marguerite de Navarre et Rabelais).

CLXX

Item, sera le Seneschal[1],
Qui une fois paya mes debtes[2],
En recompence, mareschal[3]
Pour ferrer oes et canettes.   1823
Je luy envoie ces sornettes
Pour soy desennuyer[4], combien,
S'il veult, face en des alumettes :
De bien chanter s'ennuye on bien[5].   1827

CLXXI

Item, au Chevalier du Guet[6]
Je donne deux beaulx petiz pages,
Philebert et le gros Marquet[7],
Qui tres bien servy, comme sages,   1831
La plus partie de leurs aages,
Ont le prevost des mareschaulx[8].
Helas! s'ilz sont cassez de gages,
Aller les fauldra tous deschaulx.   1835

CLXXII

Item, a Chappelain je laisse[9]
Ma chappelle a simple tonsure,
Chargiee d'une seiche messe[10]
Ou il ne fault pas grant lecture.   1839
Resigné luy eusse ma cure,
Mais point ne veult de charge d'ames;
De confesser, ce dit, n'a cure,
Sinon chamberieres et dames[11].   1843

V. 1820, AC : Item le camus Seneschal. — V. 1823, AC :
Sera pour ferrer oyes canettes. — V. 1824, CI : En lui
envoyant ces sornettes. — V. 1825, C : Pour ce dissi-
muler. — V. 1831, CI : Lesquelz servy, dont sont plus
sages. — V. 1833, A : le bon prevost; I : Tristan prevost.

1. Notaire au Châtelet (1454-1467) chargé de vérifier les testaments des laïques, ceux des clercs étaient soumis à l'examen du « maître des testaments » de l'évêché. Villon se considère donc comme n'étant plus un clerc, ce qui confirme l'hypothèse de M. Burger sur sa déchéance (*Studi in onore...*).

2. Le notaire ne l'a pas vu depuis trente ans et plus, c'est-à-dire depuis sa naissance.

3. Interprétation de G. Paris : « Je lui donne faculté d'aplanir toute difficulté jusqu'à ce que tout soit lisse comme la surface d'une pomme. » Interprétation de Thuasne : « d'aplanir toute difficulté si petite soit-elle », sens corroboré par un passage de Rutebeuf : *La pelure d'une pomme — De leur dete ne pairoie.*

4. Dans ce huitain, Villon emploie les termes usuels des notaires en matière de testament.

5. *Raturer et fixer le délai d'exécution.*

6. *Comme il voudra...*

7. On attendrait : *de vie à mort.* A. Lanly, en signalant l'inversion de la formule habituelle, suggère que Villon envisage ironiquement le cas où certains de ses légataires seraient passés de l'état de mortels à « l'ordre des saints ».

8. *Exécutée complètement ; ordre* est ici féminin.

9. *S'il s'attribuait par envie l'aumône* (devenue sans légataire).

10. *Je m'en rapporte à sa conscience.*

CLXXIII

Pour ce que scet bien mon entente
Jehan de Calais, honnorable homme[1],
Qui ne me vit des ans a trente
Et ne scet comment je me nomme[2],   1847
De tout ce testament, en somme,
S'aucun y a difficulté,
Oster jusqu'au rez d'une pomme[3]
Je luy en donne faculté.   1851

CLXXIV

De le gloser et commenter[4],
De le diffinir et descripre,
Diminuer ou augmenter,
De le canceller et prescrire[5]   1855
De sa main et ne sceut escripre,
Interpreter et donner sens,
A son plaisir[6], meilleur ou pire :
A tout cecy je m'y consens.   1859

CLXXV

Et s'aucun, dont n'ay congnoissance,
Estoit allé de mort a vie[7],
Je vueil et luy donne puissance,
Affin que l'ordre soit suyvie,   1863
Pour estre mieulx parassouvie[8],
Que ceste aumosne ailleurs transporte,
Car s'il l'applicquoit par envie[9] :
A son ame je m'en rapporte[10].   1867

V. 1847, C : on me nomme. — V. 1850, C : L'oster
jusques au rez d'une pomme; A : De le mettre en meil-
leure forme. — V. 1855, A : De le clausuler et; I : Et
le chanceler et escripre. — V. 1863, CI : soit finye. —
V. 1864, I : Et l'ordonnance estre assouvie. — V. 1866,
C : Car s'il l'applicquoit (version que nous avons
adoptée).

1. La chapelle de Sainte-Avoie était située au premier étage du couvent des Augustines; il n'était donc pas possible d'y creuser une sépulture. Le choix de Sainte-Avoie est expliqué par la rime du vers suivant : *afin que chacun me voie.*

2. Les personnages importants se faisaient représenter sur des pierres tombales sculptées; Villon se contente d'une *peinture à l'encre de son portrait en pied (estature)*, faute de demeurer en chair *(char)*.

3. *De tombeau? Point : je n'en ai cure — Car il chargerait trop le plancher.* Le vers 1873 donne la vraie raison de cette humilité : il n'a pas les moyens de s'offrir un tombeau comme un prince.

4. *Et si l'on n'avait pas d'écritoire.* C'est une parenthèse; il convient de rattacher : *De charbon* (fusain) *ou de pierre noire* (crayon) *à lettre* (v. 1878).

5. Villon oscille sans cesse entre le personnage du « *bon follastre* » insouciant et facétieux, et celui du *povre Villon,* victime de la société et de ses mauvais penchants *(cf. :* l'*Épitaphe).*

6. *Grenier,* et par extension, chambre à l'étage.

7. Villon est resté un éternel étudiant; il n'a pas trouvé une belle situation ou un bénéfice comme la plupart de ses compagnons *(cf. :* v. 225-256).

8. Il n'a jamais possédé la moindre terre.

9. Mais à qui? Le *Testament* est une satire. Ses véritables légataires sont indiqués dans le refrain de la *Ballade de bonne doctrine : Tout aux tavernes et aux filles* (v. 1699).

10. Le diminutif (de *corbeille*) souligne le dénuement total du testateur.

11. *Les compains de galle,* les camarades de noce qui lui font cortège. — L'*Épitaphe* résume les divers aspects du personnage (M. Guiraud dirait : du *mythe*) de Villon tel qu'il s'est lui-même dépeint : *Amant martyr,* peut-être, étudiant instable, plus vraisemblablement, incapable de mener la vie paisible mais frugale d'un paysan, prodigue à l'occasion et sautant sur toutes les occasions de *galle.*

CLXXVI

Item, j'ordonne a Sainte Avoye[1],
Et non ailleurs, ma sepulture;
Et, affin que chascun me voie,
Non pas en char, mais en painture[2],   1871
Que l'on tire mon estature
D'ancre, s'il ne coustoit trop chier.
De tombel? riens : je n'en ay cure,
Car il greveroit le planchier[3].   1875

CLXXVII

Item, vueil qu'autour de ma fosse
Ce qui s'ensuit, sans autre histoire,
Soit escript en lettre assez grosse,
Et qui n'auroit point d'escriptoire[4],   1879
De charbon ou de pierre noire,
Sans en riens entamer le plastre;
Au moins sera de moi memoire,
Telle qu'elle est d'ung bon follastre[5] :   1883

EPITAPHE

CLXXVIII

CY GIST ET DORT EN CE SOLLIER[6],
QU'AMOURS OCCIST DE SON RAILLON,
UNG POVRE PETIT ESCOLLIER[7],
QUI FUT NOMMÉ FRANÇOYS VILLON.   1887
ONCQUES DE TERRE N'EUT SILLON[8].
IL DONNA TOUT, CHASCUN LE SCET[9] :
TABLES, TRESTEAULX, PAIN, CORBEILLON[10].
GALLANS, DICTES EN CE VERSET[11] :   1891

V. 1991, C : Pour Dieu dictes.

1. Traduction de l'office des morts. — Thuasne suppose un jeu de mots entre *sire* (Seigneur) et la *cire* des cierges.

2. La pauvreté est évoquée par ces objets familiers : il n'avait pas de vaisselle ni même un brin de persil.

3. La comparaison avec un navet *qu'on rase ou pèle* décrit la détresse physique. A. Burger *(Studi in onore...)* y voit une allusion précise à la dégradation infligée à Villon par Thibaut d'Aussigny.

4. *Rigueur* est personnifiée; il peut s'agir de la dureté de la maîtresse, mais plutôt de la rigueur de la justice qui n'a pas voulu user de miséricorde.

5. Locution usuelle signifiant qu'il fut traité cruellement.

6. On ne sait près de quelle autorité Villon fit appel de la sentence de d'Aussigny. Il sera plus heureux par la suite, quand le parlement de Paris cassera sa condamnation à mort.

7. *Qu'on sonne à la volée le gros bourdon, qui est de verre.* Il s'agit de la cloche de Notre-Dame, appelée la Jacqueline, qui s'était brisée en 1429. Réparée en 1434, elle fut refondue en 1451 et elle se brisa encore en 1479 (Thuasne). Bien entendu, on ne la mettait pas en branle pour les obsèques d'un pauvre hère.

8. Tous les cœurs tremblent quand le bourdon est en train *(est a son erre)* de sonner, car il annonce des calamités, une attaque contre Paris *(gens d'armes)* ou une menace d'orage (v. 1910).

9. Aujourd'hui encore on sonne les cloches dans les villages pour préserver des orages de grêle, les vibrations sonores paraissant avoir une action bénéfique sur les nuages chargés d'électricité.

VERSET
[*ou rondeau*]

REPOS ETERNEL DONNE A CIL,
SIRE, ET CLARTÉ PERPETUELLE[1],
QUI VAILLANT PLAT NI ESCUELLE   1894
N'EUT ONCQUES, N'UNG BRAIN DE PERCIL[2].
IL FUT REZ, CHIEF, BARBE ET SOURCIL,
COMME UNG NAVET QU'ON RET OU PELLE[3].
REPOS ETERNEL DONNE A CIL.   1898

RIGUEUR LE TRANSMIT EN EXIL[4]
ET LUY FRAPPA AU CUL LA PELLE[5],
NON OBSTANT QU'IL DIT : « J'EN APPELLE[6]! »
QUI N'EST PAS TERME TROP SUBTIL.
REPOS ETERNEL DONNE A CIL.   1903

CLXXIX

Item, je vueil qu'on sonne a bransle[7]
Le gros beffroy, qui est de voirre;
Combien qu'il n'est cuer qui ne tremble,
Quant de sonner est a son erre[8].   1907
Sauvé a mainte bonne terre,
Le temps passé, chascun le scet :
Fussent gens d'armes ou tonnerre,
Au son de luy, tout mal cessoit[9].   1911

V. 1906, C : que cueur n'est qui ne tremble. —
V. 1908, C : belle terre.

1. Villon continue les recommandations pour ses obsèques imaginaires. Après le glas, c'est la récompense des sonneurs, à l'ordinaire de pauvres bougres, mais choisis ici facétieusement parmi les riches.

2. Locution proverbiale « en souvenir des pierres dont fut lapidé saint Étienne » (Thuasne).

3. Guillaume Vollant, « riche marchand de Paris, qualifié de « vendeur de sel » en 1461; il mourut en 1482 » (note de l'éd. Longnon-Foulet). On doit comprendre *de grande peine* par antiphrase : ce spéculateur sur le sel ne devait pas travailler dur.

4. Il est si économe que les miches le nourrissent une semaine. A moins que Villon n'insinue que Vollant est un gourmet qui ne fait guère de tort au pain.

5. Jean de la Garde, déjà cité dans le *Lais* (v. 258), où il reçoit en qualité d'épicier le « Mortier d'Or », et dans le *Testament* (v. 1355-1359), où Villon feint de confondre son prénom Jean, avec *Thibaut*. C'était un riche commerçant.

6. *Je désigne mes exécuteurs.*

7. Effet de surprise : on attendrait : *créanciers.*

8. *Ce ne sont pas de très grands vantards,* expliqué par le vers suivant : *« Ont bien de quoi. »*

9. Chargés de l'ordonnance des funérailles. — Villon feint de s'adresser au clerc qui transcrit ses volontés (*cf. : Testament,* v. 565 et 779-785).

10. Lieutenant-criminel du prévôt de Paris (1460) et conseiller au Parlement (1462), d'après l'éd. Longnon-Foulet.

11. Conseiller du roi et président de la Chambre des enquêtes (1454), qualifié de « puissant et riche homme » par la *Chronique scandaleuse.*

12. Jouvenel ou Juvénal des Ursins, bailli de Troyes en 1455, échanson de Louis XI en 1460. Riche et influent, il s'intéressait aussi à la poésie, puisque en 1459 le chapitre de la cathédrale de Troyes lui prête un très bel exemplaire du *Roman de la Rose.* Villon s'offre des exécuteurs parmi les notables les plus cossus, ce qui fait un contraste comique avec leurs suppléants.

CLXXX

Les sonneurs auront quatre miches
Et, se c'est peu, demye douzaine[1];
Autant n'en donnent les plus riches,
Mais ilz seront de saint Estienne[2].   1915
Vollant est homme de grant paine[3] :
L'ung en sera; quant g'y regarde,
Il en vivra une sepmaine[4].
Et l'autre? Au fort, Jehan de la Garde[5].   1919

CLXXXI

Pour tout ce fournir et parfaire,
J'ordonne mes executeurs[6],
Auxquels fait bon avoir affaire
Et contentent bien leurs debteurs[7].   1923
Ilz ne sont pas moult grans vanteurs[8]
Et ont bien de quoy, Dieu mercis!
De ce fait seront directeurs[9].
Escry : je t'en nommerai six.   1927

CLXXXII

C'est maistre Martin Bellefaye[10],
Lieutenant du cas criminel.
Qui sera l'autre? G'y pensoye :
Ce sera sire Colombel[11];   1931
S'il luy plaist et il luy est bel,
Il entreprendra ceste charge.
Et l'autre? Michiel Jouvenel[12].
Ces trois seulz, et pour tout, j'en charge.   1935

V. 1913, A : se c'est trop peu. — V. 1914, A : Autant
qu'en donnent. — V. 1934, ACF : Juvenel.

1. Ces *trois gens de bien* (par antiphrase) ont déjà été houspillés par Villon.

2. C'est le seigneur de Grigny, à qui Villon a légué (*Lais*, v. 137-140) la *garde de Nigeon* et *Bicêtre*, et dans le *Testament* (huitain CXXXVI) la *tour de Billy*, autre ruine. C'était un hobereau de village, besogneux et querelleur.

3. Jacques Raguier, gratifié d'une taverne, *le Grant Godet*, parce qu'il était un bon biberon. Dans le *Lais* (v. 145 sq.) il avait déjà reçu *l'Abreuvoir Popin*. Il était fils de Lubin Raguier, maître queux de Charles VII, et apparenté à Louis Raguier, évêque de Troyes.

4. Personnage répugnant présenté au huitain CLXIX comme propriétaire d'étuves mixtes où la débauche se donnait libre cours.

5. Reprise aggravée du v. 1940. La crainte du Seigneur (*cf.* v. 1947) et le salut de leur âme devait peu les préoccuper. L'expression *Doubtans Dieu* est peut-être une équivoque voulue, douter signifiant soit *redouter* soit *mettre en doute*.

6. *Plutôt que de ne pas exécuter cette ordonnance* (assurance ironique).

7. Les différentes versions ne modifient pas le sens général : *qu'ils agissent selon leur volonté.*

8. *Le Maître des testaments* s'occupait de contrôler les testaments des membres du clergé, à la différence de Jean de Calais (*cf.* : v. 1845). Le huitain CLXXXV semble compléter le huitain CLXXIII.

9. Il n'aura pas d'honoraires, puisque Villon n'est plus clerc.

10. Thomas Tricot fut reçu maître ès arts, la même année que Villon, en 1452.

11. *Volontiers, je boirais à ses frais — Dût-il m'en coûter ma cornette :* Villon ne devait pas avoir de cornette, bande de soie ou de velours tombant du bonnet ou du chapeau.

12. Sens littéral : *jouer dans un jeu de paume;* symboliquement : *faire l'amour.*

13. Autre équivoque obscène : enseigne d'une taverne ou organe féminin.

CLXXXIII

Mais, ou cas qu'ilz s'en excusassent,
En redoubtant les premiers frais,
Ou totallement recusassent,
Ceulx qui s'enssuivent cy après   1939
Institue, gens de bien tres[1] :
Phelip Brunel, noble escuyer[2],
Et l'autre, son voisin d'emprès,
Si est maistre Jaques Raguier[3],   1943

CLXXXIV

Et l'autre, maistre Jaques James[4],
Trois hommes de bien et d'honneur[5],
Desirans de sauver leurs ames
Et doubtans Dieu Nostre-Seigneur.   1947
Plus tost y mettroient du leur
Que ceste ordonnance ne baillent[6];
Point n'auront de contrerolleur,
Mais a leur bon plaisir en taillent[7]. 1951

CLXXXV

Des testamens qu'on dit le Maistre[8]
De mon fait n'aura *quid* ne *quod*[9];
Mais ce sera ung jeune prestre,
Qui est nommé Thomas Tricot[10].   1955
Voulentiers beusse a son escot[11],
Et qu'il me coustast ma cornete!
S'il sceust jouer a ung tripot[12],
Il eust de moy *le Trou Perrete*[13].   1959

V. 1941, ACI : Bruneau. — V. 1948, C : metteront. —
V. 1951, C : Mais à leur seul plaisir; I : A leur bon
seul plaisir. — V. 1958, C : en ung trypot.

1. Guillaume du Ru était un riche marchand de vin, gouverneur de la confrérie de la Conception, qui groupait les négociants en vin et dépendait de l'église Saint-Gervais. Villon a dû se divertir avec son nom : Guillaume du Ruisseau, ce qui pourrait faire croire qu'il mélangeait eau et vin. La plaisanterie la plus visible, c'est d'avoir confié la fourniture en huile du luminaire à un marchand de vin. Thuasne rappelle qu'elle était usuelle dans les confréries bachiques, où l'on appelait le vin *huile*.

2. C'est un honneur réservé aux amis du défunt. Si Villon s'en remet aux ordonnateurs des funérailles, c'est qu'il se considère comme abandonné.

3. *Le mal me presse, il est temps que je crie...* Est-ce une maladie réelle ou la fiction de l'agonisant, qui demande pardon à ceux qu'il a offensés?

4. Ce sont ces ordres que Villon a raillés au cours des *legs*. Marot a donné pour titre à cette ballade : *Ballade par laquelle Villon crye mercy à chacun*.

5. *Aux flâneurs et claquepatins* : les jeunes gens à la mode portaient par-dessus leurs chaussures des patins à semelle de bois, qu'ils faisaient claquer sur les pavés pour se faire remarquer.

6. *Servants d'amour*; mais l'édition de Levet donne *servantes*, qui complète bien *filles mignonnes* (les courtisanes).

7. Les *surcots* sont des jaquettes portées sur la *cotte*. Les courtisanes faisaient valoir leurs formes en portant des robes très ajustées.

8. *Aux fats d'amours transis* : ce sont les amoureux qui se meurent d'amour (fictivement) : les dandys du XIXe s. ou les « gandins » d'aujourd'hui.

9. *Sans meshaing* : sans peine; ce qui est une antiphrase, puisque ces bottes étaient fort ajustées. Note de Marot à propos de ces *fauves bottes : La belle chaussure d'alors*.

10. Les courtisanes n'étaient pas les seules à montrer leur gorge; *cf.* la *Dorine* de Molière.

11. *Aux chapardeurs et chahuteurs*.

12. Les acteurs des *soties*.

13. Le texte de l'éd. Longnon-Foulet donne : *A petits garçons et petites filles* (sous-entendu) qui suivent bateleurs, goliards et *sols*. Lecoy (*Romania*, 1959) et Lanly préfèrent la leçon de C, ce qui donne : *avec des vessies et des marottes;* ce sont les attributs des *sots* et des *fous* dans le Carnaval.

CLXXXVI

Quant au regart du luminaire,
Guillaume du Ru j'y commetz[1].
Pour porter les coings du suaire[2],
Aux executeurs le remetz.   1963
Trop plus mal me font qu'onques mais
Barbe, cheveulx, penil, sourcis.
Mal me presse, temps desormais[3]
Que crie a toutes gens mercis.   1967

BALLADE

Marot : B. de mercy.

A Chartreux et a Celestins,
A Mendians et a Devotes[4],
A musars et claquepatins[5],
A servans et filles mignotes[6]   1971
Portans surcotz et justes cotes[7],
A cuidereaux d'amours transsis[8]
Chaussans sans meshaing fauves botes[9],
Je crie a toutes gens mercis.   1975

A filletes monstrans tetins
Pour avoir plus largement d'ostes[10],
A ribleurs, mouveurs et hutins[11],
A bateleurs, traynans marmotes,   1979
A folz, folles, a sotz et sotes[12],
Qui s'en vont siflant six a six,
A marmosetz et mariotes[13],
Je crie a toutes gens mercis.   1983

V. 1965, FI : penil, cheveux, barbe, sourcilz. —
V. 1966, FI : temps est désormais. — V. 1970, C : et
clacque patins. — V. 1971, I : servantes et filles. —
V. 1974, A : qui chaussent sans mal. — V. 1982, C :
A vecies et maristes; I : A vesves et mariotes.

1. Tous ses ennemis, sans oublier Thibaut d'Aussigny et ses auxiliaires.

2. Les vers 1985-1986 font difficulté : *chier* est-il un adverbe ou le verbe? L'éd. Levet adoptant le verbe a corrigé *crostes* (croûtes) en *crottes ;* la leçon de C est claire : *Qui m'ont fait ronger de dures croûtes et les mastiquer maints soirs et matins,* allusion évidente à la *dure prison* de Meung. Mais l'équivoque entre *cher* et *chier, croûtes* et *crottes* a peut-être été voulue par Villon.

3. *Que maintenant je ne les crains pas plus que trois crottes.*

4. *Je ferais pour eux pets et rots... si je n'étais assis sur mon lit.*

5. *Somme toute, pour éviter les contestations.*

6. *Qu'on leur casse les quinze côtes — Avec de gros maillets, forts et massifs — Des boules de plomb emmanchées et telles pelotes.*

7. Le poète se dédouble : le *pauvre Villon* est mort, mais il prête sa voix au crieur qui invite à son convoi.

8. *Quand vous entendrez la sonnette du crieur.*

9. Ce vers fait suite à *Venez...* Les vêtements *rouges* rappellent la couleur des ornements liturgiques de la fête des saints martyrs, parmi lesquels se range Villon (v. 2001). Le rouge symbolisant le sang des victimes, appelle à la vengeance divine.

10. Le rapprochement de ce vers grossier avec l'évocation du martyr d'amour maintient l'équivoque sur les sentiments véritables du poète. Se moque-t-il de lui-même en même temps que de ses lecteurs, ce n'est pas invraisemblable. En tout cas, tout au long des poèmes il a parodié l'amour courtois. Thuasne voit dans ce serment burlesque une variante sur le calembour traditionnel : *Testis unus, testis nullus* (« Un seul témoin, cela ne compte pas! ») déformé en : *testiculus, testis nullus.* Les plaisanteries obscènes de ce genre donneront encore lieu au *blason* grotesque de Rabelais (*Tiers Livre,* chap. xxviii). De la même façon, les joyeux ivrognes (*Gargantua,* chap. v) reprennent, sans intention sacrilège, le cri de souffrance du Christ en croix : *J'ai soif.* L'évocation du « bas corporel » comme dirait Bakhtine est une réaction de défense chez les gens du Moyen Age. — Marot donne *chagnon,* au lieu de *couillon* et explique : *Serment antique, comme : « Par mon chef. »*

Sinon aux traistres chiens matins[1],
Qui m'ont fait chier dures crostes[2]
Maschier mains soirs et mains matins,
Qu'ores je ne crains pas trois crotes[3].   1987
Je feisse pour eulx petz et rotes[4];
Je ne puis, car je suis assis.
Au fort, pour eviter riotes[5],
Je crie a toutes gens mercis.   1991

Qu'on leur froisse les quinze costes[6]
De gros mailletz, fors et massis,
De plombees et telz pelotes.
Je crie a toutes gens mercis.   1995

AUTRE BALLADE

Icy se clost le testament
Et finist du pauvre Villon.
Venez a son enterrement[7],
Quant vous orrez le carrillon[8],   1999
Vestus rouge com vermillon[9],
Car en amours mourut martir :
Ce jura il sur son couillon[10],
Quant de ce monde voult partir.   2003

V. 1985, C : fait rongier dures crostes; I : crottes. —
V. 1986, C : Macher; I : Menger. — V. 1987, C : Que
ores je ne crains troys crottes; A : Mais ores ne les
crains trois noques. — V. 1996, A : Icy conclut. —
V. 2001, C : mourut transir.

1. Sans doute un rappel du congé et de la correction ordonnée par Catherine de Vaucelles. *Lais*, v. 33-40 et *Testament*, v. 89-102 et 657-720). — *De ses amours* : périphrase pour : « *Par sa maîtresse.* »

2. Village du Dauphiné; Villon y est-il allé? Il est difficile de l'affirmer. Le mot est commode pour la rime et il peut avoir une signification symbolique.

3. *Broussaille ni broussaillon.*

4. Il l'a dit déjà au v. 2004, mais d'une façon plus dubitative.

5. *L'aiguillon d'Amour le piquait douloureusement.*

6. *Ardillon.*

7. Si vraiment le poète était mourant sentirait-il les douleurs de l'amour? La parenthèse ne prévient-elle pas le lecteur d'éviter de prendre au sérieux cette mort métaphorique?

8. *Beau comme un émerillon* : l'émerillon est un oiseau de volerie voisin du faucon et de l'autour. Il a certainement été choisi pour faire une rime grotesque avec *morillon*.

9. Villon quitte la vie sur un coup de gros rouge. M. Mela (*Mélanges Frappier*) commente ainsi cette pitrerie : « *Emportant dans la tombe ce dont il a su se libérer, il éclate de rire et termine sur un bon mot...* » Pour un moribond, quel vin pourrait-il mieux convenir que le *morillon*, qui a l'avantage supplémentaire, pour les initiés, d'évoquer Hervé Morillon, abbé de Saint-Germain-des-Prés, qui avait été en conflit avec l'Université de Paris et était mort en 1460. Une fois de plus le choix du mot n'était pas sans intention.

Et je croy bien que pas n'en ment;
Car chassié fut comme ung souillon
De ses amours hayneusement[1],
Tant que, d'icy a Roussillon[2],   2007
Brosse n'y a ne brossillon[3]
Qui n'eust, ce dit il sans mentir[4],
Ung lambeau de son cotillon,
Quant de ce monde voult partir.   2011

Il est ainsi et tellement
Quant mourut n'avoit qu'ung haillon;
Qui plus, en mourant, mallement
L'espoignoit d'Amours l'esguillon[5];   2015
Plus agu que le ranguillon[6]
D'ung baudrier luy faisoit sentir
(C'est de quoy nous esmerveillon[7]),
Quant de ce monde voult partir.   2019

Prince, gent comme esmerillon[8],
Sachiez qu'il fist au departir :
Ung traict but de vin morillon[9],
Quant de ce monde voult partir.   2023

V. 2008, A : Rosse n'y a ne roussillon. — V. 2009, C :
Qu'il n'eust. — V. 2017, A : D'un bauldrier d'aussi le
sentir. — V. 2022, A : traict de bon vin. — V. 2023,
après ce vers dans A : *Explicit.*

POÉSIES DIVERSES

VILLON DEVANT LA POTENCE

En dehors du *Lais* et du *Testament* se présentent les *Poésies diverses,* jadis en partie rassemblées sous le titre de *Codicille,* qui maintenait la fiction testamentaire. Dans l'état actuel des connaissances, il est difficile d'établir une articulation certaine avec les compositions précédentes, et même de les insérer avec certitude dans la biographie du poète.

Les *Poésies diverses* appartiennent à des périodes très différentes de la vie de Villon, aussi nous indiquerons pour chacune d'elles les dates vraisemblables. Certaines comme la ballade intitulée *De bon conseil* par Longnon sont considérées comme des œuvres de jeunesse (M. Italo Siciliano qualifie même celle-ci de *pensum scolaire*), d'autres, en revanche, comme la *Ballade du concours de Blois* et l'*Épitaphe de Villon,* plus connue sous le titre de *Ballade des pendus* sont liées étroitement aux vicissitudes de son existence.

Après avoir été libéré de la *dure prison* de Meung par Louis XI, malgré les risques de l'aventure, Villon revient à Paris, et en 1462, il est inculpé de vol et emprisonné au Châtelet (novembre 1462). Faute de preuves suffisantes, il est sur le point d'être relâché, mais l'ancienne affaire du cambriolage du collège de Navarre (1456) rebondit. Toutefois la faculté de théologie accepte un compromis avec le délinquant : Villon recouvre la liberté, à condition de restituer 120 écus en trois ans. Mais comment pourrait-il échapper à ses mauvaises fréquentations? A la fin du même mois, on le retrouve mêlé à une rixe qui entraîne des coups et blessures. Après avoir soupé chez Robin Dogis avec deux autres compagnons, l'un de ceux-ci, Rogier Pichart, insulte les clercs de maître François Ferrébouc, notaire pontifical : c'est la bagarre! Le notaire est frappé d'un coup de dague; or c'est un personnage considérable, qui se trouvait, par malchance, avoir assisté à l'interrogatoire de Guy Tabarie dans l'affaire du collège de Navarre. Toute la bande est arrêtée, et Villon, victime de ses antécédents déplorables est condamné par le Châtelet à être « *pendu et étranglé* ». Villon interjette appel de la sentence du prévôt près du parlement, qui casse le jugement (janvier 1463) et commue la peine en dix ans de bannissement de Paris. C'est à cette occasion qu'il compose la *Requête au parlement* et la *Ballade de l'appel*. Il obtient un délai de trois jours pour régler ses affaires, puis disparaît pour toujours. A-t-il été victime d'un de ses anciens complices, s'est-il au contraire amendé et a-t-il fini dans quelques monastères, toutes les hypothèses sont permises. Mais si l'homme a survécu à cette dernière condamnation, le poète, lui, semble mort pour de bon.

Parmi ces *Poésies diverses*, si les unes sont des exercices de virtuosité où le jeu l'emporte sur l'émotion lyrique, comme les ballades des *Proverbes*, des *Menus Propos* et des *Contre-Vérités*, il ne convient pas de voir en toutes un simple exercice. P. Le Gentil (*Villon*, p. 71) remarque qu'on y relève cependant « des formules, notamment dans les refrains, qui peuvent apparaître comme autant de définitions jetées en passant par le poète pour caractériser sa manière d'être ou ses états d'âme du moment : *Je connais tout fors que moi-même*; *Je ris en pleurs et attens sans espoir...*; *bien recueilli, débouté de chacun...* » A plus forte raison, le *Débat du cœur et du corps de Villon* résume-t-il « toute son œuvre et toute sa vie » (*ibid.*, p. 73). Et qui ne serait ému et prêt à tous les pardons en écoutant l'appel à la pitié de la *Ballade des pendus,* qui, à elle seule, sauverait Villon de l'oubli? La situation tragique du poète attendant le gibet lui a inspiré des accents inoubliables où le sentiment et l'art sont à l'unisson.

P. M.

1. Titre donné par Longnon. Cette ballade serait l'une des premières œuvres de Villon. Le texte est tiré du recueil de poèmes d'Alain Chartier.

2. D'après M. Delbouille *(Mélanges Guiette)* il faut corriger *bersaudez* en *bertaudez* (tondre), verbe formé sur *bertaud*, animal châtré, d'où la variante *dépourveuz de raison*, qui donne le sens.

3. A. Lanly traduit par *pleins d'idées fausses,* A. Burger préfère *ignorance*.

4. *Qui agissez contre votre naissance* (Guiette).

5. *L'horreur.*

6. *Autruy demaine :* le bien d'autrui.

7. *Que chacun en soi voie son erreur.*

8. C'est la morale de l'Évangile.

9. *Pour les vertueux affranchis d'impatience ce monde* [terrestre] *est une prison.* L'opposition entre les malheurs du temps présent et la gloire dans l'au-delà est un des thèmes de prédilection de saint Paul (p. ex. *Épîtres aux Romains,* VIII, 12-25 et XII, 12).

10. *Rouiller :* battre. — *Tollir :* enlever, voler (du latin *tollere*). — *Meurtrir à tort :* tuer injustement.

11. *Celui qui occupe sa jeunesse en telles actions — Ne se soucie pas de Dieu et se détourne de la vérité.*

12. *C'est pourquoi à la fin il se tord les mains de douleur — Pour avoir attaqué autrui et pris son bien.*

I. BALLADE

Marot : B. de bon conseil[1].

Hommes faillis, bersaudez de raison[2],
Desnaturez et hors de congnoissance,
Desmis du sens, comblez de desraison,
Fols abusez, plains de descongnoissance[3],
Qui procurez contre vostre naissance[4],   5
Vous soubzmettans a detestable mort
Par lascheté las! que ne vous remort
L'orribleté[5] qui a honte vous maine?
Voyez comment maint jeunes homs est mort
Par offenser et prendre autruy demaine[6].   10

Chascun en soy voye sa mesprison[7],
Ne nous venjons, prenons en pacience[8];
Nous congnoissons que ce monde est prison[9]
Aux vertueux franchis d'impatience;
Battre, rouiller, pour ce n'est pas science[10],   15
Tollir, ravir, piller, meurtrir a tort.
De Dieu ne chault, trop de verté se tort
Qui en telz faiz sa jeunesse demaine[11],
Dont a la fin ses poins doloreux tort[12]
Par offenser et prendre autruy demaine.   20

V. 1, éd. d'Alain Chartier (1494 et 1499) : despourveuz
de raison. — V. 14, éd. 1499 : Battre, *touiller*. — V. 17,
éd. 1494 et 1499 : trop de vérité.

1. *Rire en trompant.*

2. Les faux quêteurs, vendeurs de fausses bulles d'indulgence, dont il est question dans le *Testament*, v. 1692; *cf.* P. Champion, II, p. 81, note 3 : « Le 26 mars 1457, Charles VII avait fait rendre une ordonnance au sujet des abus commis par certains quêteurs sous prétexte d'indulgences. Ils publiaient de fausses lettres, rassemblaient le peuple sans autorisation et levaient sur lui parfois beaucoup d'argent. Le roi déclare que pour quêter il faudra de nouvelles lettres délivrées par sa chancellerie et qu'on ne pourra plus user de vieilles indulgences... » – *Affermer sans fiance :* affirmer faussement.

3. Littéralement, jouer un rôle dans une farce, puis par extension : *faire des farces.*

4. *Préparer la prison.*

5. *Subissent le contrecoup.*

6. Saint Paul rappelle *(ramaine)* ces conseils de sagesse dans l'*Épître aux Romains* (XII, 5 et 9-11).

7. On sait combien il s'en faut que Villon ait rempli ce programme. Toutefois, si ce poème paraît banal par sa moralité, le *Testament* montre à plusieurs reprises le regret du poète de n'avoir pas une situation stable, comme beaucoup de ses anciens compagnons d'étude. On remarquera dans la dernière strophe le nom de *Villon* en acrostiche. Le *vrai port* est le Ciel : métaphore courante dans les textes religieux.

Que vault piper, flater, rire en trayson[1],
Quester[2], mentir, affermer sans fiance,
Farcer[3], tromper, artifier poison[4],
Vivre en pechié, dormir en deffiance
De son prouchain sans avoir confiance?   25
Pour ce conclus : de bien faisons effort,
Reprenons cuer, ayons en Dieu confort,
Nous n'avons jour certain en la sepmaine;
De nos maulx ont noz parens le ressort[5]
Par offenser et prendre autruy demaine.   30

Vivons en paix, exterminons discort;
Ieunes et vieulx, soyons tous d'ung accort :
La loy le veult, l'apostre le ramaine
Licitement en l'epistre rommaine[6];
Ordre nous fault, estat ou aucun port.   35
Notons ces poins; ne laissons le vray port[7]
Par offenser et prendre autruy demaine.

1. Ce titre est celui donné par P.-L. Jacob dans son édition de 1854. Le jeu poétique dans cette ballade consiste à faire commencer chaque vers par *tant*, en donnant à ce mot des significations différentes; il se complique par l'emploi exclusif de proverbes. On a vu que ceux-ci sont fréquents dans le *Lais* et surtout dans le *Testament* où l'octosyllabe s'adapte volontiers à l'expression d'une formule. Ici, la succession des proverbes s'apparente au procédé de l'inventaire par la répétition d'une forme d'expression (*cf.* : Demarolle, *L'Esprit de Villon*, p. 77). Dans les quatre premiers vers, *tant* annonce une consécutive.

2. *A force de gratter le sol la chèvre est mal couchée.*

3. *Tant le martèle-t-on avec le maillet.*

4. *Tant s'éloigne-t-il qu'on en perd le souvenir.*

5. *Méprise.*

6. Proverbe très répandu : *A force de crier Noël il finit par arriver.* C'est le refrain de la ballade.

7. *La bonne renommée vaut autant que faveur acquise* : cf. le dicton : *Bonne renommée vaut mieux que ceinture dorée.*

8. *Plus elle est chère, plus elle est recherchée.*

9. *Tant la recherche-t-on...*

10. Ce vers complète le vers 13 avec l'opposition du *plus* et du *moins* associés à *quise* et *requise*.

II. BALLADE

Marot : B. des proverbes[1].

Tant grate chievre que mal gist[2],
Tant va le pot a l'eaue qu'il brise,
Tant chauffe on le fer qu'il rougist,
Tant le maille[3] on qu'il se debrise,   4
Tant vault l'homme comme on le prise,
Tant s'eslongne il qu'il n'en souvient[4],
Tant mauvais est qu'on le desprise[5],
Tant crie l'on Noel qu'il vient[6].   8

Tant parle on qu'on se contredist,
Tant vault bon bruyt que grace acquise[7],
Tant promet on qu'on s'en desdist,
Tant prie on que chose est acquise,   12
Tant plus est chiere et plus est quise[8],
Tant la quiert[9] on qu'on y parvient,
Tant plus commune et moins requise[10],
Tant crie l'on Noel qu'il vient.   16

Le texte de cette ballade suit l'éd. Longnon-Foulet, qui
s'appuie sur FI (éd. de 1589) et J. (*Jardin de Plaisance*,
1501). — V. 1, F : mau git. — V. 3, J : chauffe en fer.
— V. 4, F : maillon. — V. 6, F : tant eslongne on qu'il.
— V. 9-16 : manquent dans I. — V. 13, J : est chere plus
est requise. — V. 15, J : moins est quise.

1. Comme dans les strophes précédentes, chaque vers exprime une évidence, mais Villon s'amuse à rapprocher des vérités premières contradictoires, p. ex. aux vers 21 et 22.

2. *Battre une place,* c'est bombarder les murailles d'une place forte et ouvrir une brèche.

3. *Tant tarde-t-on que l'entreprise échoue (faut).*

4. *Tant se hâte-t-on que l'affaire tourne mal.*

5. *Tant embrasse-t-on que la prise tombe :* cf. le dicton : *Qui trop embrasse mal étreint.*

6. *On est si généreux que tout y passe* (mais d'autres sens sont possibles).

7. *Un « tiens » vaut autant que chose promise.*

8. Texte et sens controversés. Si avec M. Brunelli *(François Villon),* on comprend par antiphrase *Tant aime-t-on Dieu,* le sens serait : *On offense tant Dieu qu'à la fin on fait pénitence.* Mais si on substitue *fuit* à *suit* le vers peut être compris ainsi : *On aime tant Dieu qu'on fuit l'Église,* ce qui pourrait être une allusion à la doctrine hussite.

9. *Tant tourne le vent qu'il devient bise* (vent du Nord).

10. Cet *envoi* est-il une confession du poète en même temps qu'un dicton ? Il ferait ainsi connaître qu'il s'est amendé.

11. *Tant le bat-on qu'il devient sage.*

Tant ayme on chien qu'on le nourrist,
Tant court chanson qu'elle est apprise,
Tant garde on fruit qu'il se pourrist[1],
Tant bat on place qu'elle est prise[2],   20
Tant tarde on que faut entreprise[3],
Tant se haste on que mal advient[4],
Tant embrasse on que chiet la prise[5],
Tant crie l'on Noel qu'il vient.   24

Tant raille on que plus on n'en rit,
Tant despent on qu'on n'a chemise,
Tant est on franc que tout y frit[6],
Tant vault « tien » que chose promise[7],   28
Tant ayme on Dieu qu'on suit l'Eglise[8],
Tant donne on qu'emprunter convient,
Tant tourne vent qu'il chiet en bise[9],
Tant crie l'on Noel qu'il vient.   32

Prince, tant vit fol qu'il s'avise[10],
Tant va il qu'après il revient,
Tant le mate on qu'il se ravise[11],
Tant crie l'on Noel qu'il vient.   36

V. 20, J : Tant quiert on place. — V. 29, F : suyt; J : fait
(L. Foulet note qu'on attendrait plutôt : *qu'on fuit
l'Eglise,* leçon préférée aussi par Brunelli).

1. Comme pour la précédente, le titre de cette ballade vient de P.-L. Jacob (1854). Mlle Schoepperle Loomis (*Romania*, 1923) a montré que cette ballade appartient à la tradition médiévale du monologue où l'auteur fait étalage de ses connaissances (cf. : *Le Valet à tout faire*, le *Dit de l'Herberie*), parodie des poèmes aristocratiques du XIᵉ s., « où les chevaliers tirent vanité de leurs talents. La parodie ici réside dans la banalité des connaissances et l'antithèse du refrain avec le couplet ».

2. Sens probable : *je reconnais le pourpoint d'après son collet* (qui en indique la qualité).

3. *Gonne* : le froc.

4. Deux sens possibles : *Je reconnais le maître du valet,* ou bien : *Tel valet tel maître,* qui est le dicton usuel retourné *(Tel maître, tel valet).*

5. *Pipeur,* littéralement qui triche aux dés et plus généralement *trompeur.* — *Jargonne* : qui parle en jargon. Thuasne considère ce vers comme la preuve de l'affiliation de Villon aux coquillards. Les *ballades en jargon* ou *jobelin* ajoutent un indice supplémentaire. Toutefois le *jobelin* n'était pas le jargon des seuls coquillards : les « goliards », saltimbanques et forains le parlaient. A. Burger pense que Villon après son premier départ de Paris fit partie d'une troupe de ménestrels ou d'acteurs.

6. Selon la tradition, les fous se nourrissaient de fromage. De la crème au fromage, la différence est petite.

7. *Bietrix et Isabel :* deux noms de femmes, sans doute très différentes l'une de l'autre.

8. *Je connais les jetons qui additionnent et totalisent.* Les comptables se servaient de jetons pour établir leurs comptes. Il en est encore question chez Rabelais et Montaigne.

9. Allusion à l'hérésie des hussites en Bohême. Jean Huss, condamné par le concile de Constance, avait été brûlé vif en 1415.

10. Vers ambigu : l'exécution de Jean Huss peut être considérée comme un exemple du pouvoir pontifical. Mais comme elle n'avait pas évité le schisme, ni les conflits entre les papes et les conciles, le vers peut avoir une nuance ironique.

11. Le vers-refrain résume toutes les contradictions de l'esprit humain, l'immense appétit de savoir, la connaissance du monde extérieur et l'ignorance de soi-même. Mais le ton général de la ballade est parodique et railleur. La Fontaine prêtera la même remarque aux Abdéritains se moquant de Démocrite : *Il connaît l'univers, et ne se connaît pas* (VIII, fable 26).

III. BALLADE

B. des menus propos[1]

Je congnois bien mouches en let,
Je congnois a la robe l'homme,
Je congnois le beau temps du let,
Je congnois au pommier la pomme,   4
Je congnois l'arbre a veoir la gomme,
Je congnois quant tout est de mesmes,
Je congnois qui besongne ou chomme,
Je congnois tout, fors que moy mesmes.   8

Je congnois pourpoint au colet[2],
Je congnois le moyne a la gonne[3],
Je congnois le maistre au varlet[4].
Je congnois au voille la nonne,   12
Je congnois quant pipeur jargonne[5],
Je congnois fols nourris de cresmes[6],
Je congnois le vin a la tonne,
Je congnois tout, fors que moy mesmes.   16

Je congnois cheval et mulet,
Je congnois leur charge et leur somme,
Je congnois Bietris et Belet[7],
Je congnois get qui nombre et somme[8],   20
Je congnois vision et somme,
Je congnois la faulte des Boesmes[9],
Je congnois le povoir de Romme[10],
Je congnois tout, fors que moy mesmes.   24

Prince, je congnois tout en somme,
Je congnois coulourez et blesmes,
Je congnois Mort qui tout consomme,
Je congnois tout, fors que moy mesmes[11].   28

Le texte est tiré de FIJ. — V. 10, I : a la grome. — V. 13,
F : quant parleur jargonne; J : l'oyseau qui gergonne. —
V. 19, F : Bietrix Abelet. — V. 20, J : gect qui nombre
assomme. — V. 27, F : qui tout assomme.

1. Le titre de cette ballade a été donné par Longnon. Dans le jeu facile des affirmations contradictoires apparaissent des confidences du poète et des allusions à sa vie mouvementée. L'aspect le plus évident de la ballade est toutefois celui d'une parodie d'Alain Chartier. *Il n'est dangier que de vilain...* (cf. : Demarolle, *L'Esprit de Villon*).

2. *Application au travail...* Bien entendu, c'est tout le contraire. Il faut comprendre les différentes propositions par antiphrase.

3. *Mâcher une botte de foin* n'a jamais passé pour un bon repas.

4. Au sens le plus général : *« qui renie la foi religieuse ou la parole donnée »*.

5. *Ni bien raisonnable qu'amoureux :* c'est le refrain.

6. *Ni engendrement qu'en bain :* allusion à la mauvaise réputation des bains et des étuves où l'on traitait les vérolés (*cf. : Testament*, v. 1449, 1812).

7. *Ni bonne renommée que d'homme banni :* peut-être une constatation d'ordre personnel.

8. *Lotz* ou *los*, louange : *On n'est loué que si on nie ses dettes* (*cf. : Testament*, v. 1303).

9. *Ni rencontre que de malheureux.* Or, en fait, on aime rencontrer les gens heureux.

10. Dans les *Contredits de Franc Gontier*, le refrain était : *Il n'est trésor que de vivre à son aise.*

11. *Il n'est façon de faire honneur que de dire :* « Fi! »

12. Allusion aux faux-monnayeurs, qui dissimulaient leur industrie illicite.

13. Burger traduit *tragédie* par *fable tragique.* Le théâtre est le domaine de la fiction.

14. Comme dans la ballade *De bon conseil,* l'envoi porte la signature de Villon en acrostiche.

IV. BALLADE

B. des contre vérités[1].

Il n'est soing[2] que quant on a fain,
Ne service que d'ennemy,
Ne maschier qu'ung botel de foing[3],
Ne fort guet que d'homme endormy,   4
Ne clemence que felonnie,
N'asseurence que de peureux,
Ne foy que d'homme qui regnie[4],
Ne bien conseillé qu'amoureux[5].   8

Il n'est engendrement qu'en boing[6],
Ne bon bruit que d'homme banny[7],
Ne ris qu'après ung coup de poing,
Ne lotz que debtes mettre en ny[8],   12
Ne vraye amour qu'en flaterie,
N'encontre que de maleureux[9],
Ne vray rapport que menterie,
Ne bien conseillé qu'amoureux.   16

Ne tel repos que vivre en soing[10],
N'honneur porter que dire : « Fi[11]! »,
Ne soy vanter que de faulx coing[12],
Ne santé que d'homme bouffy,   20
Ne hault vouloir que couardie,
Ne conseil que de furieux,
Ne doulceur qu'en femme estourdie,
Ne bien conseillé qu'amoureux.   24

Voulez vous que verté vous die?
Il n'est jouer qu'en maladie,
Lettre vraye que tragedie[13],
Lasche homme que chevalereux,   28
Orrible son que melodie,
Ne bien conseillé qu'amoureux[14].

Le texte de cette ballade est tiré de F, manuscrit français 53 de la Bibliothèque royale de Stockholm.

1. Titre donné par Gaston Paris. L'attribution de cette ballade à Villon a été contestée. Toutefois ces imprécations contre les ennemis de la France s'accordent avec le culte de Jeanne d'Arc (*cf. :* T., *Ballade des dames du temps jadis*) et la légende de Villon se moquant du roi d'Angleterre rapportée par Rabelais.

2. Jason, chef des Argonautes, conquit la toison grâce à la magicienne Médée. Il rencontra des taureaux jetant du feu par les naseaux, mais réussit à les mettre sous le joug de sa charrue.

3. Nabuchodonosor, roi de Chaldée (605-552 av. J.-C.) s'empara de Jérusalem et traita les Juifs avec cruauté. Dieu le punit en le métamorphosant en bête féroce (*Livre de Daniel,* IV, 25-31).

4. *Précipité avec Tantale et Proserpine dans les marais des Enfers.* — Villon énumère les criminels de la Bible ou de la mythologie. Tantale, roi de Lydie, après avoir volé aux dieux le nectar et l'ambroisie, leur servit en festin son propre fils. Jeté aux Enfers, il fut condamné à éprouver éternellement la faim et la soif devant une table garnie de mets. Proserpine fut enlevée par Pluton qui en fit la reine des Enfers.

5. Le patriarche Job *(cf. : Livre de Job)* est célèbre par ses souffrances et sa piété indéfectible. Aussi Dieu le rétablit-il dans sa prospérité.

6. Dédale, architecte athénien du roi de Crète, Minos, fut enfermé dans le Labyrinthe avec son fils Icare. Il s'en évada au moyen d'ailes artificielles.

7. Échassier voisin du héron, qui passait pour tenir longtemps sa tête sous l'eau, ce qui faisait ressembler son cri au mugissement du taureau.

8. Sur la condition des chrétiens esclaves des Turcs, on peut se reporter à *Pantagruel,* chap. XIV.

9. Confusions avec Marie l'Égyptienne, courtisane retirée au désert (*cf. :* T., v. 885).

10. La légende de Narcisse a déjà été évoquée dans le *Testament,* v. 637. — Absalon, fils de David ayant conspiré contre son père se trouva suspendu par les cheveux dans les branches d'un chêne et fut tué par Joab. — Le suicide de Judas par pendaison, après sa trahison, est bien connu.

11. L'existence de Simon le Mage est attestée par les *Actes des Apôtres.* Il aurait voulu acheter de Pierre le pouvoir de donner le Saint-Esprit. Dans la *Légende dorée,* Simon flotte entre ciel et terre; une prière de Pierre met en fuite les démons qui le soutiennent et il s'écrase sur le sol.

V. BALLADE

B. contre les ennemis de la France[1].

Rencontré soit de bestes feu getans,
Que Jason vit, querant la toison d'or[2] ;
Ou transmué d'homme en beste sept ans,
Ainsi que fut Nabugodonosor[3] ;
Ou perte il ait et guerre aussi villaine
Que les Troyens pour la prinse d'Helaine ;   6
Ou avallé soit avec Tantalus
Et Proserpine aux infernaulx palus[4] ;
Ou plus que Job soit en griefve souffrance[5],
Tenant prison en la tour Dedalus[6],
Qui mal vouldroit au royaulme de France !   11

Quatre mois soit en ung vivier chantans,
La teste au fons, ainsi que le butor[7] ;
Ou au Grant Turc vendu deniers contans[8],
Pour estre mis au harnois comme ung tor ;
Ou trente ans soit, comme la Magdalaine[9],
Sans drap vestir de linge ne de laine ;   17
Ou soit noyé comme fut Narcisus[10],
Ou aux cheveulx, comme Absalon, pendus
Ou, comme fut Judas, par Desperance ;
Ou puist perir comme Simon Magus[11],
Qui mal vouldroit au royaulme de France !   22

Le texte de cette ballade a ses sources dans H (ms. de Berlin), dans J (*Jardin de Plaisance*, 1501) et R, manuscrit postérieur à 1515. L'éd. Longnon-Foulet suit les reproductions de Montaiglon (1861) et de L. Pannier et P. Meyer du Débat (1877). — V. 5, J : Du noyé soit en la mer sans alaine. — V. 6, J : Pis que Jonas au corps d'une balaine. — V. 15, J : En ung moulin comme fut saint Victor. — V. 20, J : Comme Judas en une seiche branche.

1. *Puisse revenir le temps d'Octovien.* — Le *Roman des sept sages de Rome* rapporte le châtiment de cet empereur cupide, à qui on versa dans la bouche un bassin d'or fondu.

2. Saint Victor, officier romain converti au christianisme, fut écrasé par la meule d'un moulin en 290.

3. *Le Livre de Jonas,* très postérieur à la vie du prophète d'Israël, rapporte la mésaventure survenue à Jonas pour avoir refusé d'aller prêcher la pénitence à Ninive. Jeté à la mer par des marins phéniciens, il fut avalé par un monstre marin, qui le garda trois jours dans son estomac.

4. *Du bien qu'il soit banni de la clarté de Phébus* [le Soleil] *des biens de Junon et des plaisirs de Vénus.*

5. Sardanapale, roi légendaire d'Assyrie, vaincu par ses ennemis, se suicida en montant avec ses femmes et ses trésors sur un immense bûcher. — Dans la mythologie gréco-latine, Mars est le dieu de la Guerre.

6. *Qu'il soit porté par les serviteurs d'Éole en la forêt où règne Glaucus.* Éole, dieu des Vents, tenait ceux-ci enfermés dans des outres à l'intérieur d'une caverne, dans l'île identifiée avec le volcan du Stromboli. Homère a raconté sa légende dans un épisode fameux de l'*Odyssée.* Glaucus est un dieu marin. La *forêt* désigne donc la mer où sera noyé l'ennemi de la France.

D'octovien puist revenir le tems[1] :
C'est qu'on luy coule au ventre son tresor;
Ou qu'il soit mis entre meules flotans
En ung moulin, comme fut saint Victor[2];
Ou transglouty en la mer, sans aleine,
Pis que Jonas ou corps de la baleine[3];   28
Ou soit banny de la clarté Phebus,
Des biens Juno et du soulas Venus[4],
Et du dieu Mars soit pugny a oultrance,
Ainsy que fut roy Sardanapalus[5],
Qui mal vouldroit au royaulme de France!   33

Prince, porté soit des serfs Eolus
En la forest ou domine Glaucus[6];
Ou privé soit de paix et d'esperance :
Car digne n'est de posseder vertus
Qui mal vouldroit au royaulme de France!   38

V. 23, J : Malade pis qu'oncques ne fut amant. — V. 25
(*cf.* v. 14), J : Et qu'au Turc soit vendu denier comptant.
— V. 26 (*cf.* v. 15), J : Pour estre mis au harnois comme
ung tor. — V. 27 (*cf.* v. 16), J : Comme la Magdeleine.
V. 28 (cf. v. 17), J. Sans draps vestir soient de linge ou
de laine. — V. 29, J : Et puis privé de la chartre Jésus. —
V. 31, R : Et du grant Dieu soit maudit. — V. 36, J : Et
puis banny du pays d'espérance.

1. Ce rondeau satirique est un jeu amusant sur l'homonymie de mots de nature et de sens différents : *l'Avenu – la venue – lave nud*. Jenin est synonyme de cocu dans la littérature du XVᵉ s. Il sera encore employé dans ce sens au XVIIᵉ s.

2. Les étuves ou bains chauds (*cf. :* T., v. 1812) avaient mauvaise réputation; ils étaient des lieux de débauche; de plus, les bains aux étuves étaient le traitement spécifique de la vérole.

3. Titre donné par Longnon. Sur les rapports de Villon et de Charles d'Orléans, on consultera P. Champion (*Villon*, II, p. 92-98), J. Dufournet (*Recherches...*, p. 201) et D. Poirion (*Le fol et le sage « auprès de la fontaine » :* la rencontre de François Villon et Charles d'Orléans, *Travaux de linguistique...* de l'Université de Strasbourg, 1968) et Ph. Ménard, *D'un mythe antique à une image lyrique, Romania*, 1966). — Après une captivité de 25 ans en Angleterre, Charles d'Orléans, quelque peu dépaysé par l'évolution de la politique française, continue à cultiver la poésie et à stimuler l'inspiration des jeunes poètes par des débats sur des thèmes donnés. P. Champion pense que le concours de Blois eut lieu entre 1458 et 1460.

4. Ce vers qui exprime toutes les contradictions de l'amour et donne le ton mélodique à la ballade reprend le propre texte d'une ballade de Charles d'Orléans, écrite peu avant 1451 :

> *Je meurs de soif en cousté la fontaine,*
> *Tremblant de froit ou feu des amoureux.*

5. Cette antithèse célèbre, même si elle est déjà commune chez les poètes antérieurs à Villon, n'en exprime pas moins avec justesse les contradictions de son caractère, et d'une façon plus générale les incohérences de l'existence. C'est peut-être un « cliché », comme l'assure M. Italo Siciliano, mais ce « cliché » peut évoquer une réalité émouvante. Le poète a pu insérer des accents personnels dans le cadre traditionnel (p. ex. aux vers 3 et 10).

6. Pour l'homme raisonnable, la science est l'opposé de l'événement fortuit.

7. *Couché sur le dos.*

8. *J'ai bien de quoi et pourtant je n'ai pas un sou.*

9. *J'attens un héritage et je ne suis l'héritier de personne.* Même dans cette variation sur les tourments de l'amour, l'obsession de la pauvreté reparaît.

VI. RONDEAU

Jenin l'Avenu[1],
Va-t-en aux estuves[2];
Et toy la venu,
Jenin l'Avenu,   4

Si te lave nud
Et te baigne es cuves.
Jenin l'Avenu,
Va-t-en aux estuves.   8

VII. BALLADE

B. du concours de Blois[3].

Je meurs de seuf auprès de la fontaine[4],
Chault comme feu, et tremble dent a dent;
En mon païs suis en terre loingtaine;
Lez ung brasier frissonne tout ardent;
Nu comme ung ver, vestu en president,   5
Je ris en pleurs[5] et attens sans espoir;
Confort reprens en triste desespoir;
Je m'esjouïs et n'ay plaisir aucun;
Puissant je suis sans force et sans povoir,
Bien recueully, debouté de chascun.   10

Rien ne m'est seur que la chose incertaine;
Obscur, fors ce qui est tout evident;
Doubte ne fais, fors en chose certaine;
Science tiens a soudain accident[6],
Je gaigne tout et demeure perdent;   15
Au point du jour dis : « Dieu vous doint bon soir! »
Gisant envers[7], j'ay grant paour de cheoir;
J'ay bien de quoy et si n'en ay pas ung[8];

Rondeau : Ce rondeau fait partie du *Jardin de Plaisance.*
Ballade : La source est le ms. des poésies de Charles
d'Orléans, dénommé V (La Vallière). Elle a été éditée,
avec les poèmes du duc d'Orléans, par P. Champion.

1. *Celui qui parle le mieux* [de moi?] *est celui qui m'irrite le plus.*

2. *Celui qui me dit le plus la vérité est celui qui me trompe* (bourde) *le plus.*

3. Ce genre d'illusions est développé dans le *Testament* (v. 689-704), où la fausse maîtresse fait prendre « *vessies pour lanternes* » à l'amant trompé.

4. Texte douteux (*cf.* variante). Thuasne, adoptant la correction Longnon, traduit *pouvoir* par : *m'aide avec efficacité*. La leçon originale peut être interprétée par : *croit qu'il m'aide à me pourvoir*.

5. Foulet, Burger, Lanly comprennent : *je suis l'homme d'un parti* (et par conséquent un *factieux*), en opposition avec *commun à toutes lois*, c'est-à-dire obéissant à la loi générale.

6. Le sens de *gager* est controversé. P. Champion suppose que le poète réclame à Charles d'Orléans une nouvelle pension. Ce serait en quelque sorte une anticipation du cri fameux de Sganarelle dans le *Don Juan* : « *Mes gages, mes gages!* »; L. Foulet, cité par Lanly, interprète *gages* comme *objets donnés en garantie d'un prêt*, ce qui restreint la portée de la demande.

7. Titre donné par Longnon. L'épigraphe latine est tirée de la *IVe Bucolique* de Virgile, v. 7 : « Voici qu'une nouvelle race nous est envoyée du haut du ciel. » Cette églogue, qui annonce le retour de l'âge d'or à l'occasion de la naissance du fils de Pollion a été interprétée au Moyen Age comme un message messianique. C'est dans cette perspective que Villon rapproche la naissance de Marie de celle du Christ. Ni les circonstances ni la date de la composition n'ont été clairement élucidées. Le poème a-t-il été composé en 1458, Marie étant née le 19 décembre 1457, ou en 1460 à l'occasion de la première entrée de la petite princesse à Orléans? P. Champion (*op. cit.*, II, p. 105 *sq.*) pense que Villon était alors emprisonné dans cette ville et qu'il fut libéré lors de cette première visite officielle, comme il le sera de la *dure prison* de Meung par le passage de Louis XI. L'allusion à la libération des prisonniers : *Et aux enclos donner yssue — Leurs liens et fers délier* (v. 31-32) concernerait donc en premier lieu le poète. Quoi qu'il en soit, le v. 112 : *Enfance en rien ne vous demaine* ne s'applique pas à un nouveau-né et rend la date de 1460 plus vraisemblable que celle de 1458.

8. *Envoyée ici-bas du haut des cieux — Du noble lis digne rejeton.*

9. *Fontaine de pitié, source de grâce.* Les images mystiques sont appelées à la fois par le culte de la Vierge Marie et l'atmosphère messianique.

Eschoitte attens et d'omme ne suis hoir[1],
Bien recueully, debouté de chascun.   20

De rien n'ay soing, si mectz toute ma peine,
D'acquerir biens et n'y suis pretendent;
Qui mieulx me dit, c'est cil qui plus m'attaine[2],
Et qui plus vray, lors plus me va bourdent[3];
Mon amy, est, qui me fait entendent   25
D'ung cigne blanc que c'est ung corbeau noir[4];
Et qui me nuyst, croy qu'il m'ayde a povoir[5];
Bourde, verté, au jour d'uy m'est tout un;
Je retiens tout, rien ne sçay concepvoir,
Bien recueully, debouté de chascun.   30

Prince clement, or vous plaise sçavoir
Que j'entens moult et n'ay sens ne sçavoir :
Parcial suis[6], a toutes loys commun.
Que fais je plus? Quoy? Les gaiges ravoir[7],
Bien recueully, debouté de chascun.   35

VIII. ÉPITRE A MARIE D'ORLÉANS

Dit de la naissance Marie d'O[8].

Jam nova progenies celo demittitur alto.

I

O louee conception
Envoiee ça jus des cieulx[9],
Du noble lis digne syon,
Don de Jhesus tres precieulx,   4

V. 27 : *povoir* est une correction de Longnon; le ms. La
Vallière donne *a pourvoir*. — V. 34 : l'éd. Longnon-Foulet
donne *que sais je plus?* mais Foulet considère cette leçon
comme douteuse; P. Champion déclare que le ms.
« porte clairement *que fais je plus*; il est suivi par Burger
et Lanly. *Épître à Marie d'Orléans* : même source que le
poème précédent (V), figure·dans les œuvres de Charles
d'Orléans publiées par P. Champion.

1. La Vierge Marie est la protectrice des pauvres et des riches. La princesse qui porte son nom imitera son action bienfaisante.

2. P. Lanly traduit : *L'éloignement des méchants et des chiches ;* le « Lexique » Burger donne *refoulement.*

3. Charles d'Orléans de son premier mariage avec Isabelle de France, fille de Charles VI, avait eu une fille, Jeanne (1409), mariée à Jean II d'Alençon (1424) et morte sans enfant en 1434. La princesse Marie était née du second mariage de Charles d'Orléans avec Marie de Clèves, après seize ans de mariage stérile.

4. La princesse, comme la Vierge Marie, échappe au péché originel.

5. Avec elle, le nom de Marie retrouve tout son éclat.

6. *Refuge contre les maux.*

7. Sa fille du premier lit était morte (*cf.* : note 3).

8. Villon insiste sur l'ascendance doublement illustre de Marie, puisque Clovis était roi des Francs et qu'il fut le premier roi chrétien.

9. Ce vœu de tous les temps était d'autant plus justifié au xve s., déchiré par la *guerre de Cent Ans.*

10. *César* désigne Charles d'Orléans.

11. Les discordes étaient encore vives entre les Armagnacs et les Bourguignons.

12. S'agit-il seulement d'une formule générale? En tout cas, elle pouvait toucher Charles d'Orléans, fait prisonnier à Azincourt et demeuré captif pendant 25 ans en Angleterre. Faut-il interpréter ce vers comme un remerciement personnel de Villon? Ce n'est qu'une hypothèse (*cf.* : *supra,* note 7).

MARIE, nom tres gracieulx,
Fons de pitié, source de grace[1],
La joye, confort de mes yeulx,
Qui nostre paix bastist et brasse!   8

II

La paix, c'est assavoir, des riches[2],
Des povres le substantement,
Le rebours des felons et chiches[3],
Tres necessaire enfantement[4],   12
Conceu, porté honnestement,
Hors le pechié originel[5],
Que dire je puis sainctement
Souvrain bien de Dieu eternel!   16

III

Nom recouvré, joye de peuple[6],
Confort des bons, de maulx retraicte[7];
Du doulx seigneur premiere et seule[8]
Fille, de son cler sang extraicte,   20
Du dextre costé Clovis traicte[9];
Glorieuse ymage en tous fais,
Ou hault ciel creee et pourtraicte
Pour esjouÿr et donner paix[10]!   24

IV

En l'amour et crainte de Dieu
Es nobles flans Cesar conceue[11],
Des petis et grans en tout lieu
A tres grande joye receue,   28
De l'amour Dieu traicte, tissue,
Pour les discordez ralier[12]
Et aux enclos donner yssue,
Leurs lians et fers deslier[13].   32

1. *Certaines gens qui ont bien peu de raison.*

2. C'était le souhait de tous les princes et de tous les nobles qui voulaient assurer la durée de leur nom. Un siècle plus tard, Montaigne qu'on ne peut accuser de *simplesse*, exprimera dans les *Essais* sa déception de n'avoir qu'une fille.

3. *Que Dieu m'aide!*, serment familier.

4. L'auteur des *Psaumes*, David.

5. Citation du psaume 92 *(Cantique du Juste)* : *Tu m'as rempli de joie, Seigneur, dans ton œuvre.*

6. *Né sous un bon augure.*

7. Nourriture providentielle qui sauva de la famine les Hébreux dans le désert. Charles d'Orléans peut remercier Dieu de cette naissance inespérée.

8. *La récompense* (« Lexique » Burger).

9. Titre ajouté.

10. *Estime comme ton ennemi celui qui te louera en ta présence.* Cette citation, qui n'a pas été identifiée avec certitude serait peut-être tirée du *pseudo-Caton.*

11. *Toutefois, en dépit de ce dicton, jamais un homme véridique ne cacha (cela) en son cœur aucune chose bonne.*

V

Aucunes gens, qui bien peu sentent[1],
Nourris en simplesse et confis,
Contre le vouloir Dieu attentent,
Par ignorance desconfis,   36
Desirans que feussiez ung fils[2];
Mais qu'ainsi soit, ainsi m'aist Dieux[3],
Je croy que ce soit grans proufis.
Raison : Dieu fait tout pour le mieulx.   40

VI

Du Psalmiste je prens les dis[4] :
Delectasti me, Domine,
In factura tua[5], si dis :
Noble enfant, de bonne heure né[6],   44
A toute doulceur destiné,
Manne du Ciel[7], celeste don,
De tous bienfais le guerdonné[8],
Et de noz maulx le vray pardon!   48

[DOUBLE BALLADE[9]]

Combien que j'ay leu en ung dit :
Inimicum putes, y a,
Qui te presentem laudabit[10],
Toutesfois, non obstant cela,   52
Oncques vray homme ne cela[11]
En son courage aucun grant bien,
Qui ne le montrast ça et la :
On doit dire du bien le bien.   56

1. Saint Jean-Baptiste baptisa Jésus dans les eaux du Jourdain, et devant la foule le présenta comme « l'agneau de Dieu qui ôte le péché du monde ».

2. *Aussi sa parole se répandit-elle parmi les foules.*

3. Saint André, frère de saint Pierre, le patron de l'Église orthodoxe, mourut sur une croix en X. Ce serait la prédication de saint Jean-Baptiste, qui l'aurait attaché au Christ.

4. *Vous rappelez ici-bas vers vous...*

5. La Rigueur (personnifiée ici) est une forme excessive de la justice, contre laquelle Villon proteste.

6. *Et que Fortune culbuta.* On sait quel rôle la Fortune joue dans la condition humaine aux yeux de Villon (cf. : le *Dit de Diomèdes*, T., v. 130 *sq.*).

7. La princesse Marie lui a-t-elle vraiment sauvé la vie? Est-ce une exagération lyrique? Ou bien y a-t-il assimilation entre la Marie terrestre et la Marie céleste? Il semble que l'ambiguïté soit cultivée à dessein.

8. *Bénie soit celle qui vous porta!* Cet hommage à la mère de la princesse, Marie de Clèves, rappelle la salutation angélique à la Vierge Marie.

9. *Ici, j'atteste devant Dieu.*

10. La nature du bienfait est précisée. L'équivoque entre le rôle de la princesse et celui du Christ se développe. Dans tout le poème sont juxtaposés plusieurs niveaux, de même que dans la *IVe Églogue* de Virgile.

Saint Jehan Baptiste ainsy le fist,
Quant l'Aignel de Dieu descela[1].
En ce faisant pas ne mesfist,
Dont sa voix es tourbes vola[2] ;   60
De quoy saint Andry Dieu loua[3],
Qui de lui cy ne sçavoit rien,
Et au Fils de Dieu s'aloua :
On doit dire du bien le bien.   64

Envoiee de Jhesuschrist,
Rappellez ça jus par deça[4]
Les povres que Rigueur proscript[5]
Et que Fortune betourna[6].   68
Si sçay bien comment il m'en va :
De Dieu, de vous, vie je tien[7].
Benoist celle qui vous porta[8] !
On doit dire du bien le bien.   72

Cy, devant Dieu, fais congnoissance[9]
Que creature feusse morte,
Ne feust vostre doulce naissance[10],
En charité puissant et forte,   76
Qui ressuscite et reconforte
Ce que Mort avoit prins pour sien ;
Vostre presence me conforte :
On doit dire du bien le bien.   80

V. 64-65 : la leçon *rappellez* n'est pas sûre, la dernière lettre du mot n'étant pas distincte ; A. Burger, suivi par A. Lanly corrige en *rappeler*, qu'ils rattachent à *Envoyée* : Envoyée par Jésus-Christ pour rappeler.

1. Rapprochez ce vers du premier vers de la strophe ; cette disposition est fréquente chez Villon.

2. *Il n'y a plus de chagrin qui me décourage.*

3. Rappel de l'hymne *Ave maris Stella*, signalé par A. Burger.

4. *Qui enlève (toult, du latin tollere) et supporte nos fautes* : c'est l'expression même de saint Jean concernant le Christ.

5. *Si je cesse de vous louer.*

6. Cet *envoi* de la première partie du poème emploie au sens propre le mot *Princesse,* alors qu'ordinairement dans les ballades le *Prince* désigne le président du puy poétique. — *Loz :* louange.

7. Ici commence la deuxième partie du poème, qui n'aura pas d'*envoi.*

8. *Que de ceux qu'on appelle « contingents »* (ou fortuits). *Plus noble que le rubis ou le balais :* le *balais* est une variété de rubis très brillante et recherchée. La Vierge dans la poésie religieuse du Moyen Age est souvent comparée à des pierres précieuses.

9. *L'enfant marche sur les pas de son père :* selon Thuasne, la référence aux distiques du *pseudo-Caton* serait fausse, mais ce dicton paraît courant au Moyen Age.

Cy vous rans toute obeÿssance,
A ce faire Raison m'exorte,
De toute ma povre puissance[1] ;
Plus n'est deul qui me desconforte[2],   84
N'aultre ennuy de quelconque sorte.
Vostre je suis et non plus mien ;
A ce Droit et Devoir m'enhorte :
On doit dire du bien le bien.   88

O grace et pitié tres immense,
L'entree de paix et la porte[3],
Some de benigne clemence,
Qui noz faultes toult et supporte[4],   92
Se de vous louer me deporte[5],
Ingrat suis, et je le maintien,
Dont en ce refrain me transporte :
On doit dire du bien le bien.   96

Princesse, le loz je vous porte[6],
Que sans vous je ne feusse rien.
A vous et a tous m'en rapporte :
On doit dire du bien le bien.   100

VII

Euvre de Dieu, digne, louee[7]
Autant que nulle creature,
De tous biens et vertus douee,
Tant d'esperit que de nature   104
Que de ceulx qu'on dit d'adventure[8],
Plus que rubis noble ou balais ;
Selon de Caton l'escripture :
Patrem insequitur proles[9].   108

1. Cette comparaison d'une fillette de trois ans avec une adulte de trente-six ans peut sembler hyperbolique. M. A. Burger (*Mélanges I. Frank*) fait un rapprochement ingénieux (rapporté par A. Lanly) avec un passage concernant la Vierge dans le proto-Evangile du pseudo-Matthieu (II, 1), où la Vierge Marie, âgée de trois ans, a la démarche et le langage d'une telle perfection qu'on aurait cru une personne de trente ans.

2. Notez l'inversion : *Je ne sais ce qui me défendrait que je le dise...*

3. *A ce propos, je rappelle un dicton...* Ce dicton rappelle le dernier vers de la strophe précédente.

4. Rappel de la citation de Virgile donnée en épigraphe : *une nouvelle race nous est envoyée du haut du ciel.*

5. Le poète énumère quelques-unes des femmes illustres de l'Antiquité païenne ou biblique pour faire honneur à Marie d'Orléans : Cassandre, fille de Priam, avait le don de prophétie, la nymphe Echo, éprise de Narcisse fut métamorphosée en voix (*cf.* : T., v. 333 : *Echo parlant quand bruit on mène*), Judith séduisit le général ennemi, Holopherne, et lui trancha la tête. La Romaine Lucrèce, violée par le roi étrusque Tarquin, se suicida et devint le symbole de la chasteté, Didon, reine de Carthage, abandonnée par Enée monta sur un bûcher et se tua. La jeune princesse rassemble en elle-même toutes les vertus diverses de ces héroïnes.

6. *Que jamais l'envie n'attaque / Celui qui vous aime...*

7. *J'espère vous servir avant... que je ne sorte de la vie.*

8. Les poèmes du « povre escolier » en hommage à Marie d'Orléans ont été considérés comme un panégyrique outrancier par un grand nombre de critiques. Cependant, A. Burger, les replaçant dans leur contexte historique et littéraire, les défend avec à-propos. Il est certain que le rapprochement avec l'*Epître à ses amis* dans les éditions modernes produit un contraste défavorable, du moins pour un lecteur d'aujourd'hui. Villon est plus à l'aise dans l'ironie et la gouaille que dans les louanges officielles.

VIII

Port asseuré, maintien rassiz,
Plus que ne peut nature humaine,
Et eussiez des ans trente six[1];
Enfance en rien ne vous demaine.   112
Que jour ne le die et sepmaine
Je ne sçay qui le me deffant[2].
A ce propos ung dit ramaine[3] :
De saige mere saige enfant   116

IX

Dont resume ce que j'ay dit :
Nova progenies celo[4],
Car c'est du poëte le dit,
Jamjam demittitur alto.   120
Saige Cassandre, belle Echo[5],
Digne Judith, caste Lucresse,
Je vous cognois, noble Dido,
A ma seule dame et maistresse.   124

X

En priant Dieu, digne pucelle,
Qu'il vous doint longue et bonne vie;
Qui vous ayme, ma damoiselle,
Ja ne coure sur luy envie[6].   128
Entiere dame et assouvie,
J'espoir de vous servir ainçoys,
Certes, se Dieu plaist, que devie[7]
Vostre povre escolier FRANÇOYS[8].   132

1. Titre complété par Longnon. Ce poème paraît avoir été composé pendant l'emprisonnement à Meung-sur-Loire en 1461, et par suite antérieur de quelques mois au *Testament*, avec lequel il présente des analogies dans les détails descriptifs, tout en étant différent de ton, comme l'a montré J. Dufournet (*Recherches...*, tome I, p. 134 *sq.*). Villon, comme dans le *Testament*, reste muet sur les causes de son incarcération. Nous avons déjà vu qu'A. Burger *(Studi in onore...)* suppose qu'il avait fait partie d'une bande de *goliards* ou d'une troupe d'acteurs ambulants.

2. Cette prière rappelle celle de Job (XIX, 21), prière que l'on trouve dans les *livres d'heures*.

3. Le prisonnier est couché dans un cachot souterrain, une *basse-fosse;* son imagination lui rappelle des couches plus agréables, sous les ombrages des houx ou des arbres qu'on plantait le 1ᵉʳ mai devant la maison de la personne qu'on voulait honorer, coutume encore vivante en Guyenne. Le poète fait de l'esprit sur sa triste situation.

4. Villon n'avoue pas sa culpabilité, mais impute ce revers à la Fortune (*cf. : Dit de Diomedès*).

5. Énumération des compagnons habituels de Villon : « Fillettes » légères et bateleurs. Le *pied de veau* était un pas de danse où on lançait les deux pieds en avant. Par l'évocation des *compains de galle* et les sonorités bruyantes, ces vers rappellent la *Ballade de bonne doctrine (Rime, raille, cymbale...,* v. 1700) et les personnages pittoresques de la *Ballade de merci (A fillettes montrant tétins... A ribleurs,* etc., v. 1976-1982).

6. *Gosiers tintant clair comme des grelots.*

7. Cet appel exprime à la fois la détresse présente et l'espérance dans l'aide future des amis. Dans le *Testament,* le *povre Villon* se retrouve seul, abandonné de tous.

8. L'expression *chantant à plaisance* est équivoque : les chanteurs chantent quand bon leur semble, mais aussi pour le plaisir des buveurs dans les cabarets.

9. *Dépourvus de pièces d'or fausses ou bonnes.*

10 N'est-ce pas son propre portrait?

11. *Vous tardez trop car il meurt entre temps.*

12. *Quand il sera mort, vous lui offrirez des bouillons chauds.*

13. Le prisonnier souffre de l'obscurité permanente déjà évoquée au vers 3. Il ne voit pas plus que si on lui avait bandé les yeux.

IX. EPISTRE

Épitre à ses amis[1].

Aiez pitié, aiez pitié de moy[2],
A tout le moins, si vous plaist, mes amis!
En fosse gis, non pas soubz houx ne may[3],
En cest exil ouquel je suis transmis
Par Fortune[4], comme Dieu l'a permis.   5
Filles amans jeunes gens et nouveaulx,
Danceurs, saulteurs, faisans les piez de veaux[5],
Vifz comme dars, agus comme aguillon,
Gousiers tintans cler comme cascaveaux[6],
Le lesserez la, le povre Villon[7]?   10

Chantres chantans a plaisance, sans loy[8],
Galans, rians, plaisans en fais et dis,
Courens alans, francs de faulx or, d'aloy[9],
Gens d'esperit, ung petit estourdis[10],
Trop demourez, car il meurt entandis[11].   15
Faiseurs de laiz, de motetz et rondeaux,
Quant mort sera, vous lui ferez chaudeaux[12]!
Ou gist, il n'entre escler ne tourbillon[13] :
De murs espoix on lui a fait bandeaux.
Le lesserez la, le povre Villon?   20

Source : ms. C (fol. 152). — V. 6 : la ponctuation de l'éd.
Longnon-Foulet donne *Filles, amans, jeunes gens*. J. Frap-
pier, au lieu de l'énumération, voit dans *jeunes gens* le
complément de *amans*. — V. 9 : *cascaveaux* est une cor-
rection de G. Paris; le ms. C donne : *gaslaveaux*. —
V. 12 : A. Burger condamne la correction de l'édition
Longnon-Foulet *Courens, alans* : « *Coureux alans* est
exactement parallèle à *Chantres chantans* du v. 11... »
(« Lexique », p. 30).

1. *Venez le voir en ce pitoyable équipage.*

2. Les nobles et les clercs étaient exempts de la dîme (*francs de dix*) et *du droit de quart,* taxe de 25 % au profit du roi, notamment sur la vente du vin au détail. Ce vers indique que la ballade a été composée avant l'avènement de Louis XI, qui supprima ces franchises, tout en réduisant la taxe au 1/8.

3. Les clercs ne sont pas justiciables devant les autorités civiles.

4. Villon plaisante, puisque dimanches et mardis sont jours gras.

5. Allusion à la *question de l'eau; cf.* aussi T., v. 13-14 : *Pû m'a d'une petite miche — Et de froide eau tout un été.*

6. Dans la *basse-fosse,* il n'a pas la moindre commodité. Cette énumération est à rapprocher de celle de l'*Épitaphe* (v. 1890-1891).

7. *Vous que l'on appelle princes, vieux ou jeunes.*

8. *Obtenez pour moi grâces et sceaux royaux :* les lettres de rémission portaient le sceau royal.

9. Les prisonniers étaient descendus par une poulie dans la basse-fosse. J. Dufournet pense que le *corbillon* est une allusion à l'évasion de saint Paul et peut être aussi un souvenir du conte *Du chevalier à la corbeille,* où un chevalier amoureux se fait monter dans un corbillon à la fenêtre de la chambre de son amie.

10. *Où l'un crie* [à l'aide] *les autres se précipitent en foule.* Cette comparaison avec les porcs a choqué quelques commentateurs, mais c'est une plaisanterie : les amis de Villon pourraient-ils faire moins que les pourceaux? Sur cette ballade, où à l'imploration se mêlent « de l'enjouement, de l'esprit, un humour et une ironie envers soi qui sont après tout une formule variable du courage » (J. Frappier, *Studi in onore...*), on consultera les commentaires d'Italo Siciliano (*François Villon,* livre III, chap. ɪɪ) et J. Dufournet (*Recherches,* tome I, p. 134-142).

Venez le veoir en ce piteux arroy[1],
Nobles hommes, francs de quart et de dix[2],
Qui ne tenez d'empereur ne de roy[3],
Mais seulement de Dieu de Paradis :
Jeuner lui fault dimenches et merdis[4], 25
Dont les dens a plus longues que ratteaux;
Après pain sec, non pas après gasteaux,
En ses boyaulx verse eaue a gros bouillon[5];
Bas en terre, table n'a ne tresteaulx[6].
Le lesserez la, le povre Villon? 30

Princes nommez, ancïens, jouvenceaux[7],
Impetrez moy graces et royaulx seaux[8],
Et me montez en quelque corbillon[9].
Ainsi le font, l'un a l'autre, pourceaux,
Car, ou l'un brait, ilz fuyent a monceaux[10]. 35
Le lesserez la, le povre Villon?

1. Le titre complet est : *La requeste que le dit Villon bailla a monseigneur de Bourbon.* La plupart des commentateurs (*cf.* : L. Foulet, I. Siciliano) placent la composition de la *Requête* après la libération de la prison de Meung (1461). Les sentiments et le vocabulaire présentent des analogies frappantes avec le début du *Testament* (p. ex., v. 89-93 : la personnification de *Travail*, l'évocation de la bonne ville (Moulins) qui lui rend l'espérance).

2. Jean II, duc de Bourbon. — *Seigneur* est pris au sens propre : Moncorbier, village natal du père de Villon est situé dans le Bourbonnais.

3. *Travail,* au sens propre : torture, souffrance. Allusion à la *dure prison* de Meung et à la vie errante et misérable qui suivit sa libération.

4. *A force de coups et de meurtrissures* (A. Lanly) : le « Lexique » Burger traduit *coups orbes* par *contusions.*

5. Marot, malade et volé par son valet, se souviendra du badinage de la fin de cette strophe dans son *Épître au Roi* (1532).

6. *Aussi ne craignez pas qu'il ne vous rembourse bien.*

7. Quand ce premier prêt eut-il lieu? Sans doute en 1458, pense L. Foulet.

8. *Il y a longtemps qu'il les a employés en nourriture.*

9. *Mais cela sera sans difficulté et vite :* il promet de rembourser ensemble les deux prêts, sans chicaner.

10. Les garanties données sont pur badinage comme l'a fort bien vu Marot : « *Entour Patay, n'y a aucune forêt et n'y vend-on châtaignes* ». Patay est un bourg situé à 20 km d'Orléans, célèbre par la victoire de Jeanne d'Arc sur Talbot. Villon promet donc de payer en monnaie de singe. Marot, lui, remboursera François Ier « *quand on verra tout le monde content* ». Dans le vers 19, Villon parodie les termes de droit : *sans délai ni arrêt,* c'est-à-dire sans qu'il y ait eu décision de justice.

X. REQUESTE A MONS. DE BOURBON[1]

Le mien seigneur et prince redoubté[2],
Fleuron de lys, royalle geniture,
Françoys Villon, que Travail[3] a dompté
A coups orbes, par force de bature[4],
Vous supplie par ceste humble escripture   5
Que lui faciez quelque gracieux prest[5].
De s'obliger en toutes cours est prest,
Si ne doubtez que bien ne vous contente[6] :
Sans y avoir dommaige n'interest,
Vous n'y perdez seulement que l'attente.   10

A prince n'a ung denier emprunté,
Fors a vous seul, vostre humble creature.
De six escus que luy avez presté[7],
Cela pieça il meist en nourriture[8].
Tout se paiera ensemble, c'est droiture,   15
Mais ce sera legierement et prest[9] ;
Car, se du glan rencontre en la forest
D'entour Patay, et chastaignes ont vente,
Paié serez sans delay ny arrest[10] :
Vous n'y perdrez seulement que l'attente.   20

Sources : H (ms. du cardinal de Rohan) et I (éd. Levet, 1489). — V. 3, I : qui travail a doubté. — V. 8, H : Se doubte avès que bien. — V. 14, H : Lesquelx il mist pieça en nourriture. — V. 17, H : Car se de glan rencontre la forest/D'entour Patay ; correction de l'éd. Longnon-Foulet : Se du glan rencontre en la forest.

1. Les Lombards avaient des banques dans toute l'Europe et pratiquaient l'usure. Il est question des Lombards dans le *Testament,* v. 752 : *Ainsi que fait Dieu le Lombard.* Mais les plus récents commentaires pensent qu'il s'agit du nom d'un théologien.

2. *J'en prendrais, je crois, le risque.*

3. *Je ne porte pas d'argent à ma tunique ni à ma ceinture.* A. Ziwès et Anne de Bercy *(Les Ballades en jargon)* adoptant la leçon *Argent ne pent a gippon n'a sainture* font d'*argent* le sujet de *pent,* ce qui ne change guère le sens. Mais en remarquant qu'en jargon *beau sire Dieux* signifie *écus,* qui devient aussi le sujet de *pent,* l'ensemble donne : *il n'y a pas d'argent qui pende à ma tunique ni d'écu à ma ceinture.*

4. Jeu de mots sur la croix au carrefour des chemins et la croix des pièces de monnaie (*cf.* : *Testament,* v. 98 : *en cheminant sans croix ne pille*). L. Foulet traduit : *Est-il donc Dieu possible d'être aussi pauvre que je le suis?* La *vraie* croix du v. 29 est celle de la monnaie, avec un calembour facile sur la *vraie croix* du Christ, dont on vendait des fragments comme reliques.

5. Cet envoi emploie le mot *prince* au sens propre. *Prince du lys* reprend *Fleuron du lys* du v. 2 : le duc de Bourbon est prince du sang.

6. *Combien croyez-vous qu'il me déplaise — Quand je ne puis venir à bout de mes désirs.*

7. Jeu de mots sur *entente* (intention, désir) et *entendre* (comprendre).

8. Villon n'est donc pas encore à Moulins. Mais d'où a-t-il expédié son épître? La plaisanterie sur la forêt (!) de Patay peut-elle être considérée comme une confidence sur sa résidence momentanée?

9. *Que le manque d'argent m'assaille à ce point.*

Se je peusse vendre de ma santé
A ung Lombart, usurier par nature[1],
Faulte d'argent m'a si fort enchanté
Que j'en prendroie, ce cuide, l'adventure[2].
Argent ne pens a gippon n'a sainture[3] ;   25
Beau sire Dieux ! je m'esbaïs que c'est
Que devant moy croix ne se comparoist[4],
Si non de bois ou pierre, que ne mente ;
Mais s'une fois la vraye m'apparoist,
Vous n'y perdrez seulement que l'attente.   30

Prince du lys[5], qui a tout bien complaist,
Que cuidez vous comment il me desplaist[6],
Quant je ne puis venir a mon entente[7] ?
Bien m'entendez ; aidez moy, s'il vous plaist :
Vous n'y perdrez seulement que l'attente.   35

Au dos de la lettre

Allez, lettres, faictes ung sault[8] ;
Combien que n'ayez pié ne langue,
Remonstrez en vostre harangue
Que faulte d'argent si m'assault[9].   39

V. 19, H : Paié vous tiens sans. — V. 25-26 : texte dou-
teux : *pent* ou *pens* ? (*cf.* note sur l'interprétation de A).
— V. 29, H : m'apparoist (également dans CM). — V. 34,
H : au doiz de la lettre. — V. 37, H : Quoy que s'aiez ne
piés ne.

1. Parmi les commentateurs modernes, MM. Benedetto, Frappier et Burger estiment que l'antithèse *cœur* et *corps* ne rend pas compte de l'essentiel du poème et préfèrent : *Dialogue de Villon avec son cœur :* « Les interlocuteurs ne sont pas le *Cœur* et le *Corps* de Villon..., mais *Cœur* et le poète lui-même, corps et âme... Dans ce soliloque à deux voix, *Cœur* est à la fois le blâme intérieur de la conscience et le reproche collectif de tous les mentors... de Villon... Ce qui s'exprime, c'est la constatation d'un contraste sans issue, d'une impasse... » (*Romania,* 1954). La leçon de F corrobore cette interprétation. Thuasne et Italo Siciliano ont mis en évidence le caractère traditionnel de ces *débats,* ou *altercations* ou *disputations* entre le Corps et l'Ame ; ce qui est nouveau n'est pas le thème poétique, mais le caractère que lui a imprimé Villon. Cette ballade a été composée vraisemblablement en 1461, dans la prison de Meung ou peu après.

2. Dans les *Regrets de la Belle Heaumière,* Villon avait employé une image analogue pour exprimer la détresse et l'abandon : *Les pauvres vieilles sottes — assises bas à croupetons.* Mais ici, c'est la solitude du poète dans la prison et plus généralement dans la vie.

3. Le « Lexique » Burger traduit par « se contenter de », tandis que John Orr (*Revue de linguistique romane, XX*) propose : « *Je m'en tiendrai là, je n'en dirai pas plus.* »

4. Le *Testament* commence par rappeler l'âge du poète : *En l'an trentième de mon âge.* Dans le *Dit de Marie d'Orléans,* pour montrer tout le sérieux de la petite princesse, Villon la compare à une dame de *trente-six ans* (v. 111). Ici la comparaison avec un vieux mulet évoque l'idée d'obstination et d'endurcissement dans la *folle plaisance.*

5. Vérité d'évidence ; *cf. : Ballade des menus propos,* v. 1 : *Je congnois bien mouches en let.*

XI. LE DEBAT DU CUER ET DU CORPS
DE VILLON[1]

Qu'est ce que j'oy? — Ce suis je! — Qui? — Ton cuer,
Qui ne tient mais qu'a ung petit filet :
Force n'ay plus, substance ne liqueur,
Quant je te voy retraict ainsi seulet,
Com povre chien tapy en reculet[2]. —   5
Pour quoy est ce? — Pour ta folle plaisance. —
Que t'en chault il? — J'en ay la desplaisance. —
Laisse m'en paix! — Pour quoy? — J'y penserai. --
Quant sera ce? — Quant seray hors d'enfance. —
Plus ne t'en dis. — Et je m'en passeray[3]. —   10

Que penses tu? — Estre homme de valeur. —
Tu as trente ans : c'est l'aage d'un mullet[4];
Est ce enfance? — Nennil. — C'est donc folleur
Qui te saisist? — Par ou? Par le collet? —
Rien ne congnois. — Si fais. — Quoy? — Mouche en
                                                   [let[5];   15

L'ung est blanc, l'autre est noir, c'est la distance. —
Est ce donc tout? — Que veulx tu que je tance?
Se n'est assez, je recommenceray. —
Tu es perdu! — J'y mettray resistance. —
Plus ne t'en dis. — Et je m'en passeray. —   20

Sources : F, I, J, CM. — Le titre : F, « La Complainte
Villon a son cuer »; I, « Le Débat du cueur et du corps
dudit Villon »; CM, « Le Debat du cuer et du corps
de Villon en forme de ballade ». — V. 2, F : ung povre
filet. — V. 15, I : Si fais mousches en lait. — V. 16, I :
c'est la différence.

1. A rapprocher du v. 11 : *Que penses-tu ? — Estre homme de valeur.* C'est une circonstance aggravante.

2. *Ou tu as la tête plus dure qu'un galet.*

3. Terme de la scholastique : raisonnement déductif.

4. *Il vient de ma mauvaise destinée.* La croyance à l'astrologie était fort répandue et elle le sera encore au XVIᵉ s. Villon a déjà rappelé sa mauvaise étoile à propos du *Dit de Diomedès.* La planète Saturne passait pour avoir une influence maléfique et donner un caractère triste et difficile. Verlaine se souviendra de cette tradition dans le titre de son premier recueil, les *Poèmes saturniens.* Le sens est : *Quand Saturne me fit mon lot il y mit ces maux, je crois.* Le *Cœur* proteste contre ce déterminisme astral.

5. Salomon (*Livre de la Sagesse*, VIII, 17-19) rappelle que c'est Dieu qui a donné à l'homme la science vraie. La citation concerne Ptolémée : *l'homme de bien dominera les astres.* L'opposition entre Salomon (la sagesse) et Saturne (la superstition) était courante au Moyen Age.

6. *Oui, certes ! c'est ma croyance.*

7. C'est le regret de la jeunesse dissipée où le poète a préféré la société des « gallants » à celle des livres.

8. Italo Siciliano a laissé un poétique et pénétrant commentaire de ce *debat* (cf. : *François Villon*, livre III, chap. III, p. 495 : « Débat entre le « follastre » et le « povre Villon », débat entre le coupable et le juge, entre le jeune homme et l'homme mûr, débat dramatique à tout point de vue. Le premier dizain présente les deux personnages. Dans le deuxième c'est le « follastre » qui prévaut... si bien que cette strophe prend l'allure et le ton d'une de ces « fatrasies » dialoguées qui amusaient « rois et ducs ». Mais peu à peu, le Cœur se soulève, il gagne du terrain, il ne se plaint plus ; il remplit le 3ᵉ dizain de la gravité de sa voix et de ses reproches. Dans le 4ᵉ, il devient le juge flétrissant un coupable, qui, de son côté, ne se moque plus de lui, mais plutôt se défend et s'excuse. Dans la dernière strophe le coupable a fléchi, il a baissé la tête, il écoute, il promet : « Dieu m'en donne la puissance ! Bien j'y adviserai... » Ainsi le « povre Villon » parle un langage toujours plus nouveau... Quelque chose s'écroule, quelque chose surgit. Le monde enseveli vient lentement à la surface : c'est le monde où l'on priait, petit enfant... ».

J'en ay le dueil; toy, le mal et douleur.
Se feusses ung povre ydiot et folet[1],
Encore eusses de t'excuser couleur :
Si n'as tu soing, tout t'est ung, bel ou let.
Ou la teste as plus dure qu'ung jalet[2],   25
Ou mieulx te plaist qu'onneur ceste meschance!
Que respondras a ceste consequence[3]? —
J'en seray hors quant je trespasseray. —
Dieu, quel confort! — Quelle sage eloquence! —
Plus ne t'en dis. — Et je m'en passeray. —   30

Dont vient ce mal? — Il vient de mon maleur[4].
Quant Saturne me feist mon fardelet,
Ces maulx y meist, je le croy. — C'est foleur :
Son seigneur es, et te tiens son varlet.
Voy que Salmon escript en son rolet[5] :   35
« Homme sage, ce dit il, a puissance
Sur planetes et sur leur influence. » —
Je n'en croy riens; tel qu'ilz m'ont fait seray. —
Que dis tu? — Dea! certes[6], c'est ma creance. —
Plus ne t'en dis. — Et je m'en passeray.   40

Veulx tu vivre? — Dieu m'en doint la puissance! —
Il te fault... — Quoy? — Remors de conscience,
Lire sans fin. — En quoy? — Lire en science[7],
Laisser les folz! — Bien j'y adviseray. —
Or le retien! — J'en ay bien souvenance[8]. —   45
N'atens pas tant que tourne a desplaisance
Plus ne t'en dis. — Et je m'en passeray.

V. 21, F : J'en ay dueil. — V. 23, F : Encore eusse de te
tenser couleur. — V. 25, F : qu'ung mulet. — V. 35, F :
voire est que Salmon. — V. 37, J : Sur les estoilles. —
V. 38, I : tel que mon fait feray. — V. 44, I : Laisse les
folz, je y adviseray. — V. 46, F : pas trop qu'il ne
tiengne a plaisance.

1. Ce titre, venu du manuscrit, signifie : *plaidoyer, défense*. La Fortune, personnifiée, plaide sa cause. Le poème aurait été écrit en 1462, après l'élargissement de Villon du Châtelet.

2. La Fortune est souvent attaquée par Villon, p. ex. dans le *Testament (Dit de Diomedès, Ballade pour Robert d'Estouville,* v. 1395, *Chanson,* v. 1786), dans le *Dit de Marie* (v. 68), *Épître à ses amis,* v. 5 : *Par Fortune, comme Dieu l'a permis.* Voir plus haut le *Débat du cuer et du corps de Villon.*

3. *Que toi, François qui n'es homme de quelque renommée — Tu accuses et nommes meurtrière.* La Fortune reproche à Villon d'être un homme de rien, alors qu'il pense être « homme de valeur », v. 11 du *Débat.*

4. *Je fais user en platriere meilleur que toi.* Il y avait de nombreuses carrières de plâtre aux environs de Paris, où le travail était très dur. Le rejet *Par pauvreté* exprime la hantise du poète, toujours victime de la pauvreté envoyée par la destinée.

5. *Si tu vis dans la honte...* Une fois de plus, le poète développe le thème de la toute-puissance du sort : *Tu n'es pas le seul.*

6. *En comparaison d'eux, tu n'es pas même un valet de cuisine.*

7. Par ce refrain, la Fortune conseille la résignation.

8. Les exemples de l'histoire ancienne, païenne ou biblique, confirment la leçon.

9. Priam, roi de Troie, périt avec sa cité et tous les siens.

10. L'histoire rapporte qu'Hannibal vaincu et réfugié chez le roi Prusias, sur le point d'être livré aux Romains, s'empoisonna. — La mort de Scipion l'Africain fut naturelle. Villon a peut-être confondu avec Scipion Emilien, mort empoisonné. — Jules César fut assassiné au Sénat par son protégé, Brutus, aux ides de Mars, 44 avant J.-C. — Son rival, Pompée, après sa défaite de Pharsale (48 avant J.-C.) avait été assassiné par les Égyptiens. — D'après la tradition la plus répandue, Jason, chef des Argonautes, ne fut pas noyé en mer, mais assommé par une poutre de son navire, sur le rivage.

11. *Un jour, je brûlai* (ardis) *Rome et les Romains.* Allusion à l'incendie de Rome sous Néron (64 après J.-C.).

XII. PROBLEME[1]

B. au nom de la Fortune.

Fortune fus par clers jadis nommee,
Que toy, Françoys, crie et nomme murtriere[2],
Qui n'es homme d'aucune renommee[3].
Meilleur que toy fais user en plastriere[4],
Par povreté, et fouÿr en carriere;
S'a honte vis[5], te dois tu doncques plaindre?   6
Tu n'es pas seul; si ne te dois complaindre.
Regarde et voy de mes fais de jadis,
Mains vaillans homs par moy mors et roidis;
Et n'es, ce sçais, envers eulx ung souillon[6].
Appaise toy, et mets fin en tes dis.
Par mon conseil prens tout en gré, Villon[7]!   12

Contre grans roys me suis bien anymee[8],
Le temps qui est passé ça en arriere :
Priam occis et toute son armee[9],
Ne luy valut tour, donjon, ne barriere;
Et Hannibal demoura il derriere?
En Cartaige par Mort le feis attaindre[10];   18
Et Scypion l'Affriquan feis estaindre;
Julles Cesar au Senat je vendis;
En Egipte Pompee je perdis;
En mer noyé Jason en ung bouillon;
Et une fois Romme et Rommains ardis[11].
Par mon conseil prens tout en gré, Villon!   24

Sources : AC − Titre : C, « Problème ». − L'éd. Jannet (1867), reprenant les documents de la Monnoye, donne : « Problème ou ballade au nom de la Fortune ». − V. I, A : Fortune suis. − V. 3, A : Il n'est homme de nulle renommée. − V. 18, C : par moy le feiz attaindre.

1. *Alexandre, qui fit tant de carnage.* Alexandre, roi de Macédoine, conquérant de la Grèce et de l'Asie mourut presque subitement à l'âge de 33 ans. On crut qu'il avait été empoisonné, tradition encore évoquée par le poëte Eustache Deschamps, devancier de Villon.

2. La constellation des Pléiades, considérée au Moyen Âge comme le sommet du ciel; allusion à la légende rapportée par le *Roman d'Alexandre* (XIIIe s.) où l'on voit le héros vouloir escalader le ciel.

3. *Sa personne fut empoisonnée par moi.*

4. *Je jetai à terre, mort, le roi Alphasar, sur sa bannière, en plein champ de bataille.* Il s'agit du roi des Mèdes, Arphaxad, vaincu par Nabuchodonosor.

5. *Je maudis l'idolâtre Holopherne, que Judith tua avec son poignard (il dormait pendant ce temps) dedans sa tente.* Absalon, fils de David, révolté contre son père et vaincu, fut suspendu dans les branches d'un chêne par ses cheveux et tué. Villon a utilisé plusieurs fois ces exemples.

6. *Si je pouvais faire quelque chose sans la volonté de Dieu du Paradis.* La Fortune, malgré sa puissance, est soumise à Dieu.

7. *A toi ni à un autre, il ne resterait un haillon.* Cette ballade, composée de 3 strophes de 12 vers est d'une ampleur et d'une structure inhabituelles. Elle apparaît comme une variante du thème bien connu, *Ubi sunt...* motif principal du *Testament*. L. Foulet remarque que la rime des v. 30-31 n'est pas en accord avec la disposition générale de la ballade, ce qui supposerait une interpolation ou une négligence.

Alixandre, qui tant feist de hemee[1],
Qui voulut veoir l'estoille pouciniere[2],
Sa personne par moy fut envlimee[3];
Alphasar roy, en champ, sur sa baniere
Rué jus mort[4]. Cela est ma maniere,
Ainsi l'ay fait, ainsi le maintendray :   30
Autre cause ne raison n'en rendray.
Holofernes l'ydolastre mauldis,
Qu'occist Judith (et dormoit entandis!)
De son poignart, dedens son pavillon[5];
Absalon, quoy? en fuyant le pendis.
Par mon conseil prens tout en gré, Villon!   36

Pour ce, Françoys, escoute que te dis :
Se riens peusse sans Dieu de Paradis[6],
A toy n'autre ne demourroit haillon[7],
Car, pour ung mal, lors j'en feroye dix.
Par mon conseil prens tout en gré, Villon!   41

V. 27, A : Sa personne fut elle envenimee. — V. 37, éd.
Prompsault (1832) : Prince Françoys. — V. 40, A : mal
certes j'en feroye...

1. Les titres que Marot a donnés au *Quatrain* et à l'*Épitaphe* soulignent le caractère autobiographique des deux poèmes. Ils ont été probablement écrits dans la prison du Châtelet en décembre 1462 ou janvier 1463. La copie d'un journal des greffiers de la Tournelle criminelle éclaire la condamnation à mort de Villon et la cassation de celle-ci par le Parlement (5 janvier 1463). Il s'agit d'une rixe entre les compagnons du poète et les clercs de Mᵉ Ferrebouc, notaire pontifical qui fut blessé d'un coup de dague. *La lettre de rémission* accordée par Louis XI (novembre 1463) à Robin Dogis, l'un des combattants, présente Villon plutôt comme un spectateur que comme un acteur.

2. Jeu de mots sur *Français* et *François*, qui se prononçaient de même façon. Pourquoi ce nom le peine-t-il (*dont il me poise*)? Sans doute, parce qu'il aimerait mieux s'appeler Pierre ou Paul que le condamné à mort François.

3. Plaisanterie courante qui consiste à inverser l'ordre de grandeur des villes.

4. Le condamné se venge par la gouaille. Notez les sonorités cocasses *col/cul*.

5. L'*Épitaphe Villon* (ms. Fauchet) est plus connue sous le titre de *Ballade des pendus*.

6. Villon, beaucoup plus nettement que dans la *Ballade de bonne doctrine*, en appelle à la solidarité de tous les hommes soumis aux caprices de la Fortune. Le mot *frères* au premier vers des deux premières strophes donne l'accent à l'ensemble du poème.

7. La *chair*, au sens théologique, par opposition à l'*esprit*.

8. *Elle est depuis longtemps dévorée et pourrie.* Dans le *Testament* (v. 1720-1723), Villon exhortait ses « compaings de galle » à se souvenir de la dissolution des corps :

> *Gardez vous tous de ce mau hasle*
> *Qui noircist les gens quant sont mors.*

9. Au v. 1676, Villon s'écriait : *Ce n'est pas ung jeu de trois mailles.* Son avertissement s'adresse à tous et non aux seuls condamnés.

10. *Par décision de justice.* Mais que vaut la justice des hommes devant la miséricorde divine?

11. Est-ce de leur faute si certains hommes sont un peu fous, insinue le poète.

12. La grâce du Christ peut substituer le pardon à la rigueur envers les coupables qui se sont repentis et ont expié.

13. *Que personne ne nous tourmente.* La mort met fin à toutes les poursuites.

XIII. [QUATRAIN][1]

Je suis Françoys, dont il me poise[2],
Né de Paris emprès Pontoise[3],
Et de la corde d'une toise
Sçaura mon col que mon cul poise[4].   4

XIV. L'ÉPITAPHE VILLON[5]

B. des pendus.

Freres humains qui après nous vivez[6],
N'ayez les cuers contre nous endurcis,
Car, se pitié de nous povres avez,
Dieu en aura plus tost de vous mercis.
Vous nous voiez cy attachez cinq, six :   5
Quant de la chair, que trop avons nourrie[7],
Elle est pieça devorée et pourrie[8],
Et nous, les os, devenons cendre et pouldre.
De nostre mal personne ne s'en rie[9];
Mais priez Dieu que tous nous vueille absouldre!   10

Se freres vous clamons, pas n'en devez
Avoir desdaing, quoy que fusmes occis
Par justice[10]. Toutesfois, vous sçavez
Que tous hommes n'ont pas bon sens rassis[11];
Excusez nous, puis que sommes transsis,   15
Envers le fils de la Vierge Marie,
Que sa grace ne soit pour nous tarie[12],
Nous preservant de l'infernale fouldre.
Nous sommes mors, ame ne nous harie[13];
Mais priez Dieu que tous nous vueille absouldre!   20

Quatrain : Sources : F, I, CM. – CM : « Le Quatrain que feist Villon quand il fut jugé a mourir. »
L'Épitaphe : Sources : C, F, I, J, CM. – CM : « L'Épitaphe en forme de ballade que feit Villon pour luy et pour ses compaignons, s'attendant estre pendu avec eulx ».

1. *La pluie nous a lessivés et lavés.*

2. Villon a déjà souligné ce hâle funèbre.

3. *Nous ont creusé les yeux.*

4. Plaisanterie reprises au v. 154 des *Ballades en jargon*.

5. Cette image émouvante se trouve déjà (*cf. :* commentaire de Thuasne) dans un *Dit de la Mort*.

6. Tout naturellement Villon se met sous la protection du Christ vainqueur de l'enfer.

7. *Nous n'ayons rien à faire avec lui ni rien à lui payer.* Sur cette célèbre *Ballade des pendus* on peut consulter P. Le Gentil (*op. cit*) et Italo Siciliano (p. 278) qui commentent l'impression finale : « Ils prient pour leur âme, ces semblants de corps qui ne sont plus qu'os! Mais où est leur âme, s'ils sont en train de devenir « cendre et pouldre? »... Non, ce ne sont plus des squelettes. Avec la voix, ils ont trouvé, ils ont repris leur corps, ils ont repris un cœur pitoyable et souffrant, des sentiments d'humilité et de contrition... » (I. Siciliano.)

8. Le titre complet de F est : *La louenge que feist Villon a la Court quand fut dit qu'il ne mourroit point, et puis requist trois jours de relache.* — CM : *La requeste de Villon présentée à la Court de Parlement, en forme de ballade.* Ces titres, fort explicites, et confirmés, comme nous l'avons vu, par les pièces d'archives, montrent comment sa condamnation à mort par le prévôt fut cassée par le Parlement et commuée en une interdiction de séjour de dix ans, avec un délai de trois jours pour prendre congé des siens. La joie débordante du poète est facile à comprendre.

9. *Le toucher :* Villon avoue avoir péché par tous ses sens.

10. *Vous nous avez gardé d'être mis à mort.*

11. *C'est pourquoi nous parlons tous... Mère des gens de bien et sœur des anges bénis.*

La pluye nous a debuez et lavez[1],
Et le soleil dessechiez et noircis[2];
Pies, corbeaulx, nous ont les yeux cavez[3],
Et arrachié la barbe et les sourcis.
Jamais nul temps nous ne sommes assis[4];   25
Puis ça, puis la, comme le vent varie,
A son plaisir sans cesser nous charie,
Plus becquetez d'oiseaulx que dez a couldre[5].
Ne soiez donc de nostre confrairie;
Mais priez Dieu que tous nous vueille absouldre!   30

Prince Jhesus, qui sur tous a maistrie[6],
Garde qu'Enfer n'ait de nous seigneurie :
A luy n'ayons que faire ne que souldre[7].
Hommes, icy n'a point de mocquerie;
Mais priez Dieu que tous nous vueille absouldre!   35

XV. LOUENGE A LA COURT[8]

Tous mes cinq sens : yeulx, oreilles et bouche,
Le nez, et vous, le sensitif aussi[9];
Tous mes membres ou il y a reprouche,
En son endroit ung chascun die ainsi :
« Souvraine Court, par qui sommes icy[10],   5
Vous nous avez gardé de desconfire.
Or la langue seule ne peut souffire
A vous rendre souffisantes louenges;
Si parlons tous, fille du souvrain Sire[11],
Mere des bons et seur des benois anges! »   10

V. 21, F : bien buez et lavez. — V. 29, I : Prince Jesus
qui sur tout seigneurie — Gardes qu'Enfer n'ait de nous
la maistrie. — V. 34, F, J : Humains.
Louenge a la Court : Sources F, I, J, CM. — V. 9, I : Si
prie pour vous mere...

1. *Que ne fut dans le désert la forte roche bise.* Souvenir de la Bible : dans le désert, Moïse fit jaillir de l'eau du rocher d'Horeb, en le frappant de son bâton (*Exode*, XVII).

2. Le peuple juif, torturé par la soif, était prêt à lapider Moïse, quand celui-ci fit ce miracle.

3. *Versez des larmes et demandez pardon.*

4. Vers obscur. P. Champion interprète par *Empire du ciel*, tandis que Thuasne pense que Villon loue l'antiquité du Parlement en faisant remonter son origine à l'Empire de Charlemagne, le Parlement étant issu de la *Curia regis*.

5. *L'heureux partage des Français, le réconfort des Étrangers.*

6. *Créée là-haut, au ciel, dans l'empyrée.*

7. *Que chacune se mette en mouvement.*

8. *N'ayez plus maintenant souci de mâcher.*

9. *Inversez l'ordre : Et vous, foie, poumon et reste, qui respire — Considérez que je serais mort.*

10. *Louez la Cour avant que cela n'aille plus mal.*

11. *Prince, ne veuillez me faire partir de trois jours.* C'est la demande du délai de trois jours avant le départ de Paris. Quels sont les *siens*? Peut-être sa mère, le chanoine Villon et ses amis?

12. *Dans les banques.* Villon plaisante : il n'avait aucun compte en banque. — *Cour triomphante* [dites] : « *Que cela soit!* », sans me dire non.

Cuer, fendez vous, ou percez d'une broche,
Et ne soyez, au moins, plus endurcy
Qu'au desert fut la forte bise roche[1]
Dont le peuple des Juifs fut adoulcy[2] :
Fondez lermes et venez a mercy[3] ;   15
Comme humble cuer qui tendrement souspire,
Louez la Court, conjointe au Saint Empire[4],
L'eur des Françoys, le confort des estranges[5],
Procreee lassus ou ciel empire[6],
Mere des bons et seur des benois anges !   20

Et vous, mes dens, chascune si s'esloche[7] ;
Saillez avant, rendez toutes mercy,
Plus hautement qu'orgue, trompe, ne cloche
Et de maschier n'ayez ores soussy[8] ;
Considerez que je feusse transsy,   25
Foye, pommon et rate, qui respire[9] ;
Et vous, mon corps, qui vil estes et pire
Qu'ours, ne pourceau qui fait son nyt es fanges,
Louez la Court, avant qu'il vous empire[10],
Mere des bons et seur des benois anges !   30

Prince, trois jours ne vueillez m'escondire[11],
Pour moy pourveoir et aux miens « a Dieu » dire ;
Sans eulx argent je n'ay, icy n'aux changes[12].
Court triumphant, *fiat*, sans me desdire,
Mere des bons et seur des benois anges !   35

V. 13, I : Qu'en ung desert. — V. 16, I : Homme humble. — V. 23, I : trompe ou cloche. — V. 28, F : Plus que ours ne porc. — V. 34, I : triumphant bien faisant sans mesdire.

1. Les variantes du titre sont concordantes : l'appel du 5 janvier 1463 à la cour du Parlement a cassé la sentence de mort du prévôt. Villon nargue le clerc du guichet, qui tenait le registre de l'écrou.

2. Garnier est un personnage réel : dix ans auparavant, il était geôlier de la prison de la conciergerie du Palais-Royal; depuis 1459, il était clerc de la geôle du Châtelet. Pourquoi celui-ci n'a-t-il pas introduit son recours devant la justice de l'évêque? Vraisemblablement parce qu'il avait été déchu de son titre de clerc par l'évêque d'Orléans (*cf. : A. Burger, Studi in onore...*). — « *Ce que je fis, est-ce raison ou folie ?* »

3. *Toute bête garde sa peau* : aujourd'hui encore on dit *sauver sa peau* pour *sauver sa vie*; *cf. :* T., v. 1672.

4. *Si on la contraint, prend de force ou lie.*

5. A. Burger traduit : « *arbitrairement* ». *Plaisir* a le sens de *décision*. *L'homélie* (au sens religieux, instruction sur l'Évangile) désigne ici la sentence de mort.

6. *Si j'avais été un des héritiers d'Hugues Capet...* La légende du premier des Capétiens descendant de bouchers était courante au xve s.

7. *On ne m'eût fait boire avec ce linge dans cet abattoir.* Allusion à la question de l'eau, le liquide versé dans un entonnoir étant filtré par un linge; au sens propre, *l'escorcherie* est l'abattoir des bouchers, et par extension la salle de torture dans la prison.

8. *Joncherie* appartient au jargon jobelin (*cf. :* 5e ballade : *Joncheurs jonchans en joncherie...*) et signifie probablement *argot*. Le geôlier devait être au courant du langage des truands.

9. *Pensiez-vous que sous mon chapeau — Il n'y avait pas assez de philosophie pour dire.*

10. *En présence de notaire — Je vous affie : Je vous en donne ma parole.*

11. *Si j'avais eu la pépie* (qui m'eût rendu muet).

12. *Depuis longtemps je serais où est Clotaire* (T., v. 561).

13. Rappel du v. 25 de la *Ballade des pendus* : A. Burger traduit *espie* par *espion*, P. Champion par *épieur de chemins*; A. Lanly, pensant aux mannequins pour effrayer les oiseaux... et aux pendus du gibet, préfère : *semblable à un épouvantail, debout dans les champs.* C'est ce que Villon serait devenu sans l'*appel*.

XVI. QUESTION AU CLERC DU GUICHET

Ballade de l'appel[1]

Que vous semble de mon appel,
Garnier? Feis je sens ou folie[2]?
Toute beste garde sa pel[3];
Qui la contraint, efforce ou lie[4],   4
S'elle peult, elle se deslie.
Quant donc par plaisir voluntaire[5]
Chantee me fut ceste omelie,
Estoit il lors temps de moy taire?   8

Se feusse des hoirs Hue Cappel[6],
Qui fut extrait de boucherie,
On ne m'eust, parmy ce drappel,
Fait boire en ceste escorcherie[7].   12
Vous entendez bien joncherie[8]?
Mais quant ceste paine arbitraire
On me jugea par tricherie,
Estoit il lors temps de moy taire?   16

Cuidiez vous que soubz mon cappel[9]
N'y eust tant de philosophie
Comme de dire : « J'en appel »?
Si avoit, je vous certiffie,   20
Combien que point trop ne m'y fie.
Quant on me dist, present notaire[10] :
« Pendu serez! » je vous affie,
Estoit il lors temps de moy taire?   24

Prince, se j'eusse eu la pepie[11],
Pieça je feusse ou est Clotaire[12],
Aux champs debout comme une espie[13].
Estoit il lors temps de moy taire?   28

Sources : C, F, I, J, CM. — C : « S'ensuit l'appel dudit
Villon »; F : « La question que feist Villon au clerc du
guichet »; I : « Cause d'appel dudit Villon »; CM : « Bal-
lade l'appel de Villon ». — V. 15, C : De me juger par
fausserie. — V. 21, F : Si est il fol qui trop s'i fye,

BALLADES EN JARGON

JARGON ET JOBELIN : JEU OU COMPLICITÉ?

Si les poèmes en « clair » autorisent des interprétations diverses sur les sentiments, la vie et l'art de Villon, à plus forte raison les ballades en jargon apparaissent-elles comme un défi des *Enfants perdus* aux gens de bien et accréditent-elles la légende de Villon poète-truand.

L'AUTHENTICITÉ

Le premier texte imprimé de Villon, l'édition de Pierre Levet (1489) contient déjà 6 ballades en argot, avec le sous-titre significatif, *Le Jargon et Jobelin du dit Villon*, qui font suite aux deux *Testaments* et au *Codicille*. Au XIX⁰ s., ce fond argotique s'enrichit de 5 autres pièces remarquées par A. Vitu dans le manuscrit de Stockholm, appelé manuscrit Fauchet, et qu'il publie dans son étude sur *Le Jargon au XV⁰ siècle* (1881, éd. Charpentier). L'ordre du manuscrit est différent de celui de l'imprimé : les ballades en argot sont placées après la ballade *sur les langues envieuses* et celle des *Proverbes (Poésies diverses)*, précédant les *Testaments*. Les interférences entre les ballades en *clair* et les ballades en *jobelin* sont soulignées par ce rapprochement.

VILLON ET LES COQUILLARDS.

Les séquelles de la *guerre de Cent Ans* avaient transformé les routes de France en cour des miracles ambulante. Une faune redoutable d'aventuriers, de bandits, de voleurs et de faussaires de toute sorte rançonnait les voyageurs, pillait les villages et dévalisait les bourgeois (*cf.* : P. Champion, *Villon...* II, chap. XII). Une foule de pauvres hères, eux aussi en marge de la société, les côtoyait : mercerots avec leur petite pacotille, ménestrels farceurs et bonimenteurs, goliards et compagnons en chômage. Dans quelle catégorie ranger Villon après le cambriolage du collège de Navarre et le départ de Paris? On pense aujourd'hui (*cf. :* A. Burger) qu'il fit partie d'une troupe d'acteurs plutôt que d'une bande de malfaiteurs, et qu'il put ainsi s'initier au jargon, parlé autant par les baladins que par les voyous.

Le démantèlement d'une organisation de voleurs, souteneurs, faux-monnayeurs et receleurs par le procureur de Dijon, Jean Rabustel, en 1455 (*cf. :* J. Garnier, *Les Compagnons de la Coquille, chronique dijonnaise du XVe s.,* 1842) éclaire la composition, les méthodes et le langage secret de ces mauvais garçons.

LE JOBELIN DÉCRYPTÉ

Les aveux du barbier Perrenet le Fournier et de Dimanche Leloup déclenchent une série d'arrestations et permettent au procureur de relever les noms d'une soixantaine d'affiliés. Il connaît ainsi la spécialité de chacun d'eux et l'origine de plusieurs forfaits commis en Lorraine et en Bourgogne, demeurés jusque-là inexpliqués. Avec une certaine complaisance, les malfaiteurs l'initient au *langage exquis* de la Coquille : faire une *estève,* c'est recevoir plus de monnaie que la valeur de la pièce donnée au marchand; *faire un plant,* c'est vendre un faux lingot pour un vrai. Le *vendangeur* coupe les bourses, le *crocheteur* ouvre les serrures avec *un roi Daviot,* le *débochilleur* triche aux dés, le *bazisseur* assassine, etc. Naturellement, les professions honnêtes sont désignées par des sobriquets : un homme d'Église est un *lieffre* ou un *ras,* les sergents sont appelés *gaffres,* les profanes et leur science sont des *sires,* des *dupes* ou des *blancs*... Consciencieusement, le procureur Rabustel relève tous ces mots étranges et établit le premier lexique du jobelin.

DE LA JUSTICE À LA LINGUISTIQUE

On ignore si Villon eut connaissance des dépositions de Dijon. Ce qu'il y a de sûr, c'est que ses ballades en jargon font souche à leur tour : en 1493, quatre ans seulement après l'édition Levet, le poète au nom prédestiné, Guillaume Coquillart, publie des poèmes qui les imitent de près; il en va de même pour le *Mystère de la vie de saint Cristophe,* paru en 1530. Le langage de la pègre devient une expression littéraire, comme l'atteste Henri Estienne : « Le jargon... ne fut jamais en si grande perfection... » *(Apologie pour Hérodote.)* Il est surprenant que Clément Marot, si curieux de locutions pittoresques, affecte d'ignorer les ballades en argot : « Touchant le jargon, je le laisse à corriger et exposer aux successeurs de Villon en l'art de la pince et du croc » *(Prologue* de l'édition de 1533). Valet de chambre du roi, il voit dans la Cour sa « maîtresse d'école ». Au xviiᵉ s., l'année même de la mort de Malherbe (1628) paraît une étude du *jargon* ou langage *réformé,* qui souligne l'évolution continue du vocabulaire des truands. Ce *Langage de l'argot réformé* aura cinq rééditions du xviiᵉ au xixᵉ s. La publication des *Mémoires* de Vidocq (1828), bagnard devenu préfet de police, met à la mode la « langue verte » sans éclairer toujours les ballades de Villon.

En fait, ce ne sont pas les « successeurs de Villon en l'art de la pince », mais les érudits qui ont triomphé de l'hermétisme du jargon. En 1832, Prompsault ébauche une traduction de la première ballade; en 1884, A. Vitu découvre le manuscrit de Stockholm et publie *Le jargon du XVᵉ s., étude philologique.* A sa suite, L. Schöne, Longnon, Marcel Schwob, Sainéan, et plus récemment le Dr René Guillon et G. Esnault *(Le Jargon de Villon, Romania,* 1951) dissipent peu à peu le mystère des ballades. A. Ziwès et Anne de Bercy *(Le Jargon de Maître Villon,* éd. Puget, 1954) se fondant sur la permanence des formations argotiques, remontent le temps et partent de l'argot d'aujourd'hui pour découvrir celui de Villon. De son côté, P. Guiraud considérant le texte de 1489 comme intouchable lui applique les méthodes de la linguistique structurale : . « Les ballades en jargon, assura-t-il, constituent une œuvre cohérente et unitaire qui pourrait s'intituler : « Les jeux de la Mort et de l'Amour ou les dangers de la Coquille. » Chaque ballade est dédiée à un type particulier de criminel : les *froarts* ou « crocheteurs »; les *rueurs* ou « meurtriers »; les *spélicans* ou « entôleurs »; les *saupiquets* ou « leveurs d'empreinte »; les *joncheurs* ou « policiers marrons », etc. » Le même sort les attend : un jour ou l'autre, les sergents les arrêtent; c'est la prison, la torture, et finalement le « mariage », c'est-à-dire la pendaison. Les résultats obtenus par M. Pierre Guiraud sont saisissants : les analogies de sens entre les poèmes en langue courante et les ballades en jargon confirment l'unité de l'œuvre, son caractère autobiographique et son « engagement ». Mais le savant linguiste ne s'en tient pas là : grâce à sa « clef », il découvre dans chaque texte trois niveaux : « Tous les mots ont trois sens et le texte présente trois versions. Nous avons dix-huit ballades dans les six. C'est un exemple – sans doute unique à ce degré de complexité – du trobar clus. Le texte est un bréviaire du « Gai Savoir » de la Coquille. »

Cette hypothèse ouvre des horizons nouveaux sur l'art de Villon, mais la plupart des commentateurs ne l'acceptent pas sans réserve. Il semble difficile d'interpréter les ballades en jargon comme une œuvre homogène, construite selon une structure géométrique. Le jargon n'est pas une langue véritable, mais un assemblage hétéroclite de mots archaïques, de termes de métier, de locutions populaires ou dialectales agrémenté de nombreuses métaphores venues de la langue parlée. Cette bigarrure se prête aux équivoques et aux variations phoniques familières à Villon; parfois, le même texte supporte trois, quatre ou cinq traductions plausibles, mais il paraît douteux que le poète ait systématiquement envisagé trois niveaux pour l'ensemble de ses ballades. Aussi avec A. Lanly nous contenterons-nous de la version I, déjà fort complexe par elle-même.

P. M.

1. Ziwès, Lanly, Mary font de *Parouart* une déformation argotique de *Paris*. P. Guiraud y voit un nom commun et traduit : en *parade*. — *La grant mathe gaudie* : Ziwès et Guiraud s'accordent sur la transcription jargonnesque de *La grande Monjoie*, c'est-à-dire le gibet de Montfaucon, d'où les traductions : Z. : « A Paris, la grande justice royale »; G. : « En parade sur le gibet, voici la grande fête de la Confrérie » (ou : voici le grand mariage du gibet).

2. Z : « Où plusieurs sots, pris au cou, sont noircis »; G : « Où les dupés sont pris au cou et suffoqués. » — Les pendus sont noircis par la strangulation (*Testament*, v. 1722).

3. « Ils sont saisis et pris cinq ou six, par les sergents (*anges*) poursuivant les paillards. »

4. « Escrocs, larrons ou pipeurs » *au plus haut bout assis* : comme à un festin, mais aussi *pendus haut et court*.

5. La correction de Ziwès (evagie) donne : *Pour le balancement*; P. Guiraud conserve *evaige, arrosage* : « Tout en haut dans la pluie et le vent »; *cf.* : *Ballade des pendus* : « La pluye nous a debuez et lavez — Et le soleil dessechéez et noirciz. »

6. A. Lanly : « Évitez-moi ces prisons aux murs épais »; de même Ziwès (*cf.* la locution moderne : *coffrer* quelqu'un). P. Guiraud traduit *coffres massis* par *maisons*, d'où sa traduction : « Gardez-vous de la cambriole. »

7. Les coupeurs de bourse (*vendengeurs* en jobelin) essorillés (*anse : oreille*).

8. « S'en vont complètement au néant — Gare, gare à la corde de chanvre! »

9. Nombreux sens possibles : Ziwès : « Courez-moi sus aux riches passants (ou : courez-moi sur vos bons souliers (en argot *passans* : souliers). — Avisez vite leur argent (le *blanc*) [ou : le chemin] — et trottez à longues enjambées par la campagne. » — P. Guiraud garde *aboiser* : « se détourner » et voit dans *blanc*, le naïf, la dupe en jobelin, d'où la traduction : « Prenez les grands chemins — Laissez tomber les gogos — Et piquez au large sur-le-champ. » A. Lanly conserve le conseil de fuite pour les trois vers.

10. Le *mariage* : la pendaison; le *ban* (du mariage) ou le tréteau de la torture ou l'échafaud; d'où le sens possible : « Afin qu'au ban du mariage [proclamation de la pendaison] vous ne soyez pas plus blancs qu'un sac de plâtre. » — P. Guiraud préfère : *le banc de la question.*

11. « Si vous êtes coincés par les sergents. »

12. « Reluquez vite ces gêneurs — Et montrez-leur le trou du c... »

13. « Afin que vous ne soyez enchaînés, pieds et poings. »

I. BALLADE

A Parouart la grant mathe gaudie[1]
Ou accolez sont duppez et noirciz[2]
Et par les anges suivans la paillardie
Sont greffiz et prins cinq ou six[3],   4
La sont beffleurs[4] au plus hault bout assis
Pour le evaige[5], et bien hault mis au vent.
Eschequez moy tost ces coffres massis[6] :
Car vendengeurs, des ances circoncis[7],   8
S'en brouent du tout a neant[8].
Eschec, eschec pour le fardis !

Brouez moy sur ces gours passans,
Advisez moy bien tost le blanc,   12
Et pietonnez au large sus les champs[9]
Qu'au mariage ne soiez sur le banc[10]
Plus qu'un sac n'est de plastre blanc,
Si gruppés estes des carieux[11],   16
Rebignez moy tost ces enterveux
Et leur monstrez des trois le bris[12]
Qu'enclavés ne soiés deux et deux[13] :
Eschec, eschec pour le fardis !   20

V. 1, éd. Guiraud : A parouart. — V. 6, éd. Ziwès : Pour
levagie. — V. 12 *id.* : Abvisez. — V. 13, éd. G. et Lanly :
Et pictonnez. — V. 16, éd. G. : les carirux. — V. 17, éd.
G. : Rebigues. — V. 19, éd. G. et Ziwès : quen claves.

1. P. Guiraud et A. Lanly sont à peu près d'accord sur le sens de cette strophe et de l'envoi. La traduction de la strophe par Ziwès paraît peu satisfaisante. — *Hurmes* signifie forme, mais forme de quoi? P. Guiraud pense à *poche*, A. Lanly à des *poutres*. Les *picons* étant des crochets, les vers signifient : *Suspendez vos crochets aux poutres* (Ne crochetez plus de serrures) — *De peur des « brodequins » très durs*.

2. Et de peur aussi d'être sur la paille de la prison — *Emboîtés* (P. Guiraud) dans des cachots (*coffres*) aux murs épais. *Jonc* doit être pris dans un sens large; le v. 24 reprend le v. 7 (Eschequez... ces coffres massis).

3. Décampez, ne soyez pas obstinés. — P. Guiraud pense à une forme périphrastique de *durer*, c'est-à-dire attendre; d'où : « n'attendez pas — Que le grand chef (le prévôt) ne vous fasse sécher (au gibet) ». En argot, le *séchoir* est le gibet; *Can*, du persan Khan.

4. Ziwès : Ne soyez pas indécis pour mentir; P. Guiraud et A. Lanly : Ne vous attardez pas à dorer la pilule.

5. *Babigner*, c'est bavarder, bonimenter, baratiner. — *Aux ys des sires; ys* est un suffixe argotique sans signification propre. *Sire* est, en argot, synonyme de *niais* ou *dupe* : Ne vous attardez pas... à baratiner les ballots pour les détrousser.

6. Prince casseur des petits coffres. — *Arques* (du latin *arca*) : coffres. Ce *Prince*, selon Ziwès, pourrait être Maître Jean, l'habile crocheteur du coffre du collège de Navarre.

7. Au cas où l'une de vos « poires » (A. Lanly) ne serait pas endormie...

8. *Luez au bec* signifie : Regardez avec soin. — *Leves au bec* : Partez, filez : Éclipsez-vous pour ne pas être coincés — et ne pas récolter le pire malheur. — *Vos emps*, comme *vos ys*, simplement : « vous ».

Cette ballade est un avertissement aux *froarts* (crocheteurs) de pendre au clou leur crochet s'ils veulent échapper aux sergents, à la prison, à la torture, et finalement au « mariage » de la potence.

Plantez aux hurmes vos picons
De paour des bisans si tres durs[1]
Et aussi d'estre sur les joncs
Enmahés en coffres en gros murs[2].   24
Escharrissez, ne soiés point durs[3],
Que le grand Can ne vous fasse essorer.
Songears ne soiés pour dorer[4]
Et babigner tousjours aux ys[5]   28
Des sires pour les desbouser.
Eschec, eschec pour le fardis!

Prince froart des arques petits[6],
L'un des sires si ne soit endormis[7],   32
Luez au bec que ne soiez greffiz[8]
Et que vos emps n'en aient du pis

V. 25, éd. Guiraud (texte Levet) : Eschari ces, mot brisé
qu'il faut lire : escharissez. — V. 31, éd. Guiraud : Prince
froart dis arques petis (du verbe *dissarquer*, aller au-
devant). — V. 33, éd. Guiraud : Leves au bec.

1. P. Guiraud intitule judicieusement cette pièce, *Ballade des meurtriers*; les héros en sont deux clercs dévoyés, Colin de Cayeux et Régnier de Montigny, amis ou condisciples de Villon. Le nom de *coquillard*, à l'origine pèlerin porteur de coquille, désigne ensuite les malandrins déguisés en pèlerins, et particulièrement la bande de malfaiteurs de Dijon. Si *enaruans* est un doublet de *ruant*, le sens est clair, *ruer* signifiant attaquer, renverser ou tuer (*cf.* : *Testament*, v. 1671-1672 et la note) : *Coquillards, en allant à Rueil (Coquillards, en commettant une agression)*. Le jeu sur la toponymie est encore pratiqué par Marot (*Épître au Roi*).

2. *Moi, je vous le dis : prenez garde d'y laisser corps et peau* (*ys*, suffixe sans signification).

3. Jeu de mots sur *écaille/coquille, écaille/Cayeux*, nom d'une ville picarde. Deux sens possible : *Faites attention qu'on fit « babiller » Colin l'Écailleur devant la roue*, ou selon la version de P. Guiraud : *C'est ainsi qu'on a fait parler...* — En argot, la *roue* désigne la justice, mais rappelle aussi l'instrument de torture.

4. *Il raconta des boniments pour se sauver — Mais il ne savait pas tromper (peler les oignons) — Aussi le bourreau à la fin lui rompt le col. Suc*, mot ancien d'origine méridionale : tête, cou, nuque; au sens propre, *l'embourreur* est le bourrelier, et en jargon, le bourreau.

5. On traduit généralement : *Changez souvent d'habits* (*cf.* : endosser). Toutefois P. Guiraud interprète *changer* par « donner le change » et *endosses*, par le verbe « tourner le dos ».

6. *Tirez-vous tout droit au couvent* : les églises et les monastères servaient de refuge aux délinquants; peut-être est-ce une allusion au couvent fondé par les templiers, mais en argot *temple* signifie aussi : « maison ».

7. *Cf.*, strophe 1 de la première ballade : *Évitez, en filant bien vite — d'être dans l'ample robe* [des pendus]. En jargon, « une *farte*, c'est une robe ». M. Guiraud assimile *farte* à *jargue*, gosier.

8. Sur Montigny, *cf.* le *Lais* (v. 130) et la note. Il fut pendu en 1457. Sens possible : *Montigny y fut mis pour l'exemple — Bien attaché à la potence* (A. Lanly); P. Guiraud comprend : *attaché au chevalet*. Les deux mots *halle grup* font difficulté.

9. P. Guiraud hésite entre deux sens de *jargonnast* : soit « avala le bouillon », soit, en le rapprochant de *tremple*, « chant tremblé », il « chanta le grand trémolo ».

II. BALLADE

Coquillars enaruans a ruel[1]
Mon ys vous chante que gardés
Que n'y laissez et corps et pel[2],
Qu'on fist Colin l'escailler[3]   4
Devant la roe babiller;
Il babigna pour son salut[4];
Pas ne sçavait oingnons peller
Dont l'amboureux luy rompt le suc.   8

Changez vos endosses souvent[5]
Et tirez tout droit au temple[6]
Et eschequez tost en brouant[7]
Qu'en la jarte ne soyez emple;   12
Montigny y fut par exemple[8]
Bien attache au halle grup,
Et y jargonnast il le tremple[9]
Dont l'amboureux luy rompt le suc.   16

V. 1 : Esnault (*Romania, 1961*) corrige en *Coquillars ruans a ruel*. — V. 4 : Comme fist Collin. — V. 11, éd. Guiraud : Et eschicqués.

1. *Maîtres experts en piperie; gailleur* signifie trompeur, avec la possibilité d'un jeu de mots sur galier, « cheval » en jargon : les *gailleurs* seraient des « chevaliers » dans l'art de tricher (piper).

2. *Pour repousser les archers au loin. — Ninards,* au sens propre : les *berceurs,* et par un calembour sur *bercer* et *berser* (tirer de l'arc) les *archers* [du guet].

3. Deux sens possibles : *« Sauvez-vous vite, sans tuerie »* ou : *« A l'attaque, mais sans tuerie ».*

4. Pour éviter *que les « mignons » ne soient, le jour de la récolte...* (traduction Ziwès). Mais *gaing* (récolte, butin) implique ici l'idée de règlement de compte... et de châtiment : au lieu de leur part de butin, ce sera la corde!

5. *Garnis d'un plomb à pointe* (Ziwès) : « poire d'angoisse », instrument de torture que Villon expérimenta lui-même dans la prison de Meung (*Testament,* v. 738-740). Par contre, P. Guiraud traduit par : « Garnis d'un fil à plomb », synonyme de « corde ».

6. *Qui saisit* (griffe) *à la gorge l'imbécile* : en argot, *duc* ou *dupe* signifient le niais qui se fait prendre.

7. *Et élevé très loin de la terre* [par la potence]. En jargon, la *dure* c'est la « terre », encore aujourd'hui. L'obsession de la potence reparaît.

8. *Prince, pas d'agressions meurtrières.*

9. *Et ne devriez-vous avoir ni denier ni butin... — Pluc :* ce qu'on épluche, et en jargon, « nourriture ». — *Ne laissez pas l'appel aux joues* — La *ballade de l'appel,* par son refrain (*Estoit il lors temps de moy taire?*) et l'envoi (*Prince, se j'eusse en la pepie — Pieça je feusse où est Clotaire*) éclaire ce conseil de faire appel. Celui de Montigny et de Cayeux ne réussit pas à sauver les coquillards; on sait que Villon, moins coupable ou plus chanceux, échappa à la potence et fut seulement banni de Paris.

Gailleurs, bien faitz en piperie[1],
Pour ruer les ninards au loing[2]
A l'assault tost sans suerie[3],
Que les mignons ne soient au gaing[4]   20
Farciz d'un plombis a coing[5]
Qui griffe au gart le duc[6]
Et de la dure si tres loing[7]
Dont l'amboureux luy rompt le suc.   24

Prince, arriere du ruel[8]
Et n'eussiez vous denier ne pluc[9]
Que au giffle ne laissez l'appel
Pour l'amboureux qui rompt le suc.   28

V. 19, texte douteux. Ziwès et Guiraud choisissent :
A la sault tost sans tuerie, A. Lanly et Esnault corrigent
par « A l'assault ».

1. P. Guiraud intitule ce poème « *Ballade des entauleurs* »,. Si ce titre général est accepté par la plupart des commentateurs, de nombreuses divergences opposent les traducteurs dans le détail : les *spélicans* sont-ils des coquillards habiles à manier le *pélican* (crochet) ou, par extension, des détrousseurs ou encore des taverniers louches, de mèche avec la police et les bandits ?

2. Mot d'origine wallonne : pot, pichet, où l'on verse le bon vin (*gourde piarde*).

3. Ziwès : *Pour supporter vos exigences;* Lanly : *Pour supporter le poids de vos dépenses;* P. Guiraud : *Pour vous rendre la politesse* [en buvant]. — *Privés de caire :* privés d'argent. On trouve encore *care* ou *caire* employés dans le même sens dans les *Mémoires* de Vidocq.

4. « Sans faire de bruit, ni brayer fort. »

5. Ziwès : « Ces dupes restent figés sur place, plantés là comme des joncs »; P. Guiraud : « Impuissants (*metz*) ils sont complètement mis dedans », traduction qui ne rend pas l'image. Sauf cette réserve, l'interprétation de P. Guiraud (*op. cit.*, p. 82) est séduisante : « Entauleurs — Qui toute la journée — Tendez le pichet — Plein de bon vin — Et sur le tard — Videz la bourse des pauvres niais — A force de vous rendre la politesse — Les dupes sont plumés — Sans histoires — Ils sont mis dedans, sans défense (?) — Par les jobards qui sont si malins. » — Ziwès et Guiraud conservent à *sire* le sens en jargon : « imbéciles, niais », mais l'épithète *longs* suggère que cette sottise est feinte par ces experts en filouterie.

6. *Arques :* « coffres », d'où selon P. Guiraud : « arcade, caveau », mais selon A. Lanly et Ziwès : « lits », ce qui s'accorde bien avec *marques* (femmes).

7. *Desbouser :* nettoyer de la bouse (au figuré), d'où : « lessiver ».

8. « Pour chevaucher et biscoter — Alors que pour leurs compagnons... »

9. *Faire la fée :* tendre un piège.

10. « Vous, cachés [*respons*] près des coffres [ou des lits]...; *lez* ou *les* : près de (*cf.* : Plessis-les-Tours). A noter le changement de personne : [*nous*] faisons... *Vous* assenez deux ou trois coups aux galants (*gallois*); deux ou trois coups au front, vous les endormirez (*Nineront*) tous ». D'où le sens : « Souvent au lit — ils se font lessiver pour chevaucher et biscoter les femmes au profit des compagnons; nous leur jouons un tour de fée : cachés près des lits, vous donnez deux ou trois coups, etc. »

III. BALLADE

Spelicans[1]
Qui en tous temps
Avancés dedans le pogoiz[2]
Gourde piarde   4
Et sur la tarde,
Desboursez les pouvres nyais,
Et pour soustenir voz pois[3]
Les duppes sont privés de caire   8
Sans faire haire
Ne hault braire[4]
Metz plantez ilz sont comme joncz[5]
Pour les sires qui sont si longs   12

Souvent aux arques[6]
A leurs marques
Se laissent tous desbouser[7]
    Pour ruer   16
    Et enterver
Pour leur contre[8], que lors faisons
La fee[9] les arques vous respons
Et rue deux coups ou trois   20
    Aux gallois,
    Deux ou trois
Nineront trestous au frontz[10]
Pour les sires qui sont si longs.   24

V. 1, éd. Bineaut, 1490 : Sepelicans. — V. 7, *ibid. :* Soustenir vos pogois.

1. « C'est pourquoi, imbéciles [*bevardz* ou *benardz*] coquillards... » – Certains noms propres prenaient un sens péjoratif : *Benards* fait penser à « benêt ».

2. « Éloignez-vous du gibet de Montfaucon », (*cf.* : *Ballade I*, v. 1 : *La grant mathegaudie*). Les condamnés allaient à la butte de Montfaucon (près de l'actuel rond-point de la Villette) par la rue Saint-Denis : la potence était dressée sur un soubassement (*montjoie*), dont le sens originel (amoncellement de pierres commémorant une victoire ou marquant un carrefour) est pris par antiphrase.

3. « Qui envoie dans les airs votre cul » (*cf.* le *Quatrain* : *Je suis François...*). Ziwès traduit *desvoye* : « qui dérange... » (*cf.* : sens actuel de *dévoiement*).

4. « Et vous précipitera dans le néant » (*cf.* : *Ballade I*, v. 9).

5. Ziwès traduit : « A force de paillarder et coïter ». On jonchait de paille les chambres des bordels (*cf.* les legs à Perrenet Marchant); P. Guiraud pense à la paille des cachots, et traduit : « Après vous avoir mis au cachot et soumis à la question. »

6. « Ce qui coûte bien cher aux pigeons. »

7. « Pour rosser et « apaiser » – Les sergents (*angelz*) ces pestiférés... »

8. « De peur des poutres et des piliers du gibet. » P. Guiraud traduit : « De peur dés brodequins – Et des tréteaux (de la question). »

9. « Perfectionnez-vous en tromperie *(droguerie)* et mauvais tours. » P. Guiraud comprend : « Mettez-vous à l'abri des tromperies – Et des mauvais tours (des entauleurs). »

10. « Et ne soyez plus sur les joncs (de la prison) – Destinés aux imbéciles qui sont si malins. » On remarquera que dans le décor de la taverne, les *arques* (coffres ou lits) jouent un rôle important. Lors de l'arrestation des coquillards à Dijon dans une taverne, les malandrins s'étaient cachés dans les coffres pour échapper au guet.

Et pour ce, bevardz
    Coquillars[1]
Rebecquez vous de la montjoye[2]
    Qui desvoye   28
    Vostre proye[3]
Et vous fera du tout brouer[4]
    Par joncher
    Et enterver[5]   32
Qui est aux pigons bien chair[6]
    Pour rifler
    Et placquer
Les angelz de mal tout rons[7]   36
Pour les sires qui sont si longs.

De paour des hurmes
    Et des grumes[8],
Rasurez vous en droguerie   40
    Et faierie[9]
Et ne soiez pas sur les joncs
Pour les sires qui sont si longs[10].

V. 25, éd. Bineaut : Bessardz; éd. Treperel et suivantes : benardz.

1. Selon P. Guiraud, cette ballade est dédiée aux « casseurs » et évoque le cambriolage du collège de Navarre (1456). Que signifie le sobriquet « saupiquets » appliqué aux truands ? Au propre, c'est une sauce piquante à base de vinaigre de vin, qui éveille le goût; dans le « milieu », ce sont les *piqueurs* de sceaux qui prennent les empreintes des serrures à crocheter. — *Beaux sires dieux* : à l'origine c'est une exclamation (*cf. : Requête à Mgr de Bourbon*), mais dans la langue populaire, c'est une périphrase désignant les écus. Traduction proposée : « Piqueurs de sceaux qui forcez les gros coffres — Pour « nettoyer » les écus. » A. Lanly traduit *saupiquets* par « dégourdis »; P. Guiraud interprète le v. 2 de la façon suivante : « Pour dévaliser les églises. »

2. « Allez ailleurs baiser vos femmes. »

3. « Bavard, vous êtes de rusés gueux. » La version *Benards* signifie : « Benêts... » *Berart,* personnage symbolique de l'indicateur, du traître; les *joncheux* sont ceux qui parlent le jargon ou bien les habitués de la prison (*cf. : Ballade V*) ou « les gens de justice » (Ziwès). *Babigner* : raconter (*cf. : Ballade I*, v. 28). — « Berart s'en va chez les coquillards — et raconte qu'il a volé. » Allusion possible aux dénonciations de Perrenet le Fournier à Dijon ou de Guy Tabarie dans l'affaire du collège de Navarre.

4. « Mes frères ne vous déculottez pas » (Ziwès). — « Mes frères fermez vos gueules » (Guiraud)... « Et prenez garde aux cachots épais. ». Villon joue sur les deux sens de *coffre.*

5. « Si vous êtes pris par les gruppins — De ces sergents si crochus. » P. Guiraud préfère la leçon *des grappez :* « dégagez-vous des pattes ».

6. « Incontinent, vous, vos manteaux et vos capes — Vous disparaîtrez *(ferez éclipses)* au profit du bourreau. » *L'emboureux* (bourreau) figure dans la *Ballade II.* Il recevait une partie des vêtements des suppliciés.

7. « Vos chaînes vous couperont le sifflet. »

8. « Tout debout, non pas assis. » Plaisanterie sur la position verticale des pendus (*cf. : Jamais nul temps nous ne sommes assis*, v. 25 de la *Ballade des pendus*).

9. « Aussi gardez-vous d'être coincés — Dans ces grands cachots aux murs épais. »

IV. BALLADE

Saupicquez frouans des gours arques
Pour desbouser beaussire dieux[1],
Allés ailleurs planter vos marques[2]
Bevards vous estes rouges gueux[3]
Berart s'en va chez les joncheux,
Et babigne qu'il a plongis :
Mes freres ne soiés embraieux
Et gardez les coffres massis[4].

Si gruppes estes desgrappes
De ces angelz si graveliffes[5],   10
Incontinant mantheaulx et chappes
Pour l'emboue ferez eclipses[6];
De voz farges serés besifles[7],
Tout de bout nompas assis[8].
Pour ce gardés d'estre griffez   15
En ces gros coffres massis[9].

V. 1, éd. Nyvert : Saupiquets. — V. 4, éd. du xvie s. :
benard. — V. 5, éd. Treperel : Bearat. — V. 7, éd. Tre-
perel, après 1500 : Soies embraieu. — V. 9, éd. Bineaut :
si gruppes estes de ses grappez. — V. 10, *ibid.* : ses
angels si glissez. — V. 13, éd. 1532 : De vos froges ferez
beliffres.

1. « Les sots qui seront attrapés — Bien vite s'en iront au gibet. » — Le sens de « gibet » pour *halle* est déjà indiqué dans la *Ballade II*, v. 14 : Montigny est « Bien attaché au halle grupp. » P. Guiraud traduit *halle* par *tréteaux* (instrument de torture).

2. « Le mieux est de déguerpir en vitesse » (P. Guiraud). Mais A. Lanly traduit avec plus de vraisemblance : « Rien n'empêchera que vous ne preniez vite — La courroie de quatre brins. » La *baudrouse* est la corde de la potence. Dans l'interprétation de P. Guiraud, il s'agit de 4 cordes tirant bras et jambes des suppliciés.

3. *Talle* et *hirenalle* seraient des mots anglais, souvenirs de l'occupation de Paris. A. Lanly rappelant le dessin de l'éd. Levet représentant les pendus les cheveux dressés traduit : « Elle fait dresser la pointe des cheveux — Quand le gosier est encerclé », interprétation admise par Ziwès.

4. Interprétation très controversée. P. Guiraud, logique avec l'évocation de la torture, traduit : « Et c'est ainsi qu'on a la poitrine en feu », le mot *pirenalle* dérivant « de *pire, piraille, pirelle, pirole*, qui désignent... les poumons, le foie, etc. » Par contre Ziwès et Lanly voient dans *pirenalle* un mot d'origine anglaise (*pear*, poire et *nail*, pointe) avec un sens obscène. D'où la traduction : « C'est ainsi que la « poire » dresse la « pointe », (sous l'effet de la pendaison).

5. « Prince de la pince-monseigneur, évitez les faux frères » (P. Guiraud). *Gayeuls* désigne à la fois les filous et les pince-monseigneur. La difficulté du vers réside dans *les,* article ou impératif de *léser* ou de *laisser*? On parvient ainsi au sens donné par A. Lanly : « Laissez vos outils » (pinces ou crochets).

6. « Pour éviter que vos compagnons ne soient accrochés ». — *Vos contres* (compagne ou compagnon) se trouve dans la *Ballade III*, v. 18.

7. « Sur le soupçon de forcer les coffres. » P. Guiraud commente ainsi les vers 26-27 : « Les *contres* sont ici les compagnons et complices des *frouarts* mis en danger par les bavardages du berart » (p. 113). Dans le « message secret » qu'il décode (p. 105) les *saupiquets* sont surtout prévenus de la trahison du faux frère et invités à décamper. On sait que les confidences de Tabarie mirent la police sur la piste de la bande des cambrioleurs du collège de Navarre.

Niaiz qui seront attrappez
Bien tost s'en brouent au halle[1] ;
Plus ny vault que tost ne happés[2]
La baudrouse de quatre talle
Destires fait la hirenalle[3]
Quant le gosier est assegis
Et si hurcque la pirenalle[4]
Au saillir des coffres massis.

Prince des gayeuls les sarpes[5]
Que voz contrez ne soient greffiz[6]
Pour doubte de frouer aux arques[7].
Gardés vous des coffres massis.

1. Le premier vers de la *Ballade V* enchante par sa succession d'allitérations, mais qui sont ces *joncheurs* experts en *joncherie*, auxquels Villon dédie son poème? Le registre du Parlement de Paris (7 septembre 1389) les présente comme des filous bernant les niais, les entraînant dans les tavernes et leur laissant l'écot à payer. P. Guiraud rapprochant les *Ballades IV* et *V* voit dans les *joncheurs* des taverniers en cheville avec la police, des indicateurs ou des policiers marrons, tels Jean Raguier, Denis Richier, Jean Vallette, etc., légataires du *Testament*. La plupart des commentateurs (Ziwès, Lanly, p. ex.) préfèrent le sens de *trompeurs*, initiés aux mauvais tours des coquillards et à leur jargon; d'où le sens possible : « filous filoutant en filouterie ».

2. « Regardez bien où vous filouterez. »

3. *Quostac :* « Afin que Tosca »; Ostac serait l'anagramme de Tusca (*cf. : Testament,* v. 1194) désignant le lieutenant-criminel Turquant. — *Arerie,* d'après Ziwès désignerait le membre viril, et d'après P. Guiraud, le postérieur; A. Lanly adopte les corrections d'Esnault (*Romania,* 1951) : *qu'aflac n'embroue vostre crie :* « [Pour éviter] que votre viande ne s'anéantisse. » L'interprétation de Ziwès et de Guiraud donne à peu près : « De peur que Tusca n'envoie au gibet votre cul (ou « votre membre ») — Là où vos aînés sont pendus [accolés]. »

4. « Jouez des jambes et tirez-vous — Car vous auriez vite la roupie. »

5. « Gare que vous ne soyez pris au col — Par la patte du bourreau. » En jargon, *mariage* signifie pendaison, *marié* le pendu et *marieur* l'exécuteur.

6. « Révoltez-vous contre la police. » Ziwès et Guiraud s'accordent pour voir dans *faerie* (tour de fée, tromperie) la police par métonymie.

7. « Quand elle vous aura dépouillés. »

8. Vers ambigu. Ziwès comprend : « la pillerie [riflerie] n'étant pas pendable [*juc :* gibet?] », tandis que P. Guiraud rapproche *estre à juc* de *juchier* (être repos), expression encore employée à la campagne pour les poules qui se juchent sur un perchoir, ce qui donne le sens adopté par A. Lanly : « Car leur pillage ne connaît pas de repos », alors que P. Guiraud penche finalement pour le provençal *joc*, « jeu » : « Ce n'est pas de jeu que les sergents rifflent. »

9. « Des sergents et de leurs acolytes »; c'est le sujet de *Vous auront desbousez.*

10. « Si possible, descendez Berard; — Si vous laissez prendre par les sergents *(carrieux),* bientôt vous ne verrez plus la « dure ». »

V. BALLADE

Joncheurs jonchans en joncherie[1].
Rebignez bien ou joncherez[2]
Quostac n'embroue vostre arerie[3]
Ou accolés sont voz ainsnez
Poussez de la quille et brouez   5
Car tost seriez rouppieux[4].
Eschec qu'accolez ne soiés
Par la poe du marieux[5].

Bendez vous contre la faerie[6]
Quant vous auront desbousez[7]   10
N'estant a juc la rifflerie[8]
Des angelz et leurs assosez[9].
Berard si vous puist renversez[10];
Si greffir laissez vos carrieux
La dure bien tost n'enverrez   15
Par la poe du marieux.

V. 13, éd. de 1532 : si vous povez. — V. 15, correction
de Vitu, Sainéan et Ziwès : *n'en verrez,* au lieu de *ren-
verrez,* déjà employé au v. 13.

1. Le sens général de la strophe 3 est clair : « Prenez garde à la justice, défilez-vous! », mais le mot est complexe. Selon la version choisie, il faut construire : *Entervez... chanter,* ou bien : *Entervez... et chantez.* La *floterie* (ou la *marine*), c'est en jargon la justice. On peut comprendre avec P. Guiraud : « Efforcez-vous devant le tribunal — De bien chanter votre air à trois voix (de le tromper) — Sans songer à échapper au gibet (*blanchir vos cuirs*) par des aveux... » — *Qu'en astes ne soyez en surie* : « De peur que vous ne soyez mis à sécher au perchoir. » Mais *essurger* (débarrasser la laine du suint) fait difficulté, aussi P. Guiraud le dérive du latin *surgere* et en fait un impératif annonçant *Bignez* : « Levez-vous et gagnez la colline [*mathe*] sans tarder. »

2. « Pour éviter d'attraper la roupie » (au figuré).

3. Ce texte de l'éd. Levet (1490) a été corrigé dans l'édition du musée de Chantilly (*cf. :* variante) ce qui donnerait le sens (*cf. :* Lanly, p. 86) : « Allez ailleurs, abandonnez vos résidences. » Si l'on donne à *plantez* son sens érotique, le sens proposé par A. Lanly et Ziwès devient plausible : « Allez biscoter ailleurs, changez de résidence. »

4. *Esterie* ne se trouve qu'ici; est-ce une abréviation de *esteverie,* escroquerie bien connue des coquillards? Ou bien un synonyme de *joncherie* (tromperie)? Doit-on conserver *bevardz* (bavard) ou lui substituer *benardz* (benêt)? P. Guiraud traduit : « Princes, surpris en tromperie, gagnez la colline... », sens accepté par A. Lanly.

5. « Gagnez le sommet de la colline par crainte du bourreau » (*ramboureux*).

6. « Et autour de vous faites vigilance. » — *Vos ys* : « vous », *ys* est explétif : *luezie* : « regard, vigilance ». P. Guiraud rattache *luezie* à *querez* et donne à *luezie* le sens de « fente permettant de s'échapper ».

Entervez a la floterie
Chanter leur trois sans point songer
Qu'en astes ne soyez en surie
Blanchir vos cuirs et essurger.   [20]
Bignez la mathe sans targer[1]
Que vos ans n'en soient ruppieux[2];
Plantez ailleurs contre sieges asseger[3]
Pour la poe du marieux.

Prince bevardz en esterie[4],   [25]
Querez couplaux pour ramboureux[5]
Et autour de vos ys luezie[6]
Pour la poe du marieux.

V. 1, éd. Bineaut (musée de Chantilly) : A la hurterie. —
V. 2, *ibid.* : Chantez. — V. 23, *ibid.* : Allez ailleurs
plantes vos sieger. — V. 25, éd. Treperel : Prince Benard.

1. Les « Compagnons [*Contres*] de la gaudisserie » ne sont pas seulement de gais lurons, mais, selon P. Guiraud, des « blanchisseurs » de monnaie de billon transformée en pièces d'argent par toutes sortes de tours. Que les Gaudissarts prennent garde de ne pas frapper de la fausse monnaie à l'effigie du roi, sinon ils risqueraient d'être bouillis au *Marché aux pourceaux* comme le fut le coquillard Turgis en décembre 1456 !

2. « Comprenez toujours blanc pour noir. » Littéralement, ce serait prendre des vessies pour des lanternes (*cf. : Testament*, huitain LXVII). Mais le *blanc* étant une monnaie d'argent, on peut interpréter *bis* par monnaie de billon. D'où le conseil : « Faites une *estève* en demandant de l'argent en échange de billon... » D'autre part, *bis* désignant le sexe féminin, on peut aussi comprendre : « Préférez toujours l'argent à l'amour. »

3. « Et cognez dans la bagarre. » Mais *hurterie* peut aussi désigner le combat amoureux.

4. « Sur les beaux écus [*cf. : beaux sires dieux*] placés bas. »

5. « Coupez des bourses, cinq ou six — Et gardez-vous bien de la justice. » En jargon, « bourse, c'est une feullouze » (Interrogatoire de Dijon). — *Roe* signifie « justice », toutefois P. Guiraud traduit par « question ».

6. « Qui en fait voir de grises aux imbéciles — Avant de les envoyer faire la grimace » (P. Guiraud, p. 123).

7. Ziwès traduit : « gardez la joue de frapperie », *giffle* signifiant *joue* ou *fesse*. Ce serait une mise en garde : « Volez les écus, mais ne touchez pas au « client » ! P. Guiraud met l'accent sur le sens symbolique de *frapper la joue du roi* (faire de la fausse monnaie). La traduction anglaise d'A. Burner, suivie par Lanly, propose : « Prenez garde d'être maltraités » (par les sergents).

8. « De peur qu'il ne vous arrive malheur. »

9. P. Guiraud : « Et afin que, à la torture — Vous ne soyez pas placés sur le banc de la question. » Les autres commentateurs traduisent *turterie* par « gibet » et *hurme* par *traverse* (du gibet).

10. « Prenez l'argent, laissez l'amour » (*cf.* v. 2).

11. « Mettez la patte dans les poches. »

12. « Car la bise au visage — Fait faire la grimace aux « ballots ».

VI. BALLADE

Contres de la gaudisserie[1]
Entervez tousjours blanc pour bis[2]
Et frappez en la hurterie[3]
Sur les beaux sires bas assis[4]
Ruez des fueilles cinq ou sis   5
Et vous gardez bien de la roe[5]
Qui aux sires plante du gris
En leur faisant faire la moe[6].

La giffle gardez de rurie[7]
Que voz corps n'en aient du pis[8]   10
Et que point a la turterie
En la hurme ne soiés assis[9].
Prenez du blanc, laissez le bis[10];
Ruez par les fondes la poe[11],
Car le bizac avoir advis   15
Fait aux beroards faire la moe[12]

V. 2, éd. Michel Le Noir : Entrepenez. — V. 7, les anciennes éd. donnant : Qui *au* sires. — V. 11, éd. Galliot du Pré : et que point... tuerie. — V. 14, éd. Treperel : Ruez pas les frondes. — V. 15, éd. Michel Le Noir *sq*. : Le bizart.

1. *Movargie* ou *Monargie* : fausse monnaie. Les *argineurs* sont des faux-monnayeurs.

2. *L'artis* : en jargon, *arton*, c'est le pain et par extension l'argent; *faire un plant*, c'est faire passer un faux lingot pour un vrai. Le sens des deux vers est donc, en gros : « Faites de la fausse monnaie − Et qu'elle circule çà et là pour de la bonne. »

3. Deux vers obscurs; une des explications les plus vraisemblables de *flogie* par Vitu et Esnault serait : « truc, astuce ». La traduction de *doulx dieux* par « moines » (A. Ziwès) n'est guère satisfaisante; « écus » (*cf.*, v. 4) est préférable; *Patis* (*cf.* : P. Guiraud) serait l'équivalent en jargon de *pied* (sou). On obtient ainsi la traduction : « Et n'épargnez aucune astuce; faites « suer » les écus. »

4. « Vous [*voz ens* = vous], soyez assez hardis − Pour écouler le mauvais grain (la fausse monnaie). »

5. « Mais gardez bien en mémoire − Qu'on ne vous fasse pas faire la grimace. »

6. « Prince, que celui qui manque de cran − Pour esquiver le Marché aux Pourceaux. » *Soe* ou *soue*, c'est l'étable aux pourceaux ici, allusion au supplice de Turgis. Les faux-monnayeurs étaient jetés dans l'huile bouillante, supplice qui devait décourager d'imiter la monnaie du roi.

7. « [Se souvienne] qu'il y a risque de brûlerie [dans la chaudière d'huile bouillante] ». − « Ce qui fait faire la grimace aux imbéciles. »

Plantez de la movargie[1]
Puis ça puis la pour l'artis[2]
Et n'espargne point la flogie
Des doulx dieux sue les patis[3].   20
Voz ens soient assez hardis
Pour leur avancer la droe[4]
Mais soient memoradis
Qu'on ne vous face faire la moe[5].

Prince qui n'a bauderie   25
Pour eschever de la soe[6]
Danger de grup en arderie
Fait aux sires faire la moe[7].

V. 2, la plupart des éditions donnent *lartis*. L'éd. Mary-
Poirion préfère *le hurtis*. — V. 20, A. Ziwès corrige *sue*
en *sur*.

Cette première ballade du manuscrit de Stockholm est très proche de la *Ballade I* par ses thèmes et son vocabulaire. G. Esnault (*Romania*, 1951) a mis en lumière sa structure dialoguée, comparable au *Débat du cœur et du corps* de Villon (*Poésies diverses*, XI) : Prudence sermonne le coquillard endurci.

1. « A Paris, la grande Justice royale » (*cf. : Ballade I*, note 1) ou bien : « A Paris, la grande ville joyeuse » (traduction Lanly).

2. « Où sont pendus [*accolez* : suspendus par le col] les coquillards, cuits et mangés des corbeaux », ou bien : « Où sont rassemblés avec les garces [*agarcis*] les rusés [*caulx*] garçons... »

3. « C'est la noce, c'est la belle musique. » Au sens littéral, il s'agirait de la fête des coquillards. Mais il est plausible de l'entendre par antiphrase, en se souvenant qu'en jargon, le *mariage* est la pendaison.

4. « Les filous (*beffleurs*) sont assis à la place d'honneur » (s'il s'agit d'un festin!), mais plus vraisemblablement « pendus haut et court » (*cf. : Ballade I*, note 4).

5. *Cf. : Ballade I*, v. 8 : « Et les coupeurs de bourses essorillés. »

6. « Comme servis sur le jonc gracieux. » Pour les banquets, on répandait sur le sol des joncs, de l'herbe ou des branchages. Mais allusion possible à la paille des cachots, *gracieux* devant être compris par antiphrase.

7. « [Pourvus] d'eau agréable et de mets délicieux » ou bien : « Danse. plaisante [des pendus] et mets délicieux [pour les corbeaux]. » D'après A. Lanly, ces sept vers seraient dits par le coquillard vantant les plaisirs de Paris, éloge auquel Prudence répondrait.

8. « Mais le coquillard n'y reste pas longtemps – Qu'il ne soit pris parmi les sots, de gré ou non : Et le pis, c'est la pendaison! » – « Peu m'importe! »

9. « Amendez-vous... car on n'aura guère pitié de vous. »

10. « [En prison], pas plus qu'en Lombardie, les sous ne servent à rien. »

11. « Gare, gare à ces épais cachots. »

12. *Poste à Gautier*, jeu de société (*cf. : Esnault, Romania*, 1951). D'où la traduction d'A. Lanly : « Le poste à Gautier, et vous serez un peu mieux. »

13. « Mettez le grappin sur les beaux écus. »

14. « Veillez bien (*luez au bec*) qu'un sergent [*roastre*] ne passe. »

15. « Et attrapez-moi de ces écus [grains], neufs ou vieux. »

VII. BALLADE (S. I)

C. – En Parouart, la grant mathe gaudie[1]
Ou acollez sont caulx et agarciz[2]
Nopces ce sont, c'est belle melodie[3] :
La sont beffleurs, au plus haut bout assis[4],   4
Et vendengeurs, des ances circoncis[5],
Comme servis, sur ce jonc gracieux[6],
D'ance plaisant et mès delicieux[7].
P. – Car Coquillart n'y remaint grant espace   8
Que vueille ou non, ne soit fait des sieurs;
Mais le pis est mariage[8]. – M'en passe!

P. – Reboursez tous[9], quoy que l'en vous en dye,
Car on n'aura beaucoup de vous mercys.   12
Ronde n'y vault ne plus qu'en Lombardie[10].
Eschec, eschec pour ces coffres massis[11]!
De gros barreaulx de fer sont les chassis.
C. – Poste a Gautier[12] serez un peu mieulx.   16
Plantez picons sur ces beaulx sires dieulx[13];
Luez au bec que roastre ne passe[14],
Et m'abatez de ces grains neufz et vieulx[15].
P. – Mais le pis est mariage. – M'en passe!   20

V. 2 : *agarciz*, corrigé en *agaciz* (*cf. :* Dr Guillon). –
V. 7 : *Dance*, corrigé en *Danse* par le Dr Guillon, en
d'ance (eau) par Esnault. – V. 13 : *Ronde*, corrigé en *Rente*
(Dr Guillon). – V. 16 : *Poste a Gautier* est remplacé par
Posce à Gaultier (Demande à Bibi) dans l'éd. Mary-Poirion.

1. *Menestrandie :* art du ménestrel ou ménétrier, et en jargon : métier du souteneur. Dans le premier sens, Prudence pose la question : « Tout est-il jeu? » Dans le second, c'est le coquillard qui répond à « Que faites-vous? » par : « Jeux de sac et de corde. »

2. « Abritez poisses et filles par couples. »

3. « Et mettez-les bien, à paillarder. »

4. « Sur le soir, que les imbéciles sont à plat – Videz-moi ces pourpoints bien remplis. »

5. « Puis défilez-vous sur ces gros souliers (*passans*) tout neufs. »

6. « Veillez au guet (*seyme* ou *sime*), soyez très prudents (comme un embrenné). »

7. « Garez-vous jusqu'à ce qu'il repasse » : *hisez*, suffixe explétif.

8. « Qui est pris, il a la roupie. »

9. « Prince des escrocs, je veux vous dire la vérité : Maint coquillard pour les actes susdits – Trépasse avant le temps lamentablement. » Aux exhortations de sagesse et de repentir, le coquillard répond à peu près : « Je m'en fiche. »

P. — Que faites-vous? Toute menestrandie[1]?
C. — Antonnez poiz et marques six à six[2],
Et les plantez au bien, en paillardie[3],
Sur la sorne que sires sont rassis,   24
Sornilles moy ces georgetz si farcitz[4],
Puis eschequez sur gours passans tous neufz[5].
P. — De seyme oyez, soiez beaucoup breneulx[6].
Plantez vos hiscz jusques elle reppasse[7],   28
Car qui est grup il est tout roupieulx[8],
Mais le pis est mariage. — M'en passe!

P. — Prince planteur, dire verté vous veulx :
Maint Coquillart, pour les dessusditz veulx   32
Avant ses jours piteusement trespasse[9],
Et a la fin en tire ses cheveulx.
Mais le pis est mariage. — M'en passe!

V. 28, éd. Mary-Dufournet : *hiscz* corrigé en *huys*.

1. Parodie de l'organisation féodale avec jeu de mots sur le « noble roi Davyot ». D'après la déposition à Dijon de Perrenet Le Fournier, « *le roi David*, c'est ouvrir une serrure, un huis ou un coffre... Le roi Daviot, c'est un simple crochet à ouvrir serrures » (*cf.* aujourd'hui le *davier* des dentistes, et pour la métaphore, la *pince-monseigneur*).

2. « Prenez le large et tirez-vous. »

3. « Et de belle façon arpentez le chemin » (*pelé* ou *pellé* : chemin).

4. « Loin de la justice où ce niais de Bernard s'en est allé. » — *Bernard, Benard :* benêt.

5. G. Esnault (*Romania*, 1951) intervertit les vers 6 et 7, et corrige *enclos* en *esclos* (traces de pas); d'où le sens : « Regardez cette prison *(jonc)* où l'on fait maint soupir (v. 7). — Pour les empreintes de pas qui en peuvent sortir » (v. 6). Le vers 6 est antiphrastique : aucune trace de pas ne sort de la prison, toutes y entrent.

6. « Ouvrez bien l'œil et mettez vos lunettes. »

7. « Car sont aux aguets pour vous empoigner — Les méchants sergents, bourreaux (ou archers du guet) et tortionnaires. » Ce dernier mot est douteux (*cf. :* A. Lanly, p. 117).

8. *Pain*, en jargon : butin, argent. D'où le vers : « Chercheurs d'argent et faux infirmes. » Dans la Cour des Miracles, les faux aveugles, manchots, culs-de-jatte, etc., abusaient de la charité des passants.

9. *Gaigneurs :* « larrons » (mais dans le parler populaire, on dit encore aujourd'hui *gaigner* pour « épier ». Les *gaigneurs* sont-ils les filous en quête de *gain* ou ceux qui épient les dupes ou le guet? Un *vendangeur*, « c'est un coupeur de bourses » (déposition de Perrenet Le Fournier). On peut traduire : « Larrons aussi et coupeurs de bourse. »

10. Mary et Lanly traduisent (sans certitude) par : « Mendiants en perpétuel vagabondage. » « Qui sur la route (voue : voie) avez crié lardons en jobelin, là où vous êtes allés. »

11. *Clamer lardons* peut signifier : « quémander de la nourriture ». Mais *lardons*, au figuré, signifiait aussi *brocards, railleries;* les mendiants insultent-ils les passants dans leur jargon, incompréhensible pour le profane?

12. « Par les champs pour trouver le fric. » *Franc ront :* « sou »; *cf. :* « Je n'ai pas le rond. »

13. « Et qui pour entretenir la fille. » *Marque :* fille, prostituée.

14. « Avez tendu la main à l'argent et aux menottes. »

15. « C'est pour cela que se font craindre et redouter. »

VIII. BALLADE (S. II)

Vous qui tenez vos terres et vos fiefz
Du gentil roy, Davyot appelé[1],
Brouez au large et vous esquarrissez[2]
Et gourdement aiguisez le pellé[3]   4
(Loing de la roue ou Bernard est allé)[4] ;
Pour les esclos qui en peuvent issir[5],
Voyez ce jonc ou l'en fait maint soupir ;
Mines taillez et chaussez vos besicles[6],   8
Car en aguect sont, pour vous engloutir,
Anges bossus, rouastres et scaricles[7].

Coqueurs de pain et plommeurs affectez[8],
Gaigneurs aussi, vendengeurs de costé[9],   12
Belistriens perpetuels des piez[10],
Qui sur la voue avez lardons clamez
En jobelin ou vous avez esté[11]
Par le terrant pour le franc ront querir[12]   16
Et qui aussi pour la marque fournir[13]
Avez tendu au pain et aux menicles[14],
Pour tant se font adoubter et crémir[15]
Anges bossus, rouastres et scaricles.   20

V. 3 : Vers ajouté pour faire la rime (*cf. :* Dr Guillon,
Les Ballades en jargon...). — V. 14 : *roue,* du manuscrit,
a été corrigé en *voue* (voie).

1. *Goujon* est le masculin de *gouge*, fille. Les truands sont souvent désignés par des noms de poissons; l'épithète *rouge* signifie *fourbe, rusé* (cf. : *Ballade IV* : « rouges gueux »). — *Fargets* est un mot inconnu, traduit par « mis avec recherche » (Dr Guillon) ou « faraud » (Lanly). Le sens est donc : « garçons rusés, farauds et babilleurs ».

2. Le vers 2 est remarquable par ses allitérations (cf. : *Ballade V*, *« Joncheurs jonchans... »*). *Gourgourant* est formé de *gourd* qui sont trompés par d'autres gueux. » Cf. l'expression actuelle : « se gourer ».

3. *Sorne*: soir; *brouer* : partir, s'enfuir (repris ici par *brouart*) : « Quand sur le soir vous partez en expédition. »

4. « Recueillez des informations et pesez-les bien. »

5. « De peur qu'il n'y ait des sergents déguisés en embuscade. »

6. « Dans la ville où vous voulez rapiner. » — *Vostre han* : « vous ». — *Loirrir* : « voler », « leurrer ».

7. « Car vous pourriez bien devenir des dupes — Si vous étiez pris en pareilles boutiques. »

8. « C'est pourquoi se font craindre et redouter les sergents... »

9. « Un *planteur* c'est celui qui baille les faux lingots, les fausses chaînes et les fausses pierres » : « Prince, escrocs, vendeurs de faux saphirs — Qui sur les doigts font briller la perle — Mendiants errants et porteurs de véroniques — Pardessus tout doivent craindre de telles gens — Sergents, etc. » — Les « porteurs de véroniques » sont les « porteurs de rogatons » ou vendeurs de fausses reliques rapportées (soi-disant) de Rome ou de Jérusalem; sainte Véronique essuya le visage du Christ supplicié avec un linge conservant les empreintes de ses traits; ce linge est conservé à Saint-Pierre-de-Rome.

Rouges goujons, fargets, embabillez[1],
Gueux gourgourans par qui gueux sont gourez[2],
Quant a brouart sur la sorne abrouez[3],
Levez les sons et si tastez lesquelz[4],   24
Qu'il n'y ait anges desclaus empavez[5],
En la vergne ou vostre han veut loirrir[6],
Car des sieurs pourriez bien devenir,
Se vous estiez happez en telz bouticles[7] :   28
Pour tant se font ataster et cremir
Anges bossus, rouastres et scaricles[8].

Prince, planteurs et bailleurs de saffirs[9]
Qui sur les dois font la perle blandir,   32
Belistriens, porteurs de vironicles,
Sur toutes riens doivent tels gens cremir
Anges bossus, rouastres et scaricles.

V. 25 : Correction du ms. *(des clavés)* par le Dr Guillon
en *desclaus* (déguisés).

1. « Dans un cabaret à nous de notre ville joyeuse – En m'é-lançant au butin – J'ai vu l'autre jour qu'on faisait une belle flambée… » – *Coys* : maison, cabaret, « trou »; *gier (cf. : giere-ment)* : à notre mode, à notre façon. – *Vergne* : « ville ». – *Cygault*, selon le Dr Guillon serait dérivé de *gaudie* : « la ville où l'on s'esbaudit ». V. 2, jeu de mots sur *loirre* (de *loirrir*, voler) : « vol, butin » et le fleuve Loire. – *Riffault* (v. 3) : « feu »; *macquiller* : « faire, préparer ».

2. « Et tout à coup je vis en train d'escroquer – Un maquereau avec *(atout)* deux apprentis filous. »

3. « S'élançant pour faire des estèves avec deux jeunes coquins – Pour régler le marchand de vin. »

4. « Gaultier reluqua la maison de plaisir. » – On a déjà vu *Gaultier* à la *Ballade VII*, v. 16, interprété par G. Esnault comme un jeu de société. Ici le sens serait différent : *Gaultier* désignerait le narrateur; A. Lanly propose *Bibi*.

5. « Et le voleur faisant des manières et l'aimable – Babille en argot en buvant au pot. »

6. « Pour soutirer du fric aux dupes. »

7. « Après boire, j'ai vu un gueux qui voulait – Pour mieux gagner *(hyer)* déplacer(?) la table » (traduction Lanly).

8. « C'est pour livrer un assaut aux dés » [*acques*, au lieu d'*arques*, » coffres »].

9. « Plombés pour la tricherie. »

10. Puis un gueux dit : « J'ai perdu deux florins. » Mais *paumer* est traduit par « gagner » dans d'autres commentaires.

11. Vers obscur : *marquin* (de marque, fille) est l'équivalent de *maquonceau,* (maquereau) (v. 5), et *dollequins* serait de la même veine : « L'autre vole maquereaux et filous. » Si on rapproche *marquin* de *marc*, pièce de monnaie, *dollequins* désignerait aussi de l'argent.

12. « La fille, elle, empoche le gain – Pille-bien [*Adraguangien*], le mieux fourni dit ensuite : « Hâtons-nous, par saint Jacques, je me tire! » – « Il faut se tirer quand le vin est bu. » Jeu de mots courant sur *pie* (vin) et pie (oiseau).

IX. BALLADE (S. III)

Un gier coys de la vergne Cygault,
Lué l'autryer en brouant à la Loirre,
Ou gierement on macquilloit rifflaut[1] ;
Et tot a cop veis jouer de l'escoirre   4
Ung maquonceau a tout deux gruppelins[2],
Brouant au Cay, a tout deux walequins,
Pour avancer au solliceur de pye[3].
Gaultier lua la gauldrouse gaudye[4],   8
Et le marquin, qui se polye et coinsse,
Babille en gier en pyant a la sye[5],
Pour les duppes faire brouer au mynsse[6].

Apres moller lué ung gueux qui voult   12
Pour mieux hyer desriver la touloire[7]
(C'est pour livrer aux acques ung assault[8]
De missemont maquillés à l'esquerre[9]).
Puis dist ung gueulx : « J'ai paulmé deux florins[10]. » 16
L'autre pollist marquins et dollequins[11],
Et la marque souvent le gain choisit.
Adraguangier puis dist, le mieulx fourny,
« Picquons au veau, saint Jacques, je m'espince[12] !   20
Eschequer fault quand la pye est juchie
Pour les duppes faire brouer au mynsse. »

V. 14, correction de Lanly : *acques*, « dés ».

1. « Puis dit un gueux qui regardait en l'air : « J'ai déjà perdu tout le gain de la tricherie. »

2. « C'est la « fille » du *giffaut* qui m'a fait le tour. » — *Giffaut*. dérivé de *giffe* (joue) signifie-t-il le « joufflu » (éd. Mary) ou le « donneur de gifles » (A. Lanly)?

3. « Je suis mieux volé que manteau *(vollant)* en foire. »

4. « Elle a filé retrouver ses souteneurs. »

5. « C'est son métier d'empocher les gains des mâles avant d'être désirée. »

6. « A la fréquenter ma bourse s'en trouve dégonflée. »

7. « Quand du gain il ne me reste plus un morceau. »

8. « Mais elle toujours est bigrement bien entrognée. »

9. « Prince de la bamboche, quand vous paierez le prix de la coucherie — Examinez bien la fille, si elle est déshabillée. »

10. « Et retirez-vous si son c... saigne — De peur qu'elle ne joue un tour de volerie. » — *Saince*, de *sainc*, sang. — La fin de la ballade est obscure et son obscénité a découragé le Dr Guillon de la traduire. Nous avons suivi en gros la traduction de M. Lanly, mais il reste de nombreuses incertitudes. Le mot *bizouart*, sexe féminin peut signifier aussi pénis. L'éd. Dufournet, s'appuyant sur un passage du *Gargantua* traduit par *colporteur*, le *bisouar* étant à l'origine un montagnard, puis un marchand ambulant. Le tableau de cette taverne avec ses filles, ses souteneurs et ses dupes est moins coloré et alerte que la *Ballade de la grosse Margot*; des répétitions, des transitions gauches alourdissent le mouvement. Par exemple, la locution *Puis dist un gueux* se trouve au vers 16, puis au 23. Si le poème est vraiment de Villon, il n'est pas de sa meilleure veine. — A. Lanly propose de corriger *assault de turquie* (incompris jusqu'ici) en *assault de truquie* (vol).

Puis dist un gueulx qui pourluoit en hault :
« J'ai ja paulmé tout le gain de ma choire[1],   24
Et m'a joué la marque du giffaut[2] ! »
J'en suis mieulx prins que vollant a la foire[3].
Elle est brouée envers ses arlouis[4];
C'est tout son fait que d'engandrer les gains   28
A hornangier, ains qu'elle soit lubie[5].
De la hanter ma fueille est desgaudie[6],
Quant de gain n'ay plus vaillant une saince[7];
Mais toujours est gourdement entrongnie[8]   32
Pour les dupes faire brouer au mynsse.

Prince gallant, quand vous sauldrez la hye,
Luez la grime s'elle est desmaquillie[9]
Et retrallez se le bizouart saince,   36
Qu'elle ne soit de l'assault de turquie[10],
Pour les duppes faire brouer au mynsse. »

V. 36 : sive a été corrigé en *saince* par le Dr Guillon, pour rimer avec *mynsse*. — V. 37 : *turquie*, faute d'avoir été compris, est corrigé en *truchie* (entreprise contre la bourse des dupes) et en *truquie* (volerie) par A. Lanly.

1. Cette ballade, par son mouvement, ses thèmes et son vocabulaire se rapproche des *Ballades I, VII* et *VIII*. C'est une invitation à être prudent et à ne pas tomber sous la patte du bourreau. Le premier vers donne le ton : « Fuyez, benêts, déguerpissez ! »

2. « Car en justice vous êtes épluchés. »

3. « Filou, trompeur, que chacun de vous se sauve ! »

4. « Gare, gare ! La Coquille ici va à sa perte » (A. Lanly). L'éd. Mary-Dufournet préfère : « s'empêtre ».

5. « La corde [de la potence] règne ! Qu'aucun escroc ne s'y fie ! »

6. « Celui qui est prisonnier en ce cachot joyeulx — Pour ces raisons, avant d'être écroué, il a... » — Deux interprétations s'opposent pour *s'écroue* : Mary-Dufournet traduisent par « être écroué », tandis que A. Lanly, pensant à la levée d'écrou, interprète : « avant qu'il ne soit libéré ».

7. Le refrain est traduit diversement, selon qu'on accepte ou non la correction de G. Esnault (*Romania*, 1951). Celui-ci rapproche ce jonc vert des *osiers frais* légués à Noël Jolis, ce qui est plus vraisemblable que de penser aux joncs recouvrant le sol du cachot. D'où la traduction adoptée par Lanly : « Jonc verdoyant, caresse du bourreau. » En conservant *havre*, Mary-Dufournet traduisent : « Osier bien vert, recours du pendeur. » De toute façon, le coquillard reçoit une sévère correction.

8. « Maint coquillard, privé de sa liberté — Et nettoyé de son oreille ou de sa patte. »

9. « Beau de ruses, brillant en fausses paroles. » La couleur rousse (ou fauve) était synonyme de perfidie.

10. « Pense *(quide)* avec des sous [*au ront*] faire la grimace, la nique aux juges [*grime*]. »

11. « Pour faire en sorte qu'on ne le pense pas. »

12. « Associez-vous à trois à ces beaux écus. » Invitation à soudoyer geôliers ou bourreaux. On a déjà rencontré le sens *d'écu* pour « *beaulx sires dieux* ».

13. « Ou vous aurez le feu *(ruffle)* aux fesses *(joue)*. » Les coups d'osier lui mettront les fesses en feu.

X. BALLADE (S. IV)

Brouez, Benards, eschequez a la saulve[1],
Car escornez vous estez a la roue[2];
Fourbe, joncheur, chacun de vous se saulve[3],
Eschec, eschec, coquille si s'embroue[4] !   4
Cornette court, nul planteur ne s'i joue[5] !
Qui est en plant, en ce coffre joyeulx,
Pour ces raisons il a, ains qu'il s'escroue[6],
Jonc verdoiant, haure du marieux[7].   8

Maint Coquillart, escorné de sa sauve
Et des bousé de son ence ou sa poue[8],
Beau de bourdes, blandy de langue fauve[9],
Quide au ront faire aux grimes la moue[10],   12
Por querre bien afin qu'on ne le noue[11].
Couplez vous trois a ces beaulx sires dieux[12],
Ou vous aurez le ruffle en la joue[13],
Jonc verdoiant, haure du marieux.   16

V. 8 : La leçon *havre* (port, refuge) a été corrigée par
G. Esnault en *haure* (du latin *aura*, « souffle », « vent »).

1. « Que celui qui est dans la joie ne bouge pas » (*cf. :* Esnault, *Romania*, 1951). C'est l'antique dicton de la sagesse épicurienne (*mauve* du latin *movere*, bouger).

2. « Faites bien attention qu'on ne vous emboîte pas. »

3. Sens probable : « C'est mon avis de préférence à tout autre. »

4. Traduction Esnault : « Du coup hardi, somme toute, nul ne se félicite. » Mary-Dufournet préfèrent : « Aucun du fouet ne se félicite », ce qui renvoie au refrain.

5. La correction de G. Esnault se fonde sur un dicton : « Qui mange l'oye (oue) du Roi, en cent ans il en rend la plume », c'est-à-dire : « le voleur ne finit jamais d'expier son vol. »

6. « Car celui qui est pris — Et encore, c'est le mieux — Il a par la ville tout au long du chemin... »

7. « Vive David! Saint Archquin, la baboue! » — *David, le roi Dasyot*, c'est l'art de crocheter les serrures. — *Saint Archquin* est une périphrase pour le jeu de dés, appelés aussi *acques* en argot. — La *baboue* est le jacquet (*cf. : Gargantua*, chap. xx : « Dames, à la babou... »

8. « Jean mon ami, qui coupes les bourses... » D'après G. Esnault, *jan* est un terme du trictrac, jeu pratiqué par Gargantua. D'où l'ambiguïté du vers : *Jehan* est considéré comme une personne, c'est un *vendangeur*, ou bien c'est le jeu de trictrac qui *dénoue* les bourses.

9. « Le coupeur de bourses, filou comme une chouette. »

10. « Loin de son contentement, de ses artifices rapaces », d'après les explications de G. Esnault. Mais Mary-Dufournet traduisent : « de ses copains anxieux ».

11. Vers obscur. Le Dr Guillon traduit : « Il patauge »; G. Esnault envisage deux sens possibles : « Il patauge et il en éprouve le frisson... » ou bien : « Il craint beaucoup, il en éprouve le frisson — Le jonc verdoyant, etc. » — *L'envoi* porte Villon en acrostiche, ce qui authentifie cette ballade.

Qui stat plain en gaudie ne se mauve[1],
Luez au bec que l'en ne vous encloue[2]!
C'est mon advis tout conseil sauve[3],
Car quoy aucun de l'assault ne se loue[4] :   20
La fin est telle que de l'oue[5],
Car qui est grup il a mais c'est au mieulx,
Par la vergne tout au long de la voue[6]
Jonc verdoiant, haure du marieux.   24

Vive David! saint archquin la baboue[7]!
Jehan mon amy, qui les feuilles desnoue[8]!
Le vendengeur, beffleur comme une choue[9],
Loing de son plain, de ses flos curieulx[10].   28
Noe beaucop, dont il reçoit fressoue[11],
Jonc verdoiant, haure du marieux.

V. 19, texte de l'éd. Mary-Dufournet : *tout autre conseil.*
— V. 20, texte incertain : *de la saulx* ou bien de la *faux*
(fouet); G. Esnault a corrigé en *assault*. — V. 21, texte
incertain : *La fin est telle que de loue,* ou (éd. Mary-
Dufournet) : telle qu'on en déloue » [qu'on est blâmé];
G. Esnault a corrigé en *l'oue* (l'oie).

1. « Du côté du quai, par un temps d'hiver – Je vis affluer à la ville joyeuse. » L'éd. Mary-Dufournet traduit *abrouer* par *abouler;* la *vergne cygault* est une reprise de la *Ballade IX*.

2. « Filles de joie [*marques de plant*], dames et gourgandines(?) » – *Audinas* ou *andinas* est un mot inconnu. A. Lanly propose *gourgandines*.

3. Traduction Guillon de *marchans :* « chalands pour les filles ». Mais pourquoi pas : *marchands*, avec ou sans équivoque?

4. « Gueux rusés, vifs et trompeurs – Adroits, agrippeurs, effrontés, malicieux et farceurs » (traduction A. Lanly).

5. « Qui, par habitude, à la ville jolie – Affluèrent à la friponnerie de toutes parts. » Correction du Dr Guillon : *a flot* (en foule) pour *au flot* (de *floc*, artifices, trucs).

6. « Pour mieux abattre et ôter le brouillard – Draguèrent de Grenoble maint « crapaud » de « rumatin » : les compères se protègent du froid en vidant de nombreuses bouteilles.

7. Texte difficile à lire. L'éd. Mary-Dufournet donne *et puis mole*, mais ne traduit pas; A. Lanly lit : *molt sives gras*, et en utilisant l'argot de Vidocq, traduit : « force poules grasses » ce qui reste bien dans l'atmosphère de fête.

8. Selon le Dr Guillon, *marir* viendrait de *marrir*, frapper. – A. Lanly corrige *truye* (*cf.* variante) en *courge*, en rapprochant l'expression du *Testament* (v. 1224-1225) : « barils et courges ». – Le *ravault* est un *bâton*.

9. « Bons babilleurs sur tous faits et trucs. »

10. « Jusqu'au moment où il n'y eut plus de pain *(arton)* sur les planches. »

11. « Entassant les pièces (*dorelots* ou *angelots*), les écus *(grains)*, le butin et les pièces d'argent [aux fleurs de lis]. »

12. « Que tout fut dépensé et partagé. »

XI. BALLADE (S. V)

De devers quay, par un temps d'ivernois[1],
Veiz abrouer a la vergne cygault
Marques de plant, dames et andinas[2]
Et puis merchans[3], tous telz qu'au mestier fault   4
. . . .
Gueulx affinez, allegrins et floars,
Mareus, arves, pimpres, dorelotz et fars[4],
Qui par usaige, à la vergne jolye   8
Abrouerent au flot de toutes pars[5]
Pour maintenir la joyeuse folye.

Pour mieux abbatre et oster le broullart
Adraguèrent de Grenoble maint crupault[6]   12
De rumatin et puis molte sives gras[7];
Courge marir sans avancer ravault[8]
. . . .
Babillangier sur tous fais et sur ars[9]   16
Tant qu'il n'y eust de l'arton sur les cas[10],
Broquans, dorelots, grain, guain, aubeflorye[11],
Que tout ne fust desployé et en pars[12],
Pour maintenir la joyeuse folye.   20

V. 1, éd. Mary-Dufournet : Se devers. — V. 3, *ibid.* :,
audinas. — V. 5, *ibid.* : allegris. — V. 7, *ibid.* : dorlots.
— V. 13, *ibid.* : sines. — V. 14, *ibid.* : Truye marir.

1. « Pour mieux voler et « lessiver » les « noceurs ».

2. « On regarda de tous côtés, en haut et en bas. »

3. « Jusqu'à ce qu'il n'y eût plus de vivres en cachette. »

4. « Puis on fit sauter les dés » (*cf. : Ballade X,* v. 25).

5. « Après, redoutant l'arrivée des sergents. »

6. « On verrouilla et ferma les portes(?) » (traduction de A. Lanly). Remarquons que le *bussar* est un tonneau au xve s.; *busar* serait analogue à *bufar,* bouffée d'air.

7. « Pour mieux voler et « lessiver » les sots. »

8. « Là un gueux eut son vêtement volé. » — *Endosse :* « vêtement ». — « Qui, après, alla emprunter aux Lombards. » On sait que les Lombards étaient changeurs et usuriers. Villon en fait plusieurs fois mention. On remarque que cette ballade est particulièrement obscure. Consulter les nombreuses notes du Dr Guillon et de l'éd. Lanly (éd. Champion, tome III). L'évocation de cette « joyeuse folye » rappelle la *Ballade de bonne doctrine* (*Testament,* v. 1692-1719), dont le refrain est : « Tout aux tavernes et aux filles. »

Pour mieulx polir et desbouser musars[1]
On polua des luans bas et hault[2]
Tant qu'il n'y eust de vivres en caras[3];
Puis feist on faire a saint Arquin un saut[4].　　24
Après, doubtant de ces anges l'assault[5],
On verrouilla et serra les busars[6],
Pour mieux blanchir et desbouser coquars[7].
La ot un gueulx son endosse polye[8],　　28
Qui puis alla emprunter aux lombars
Pour maintenir la joyeuse folye.

V. 22, *polua :* équivalent de *pourlua,* composé de *luer,*
regarder à la ronde.

BIBLIOGRAPHIE SOMMAIRE

Sources.

Les 5 sources principales, depuis l'éd. Longnon (1892), sont désignées par les sigles A, B, C, F, I.

Ms. A (Bibliothèque de l'Arsenal, Paris) : *Le Testament, La Ballade au nom de la Fortune, Le Lais* (fin XVe s.).

Ms. B (Bibliothèque nationale) : *Le Lais.*

Ms. C (Bibliothèque nationale), appartint au chancelier Séguier et au marquis de Coislin : *L'Épitaphe Villon, Le Lais, La Ballade de l'appel, Le Testament, L'Épître à ses amis, La Ballade au nom de la Fortune* (seconde moitié du XVe s.).

Ms. F (Bibliothèque de Stockholm), appartint à Cl. Fauchet et à Christine de Suède : *Ballades des femmes de Paris, des contrevérités, de la Grosse Margot, des langues envieuses, des proverbes, 5 ballades en jargon, Le Lais, Le Débat du cuer et du corps de Villon, L'Épitaphe Villon, La Requeste à la Cour de Parlement, La Ballade de l'appel, Le Testament, Le Quatrain, La Ballade des menus propos.* Reproduction de Marcel Schwob (éd. Champion, 1905).

Ms. H (Cabinet des Estampes de Berlin), appartint au cardinal de Rohan (XVIIIe s.) : *La Requeste à Monseigneur de Bourbon, La Ballade contre les ennemis de la France, La Ballade des langues envieuses, La Ballade de la Grosse Margot, Le Rondeau.*

Éditions anciennes.

I *(Imprimé),* éd. Pierre Levet (Paris, 1489) : *Le Grant Testament Villon et le Petit. Son codicille. Le jargon et ses ballades.* Reproduction de P. Champion (Paris, 1924), de L. Mazenod (Paris, 1967).

J – *Le Jardin de Plaisance* et *Fleur de réthorique,* publiée en 1501.

CM – Édition de Clément Marot, chez Galliot du Pré (1533), avec *Prologue* et notes marginales de Marot.

Au XIXe s. – Abbé Prompault, *Œuvres de maistre François Villon...* (Paris, 1832); Bijnanck, *Spécimen d'un essai critique... Le Petit Testament* (Leyde, 1882); A. Vitu, *Le Jargon du XVe s., Onze ballades en jargon...* (Paris, 1884); A. Longnon, *Œuvres complètes...* (Paris, 1892) réimprimée plusieurs fois et mise à jour par L. Foulet (éd. Champion, 1969).

Au XXe s. – L. Dimier (1927), A. Jeannoy (1934), R. Guiette et G. Sigaux (1964), Mary-Poirion (1965), Mary-Dufournet (1970), A. Lanly (texte et traduction, 3 vol., 1970).

N. B. Pour les ballades en jargon, Ziwès et Bercy (1954; 1960); P. Guiraud, in *Le Jargon de Maître François Villon* (1968).

Bibliographies.

L. Cons, *État présent des études sur Villon* (Paris, Les Belles-Lettres, 1936).

P. Morabito, *Bibliographie villoniana* in *François Villon,* de G. A. Brunelli (Milan, 1961).

Lexique : A. Burger, *Lexique de la langue de Villon* (Genève, Droz, 1967).

Ouvrages critiques.

A. Longnon, *Étude biographique...* (Paris, 1877).

G. Paris, *François Villon* (Paris, 1901).

M. Schwob, *François Villon...* (Paris, 1912).

P. Champion, *François Villon, sa vie et son temps* (Paris, 1913).

D. Kuhn, *La Poétique de François Villon* (Paris, 1967).

F. Desonay, *Villon* (Paris, 1933).

I. Siciliano, *François Villon et les thèmes poétiques du Moyen Age* (Paris, 1934; nouveau tirage éd. Nizet, 1967).

P. Le Gentil, *Villon* (Paris, « Connaissance des Lettres, 1967).

P. Demarolle, *L'Esprit de Villon* (Paris, 1968).

J. Dufournet, *Recherches sur le Testament de François Villon* (Paris, 1970); *Villon et sa fortune littéraire* (Saint-Médard-en-Jalles, 1970).

P. Guiraud, *Le Jargon de Villon ou le Gai savoir de la Coquille* (Paris, 1968); *Le Testament de Villon ou le Gai savoir de la Basoche* (Paris, 1970).

Articles de revues.

L. Foulet *(Romania)*, I. Siciliano *(ibid.)*, F. Lecoy *(ibid.)*, A. Burger *(ibid.)*, J. Frappier *(ibid.)*, J. Dufournet *(ibid.)*, Poirion *(Travaux de linguistique et de littérature de l'Université de Strasbourg,* 1968).

Études d'écrivains.

A. Suarès, *François Villon (Cahiers de la Quinzaine,* Paris, 1914).

P. Valéry, *Villon et Verlaine* (Paris, 1937).

LISTE ALPHABÉTIQUE
DES BALLADES ET POÈMES

Épitaphe Villon (Ballade des Pendus) : « Frères humains... » P. D., xiv, p. 269.

Ballade des *Femmes de Paris* : « Quoy qu'on tient belles langagieres... » T., v. 1515-1542, p. 175.

Ballade au nom de la *Fortune (Probleme)* : « Fortune fus par clers... » P. D., xii, p. 265.

Ballade de la *Grosse Margot* : « Se j'ayme et sers la belle... » T., v. 1591-1627, p. 181.

Rondeau *Jenin l'Avenu* : « Jenin l'Avenu... » P. D., vi, p. 239.

Quatrain : « *Je suis Françoys, dont il me poise...* » P. D., xiii, p. 269.

Le *Lais* : « L'an quatre cens cinquante six... » L., v. 1-320, p. 9.

Ballade des *Langues envieuses* : « En realgar... » T., v. 1422-1456, p. 167.

Ballade des *Menus propos* : « Je congnois bien mouches... » P. D., iii, p. 231.

Ballade de *Mercy* : « A Chartreux et a Celestins... » T., v. 1968-1995, p. 213.

Rondeau : « *Mort j'appelle de ta rigueur...* » T., v. 978-989, p. 129.

Dit de la *Naissance de Marie d'Orléans* : « O louee conception... » P. D., viii, p. 241.

Ballade pour prier *Notre-Dame* : « Dame du ciel... » T., v. 873-909, p. 119.

Ballade et *Oraison pour Jehan Cotart* : « Pere Noé... » T., v. 1238-1265, p. 151.

Double ballade : « *Pour ce, amez tant que vouldrez...* » T., v. 625-672, p. 99.

Ballades des *Proverbes* : « Tant grate chievre... » P. D., ii, p. 227.

Question au clerc du guichet (B. de *l'appel*) P. D., xvi, p. 273.

Verset : « *Repos eternel donne a cil...* » T., v. 1892-1903, p. 207.

Requeste a la Cour de Parlement (Louenge a la Court) P. D., xv, p. 271.

Table

Table

IMPRIMÉ EN FRANCE PAR HÉRISSEY IMPRIMEUR
LIBRAIRIE GÉNÉRALE FRANÇAISE - 43, quai de Grenelle, 75015 Paris
ISBN : 2-253-01670-5

Dépôt légal Impr. 81087 Édit. 9713 09/1998

⟐ 30/1216/8